ESTATUTO DA CIDADE
comentado

www.editorasaraiva.com.br/direito
Visite nossa página

Celso Antonio Pacheco Fiorillo
Renata Marques Ferreira

ESTATUTO DA CIDADE
comentado

Lei n. 10.257/2001
(Lei do Meio Ambiente Artificial)

7ª edição
2019

ISBN 978-85-536-1257-4

DADOS INTERNACIONAIS DE CATALOGAÇÃO NA PUBLICAÇÃO (CIP)
ANGÉLICA ILACQUA CRB-8/7057

Fiorillo, Celso Antonio Pacheco

Estatuto da Cidade comentado : Lei n. 10.257/2001 : Lei do Meio Ambiente Artificial / Celso Antonio Pacheco Fiorillo e Renata Marques Ferreira. — 7. ed. — São Paulo : Saraiva Educação, 2019.

1. Brasil - [Estatuto da cidade (2001)]. 2. Direito ambiental - Brasil 3. Política urbana - Brasil 4. Cidades - Lei e Legislação - Brasil.

19-1097   CDU 34:711.4(81)(094.4)

Índice para catálogo sistemático:
1. Brasil : Estatuto da Cidade : direito   34:711.4(81)(094.4)

saraiva EDUCAÇÃO | **saraiva** *jur*

Av. Doutora Ruth Cardoso, 7.221, 1º andar, Setor B
Pinheiros – São Paulo – SP – CEP 05425-902

SAC | sac.sets@somoseducacao.com.br

Direção executiva	Flávia Alves Bravin
Direção editorial	Renata Pascual Müller
Gerência editorial	Roberto Navarro
Gerência de produção e planejamento	Ana Paula Santos Matos
Gerência de projetos e serviços editoriais	Fernando Penteado
Consultoria acadêmica	Murilo Angeli Dias dos Santos
Planejamento	Clarissa Boraschi Maria (coord.)
Novos projetos	Melissa Rodriguez Arnal da Silva Leite
Edição	Eveline Gonçalves Denardi (coord.)
	Daniel Pavani Naveira
Produção editorial	Luciana Cordeiro Shirakawa
Arte e digital	Mônica Landi (coord.)
	Amanda Mota Loyola
	Camilla Felix Cianelli Chaves
	Claudirene de Moura Santos Silva
	Deborah Mattos
	Fernanda Matajs
	Guilherme H. M. Salvador
	Tiago Dela Rosa
Projetos e serviços editoriais	Juliana Bojczuk Fermino
	Kelli Priscila Pinto
	Marília Cordeiro
	Mônica Gonçalves Dias
	Tatiana dos Santos Romão
Diagramação	NSM Soluções Gráficas Ltda.
Revisão	PBA Preparação e Revisão de Textos
Capa	Tiago Dela Rosa
Produção gráfica	Marli Rampim
	Sergio Luiz Pereira Lopes
Impressão e acabamento	Gráfica Paym

Data de fechamento da edição: 11-7-2019

Dúvidas? Acesse www.editorasaraiva.com.br/direito

Nenhuma parte desta publicação poderá ser reproduzida por qualquer meio ou forma sem a prévia autorização da Editora Saraiva. A violação dos direitos autorais é crime estabelecido na Lei n. 9.610/98 e punido pelo art. 184 do Código Penal.

CL 605916   CAE 659370

"(...) O italiano é um povo que sofreu muitas desventuras e misérias, que sofreu injustiças e humilhações, mas que sempre trabalhou, fatigou, criou e inventou sem descanso, para si e para os outros, que molhou de suor áridos campos, que molhou com sangue todas as suas terras e os campos de batalha da Europa e da África, que percorreu, à procura de pão e de glória, todas as estradas terrestres e marítimas do mundo."

Giovani Papini na obra de Franco Cenni, *Italianos no Brasil*, São Paulo: Edusp, 2003, p. 224.

Aos imigrantes italianos que ajudaram a construir São Paulo.

Ao imigrante Salvatore Fiorillo e aos descendentes de imigrantes Hélio Fiorillo e João Antonio Fiorillo.

SUMÁRIO

Apresentação à 7.ª Edição	11
Apresentação à 6.ª Edição	13
Apresentação à 5.ª Edição	17
Apresentação à 3.ª Edição	19
Sobre os Autores	21
Introdução – O que é uma Cidade? O que são os aglomerados subnormais (favelas) no Brasil do século XXI?	25

Lei 10.257,
de 10 de julho de 2001

CAPÍTULO I – DIRETRIZES GERAIS	57
Art. 1.º	57
Art. 2.º	70
Art. 3.º	137
CAPÍTULO II – DOS INSTRUMENTOS DA POLÍTICA URBANA	141
SEÇÃO I – Dos Instrumentos em Geral	141
Art. 4.º	141
SEÇÃO II – Do Parcelamento, Edificação ou Utilização Compulsórios	158
Art. 5.º	158

ESTATUTO DA CIDADE COMENTADO

Art. 6.º 158

SEÇÃO III – Do IPTU Progressivo no Tempo 161

Art. 7.º 161

SEÇÃO IV – Da Desapropriação com Pagamento em Títulos 165

Art. 8.º 165

SEÇÃO V – Da Usucapião Especial de Imóvel Urbano . 169

Art. 9.º 169

Art. 10 170

Art. 11 170

Art. 12 170

Art. 13 171

Art. 14 171

SEÇÃO VI – Da Concessão de Uso Especial para Fins de Moradia 178

Art. 15 178

Art. 16 178

Art. 17 178

Art. 18 178

Art. 19 178

Art. 20 178

SEÇÃO VII – Do Direito de Superfície 181

Art. 21 181

Art. 22 182

Art. 23 182

Art. 24 182

Seção VIII – Do Direito de Preempção 185

Art. 25 185

Art. 26 185

Art. 27 185

Seção IX – Da Outorga Onerosa do Direito de Construir ... 188

Art. 28 188

Art. 29 190

Art. 30 190

Art. 31 190

Seção X – Das Operações Urbanas Consorciadas 193

Art. 32 193

Art. 33 193

Art. 34 194

Art. 34-A 194

Seção XI – Da Transferência do Direito de Construir. 198

Art. 35 198

Seção XII – Do Estudo de Impacto de Vizinhança 200

Art. 36 200

Art. 37 200

Art. 38 200

Capítulo III – Do Plano Diretor 203

Art. 39 203

Art. 40 203

10 Estatuto da Cidade Comentado

Art. 41 203

Art. 42 204

Art. 42-A 204

Art. 42-B 205

Capítulo IV – Da Gestão Democrática da Cidade 215

Art. 43 215

Art. 44 215

Art. 45 215

Capítulo V – Disposições Gerais 217

Art. 46 217

Art. 47 218

Art. 48 219

Art. 49 220

Art. 50 220

Art. 51 221

Art. 52 222

Art. 53 229

Art. 54 229

Art. 55 231

Art. 56 231

Art. 57 231

Art. 58 233

Bibliografia 235

APRESENTAÇÃO À 7.ª EDIÇÃO

Desde a 1.ª edição desta obra indicávamos a necessidade de estabelecer a tutela jurídica das cidades brasileiras dentro do novo conceito jurídico constitucional brasileiro do que significa uma cidade, a saber, o conceito associado à ordem econômica e social, com fundamento no direito constitucional ambiental, que deve "iluminar" a adequada interpretação da Lei do Meio Ambiente Artificial.

Trata-se, pois, de ratificar nosso posicionamento doutrinário, defendido, como dissemos, desde a 1.ª edição do presente livro, bem como desde a primeira edição de nosso *Curso de direito ambiental brasileiro*, publicada no início do presente século, no sentido de interpretar o direito ambiental constitucional sempre em proveito da dignidade da pessoa humana, a saber, interpretar a aplicação do balizamento normativo ambiental necessária e preliminarmente em face da vida da pessoa humana exatamente no espaço territorial em que a maioria dos brasileiros vive: nas cidades brasileiras. Daí o destaque que demos desde sempre em nossa obra, evidentemente mantido na presente edição, no que se refere aos comentários dos dois primeiros artigos da Lei 10.257/2001, que estabelecem com fulcro constitucional as diretrizes destinadas a interpretar todos os dispositivos do Estatuto da Cidade. A generosa acolhida dos pesquisadores e profissionais do Direito, esgotando todas as edições anteriores de nosso livro (a última edição foi publicada em 2014), levou-nos, portanto, a continuar a tratar, tanto quanto possível, de forma clara e didática, da adequada interpretação sistemática da tutela jurídica do meio ambiente artificial em face do atual quadro econômico de nosso País em face de posicionamento que desde sempre temos defendido.

Com efeito.

A pobreza no Brasil, cuja população representa um terço da população da América Latina e do Caribe, subiu três pontos porcentuais entre 2014 (ano em que publicávamos a 6.ª edição do presente livro) e 2017, segundo relató-

12 ESTATUTO DA CIDADE COMENTADO

rio do Banco Mundial sobre a influência dos ciclos econômicos nos indicadores sociais da América Latina. Com isso, mais 7,3 milhões de brasileiros passaram a viver com até US$ 5,50 por dia no período. Agora, 21% da população está na pobreza, de acordo com dados do banco, sendo certo que 35 milhões de brasileiros não têm acesso à água potável, e cem milhões ainda não têm acesso ao serviço de coleta de esgoto. Daí as consequências dessa infraestrutura insuficiente de saneamento, a saber: em 2017, 35% dos municípios (1.933) registraram epidemias ou endemias provocadas pela falta de saneamento básico, segundo dados do Instituto Brasileiro de Geografia e Estatística (IBGE), observando-se, no período, 1.501 municípios (26,9%) registrando a ocorrência de dengue (que é transmitida pela picada do mosquito Aedes aegypti, que se reproduz em água parada), bem como de doenças mais comuns relacionadas à falta de saneamento, como a disenteria (23,1%) e as verminoses (17,2%).

Destarte, ao reafirmar que as cidades brasileiras devem ser estruturadas em proveito da garantia do bem-estar de todos os cidadãos brasileiros, determinado por nossa Carta Magna (art. 1.º, III), e observando também e necessariamente o que estabelece o art. 1.º, IV, com reflexos nos arts. 170 e seguintes da Constituição Federal, nosso meio ambiente artificial necessita ser juridicamente interpretado em face da realidade brasileira, ou seja, em face da necessidade de se promover o bem de todos no âmbito de uma sociedade livre, justa e solidária e visando garantir o desenvolvimento nacional com a erradicação da pobreza e a marginalização e reduzindo as desigualdades sociais e regionais (art. 3.º da CF).

Daí a presente edição, devidamente revista, atualizada e ampliada.

Prof. Dr. Celso Antonio Pacheco Fiorillo

APRESENTAÇÃO À 6.ª EDIÇÃO

No país da Copa do Mundo, 61,52% do volume de esgoto gerado nas cem maiores cidades do Brasil ainda não passaram por tratamento adequado.

"País subdesenvolvido, país do sul, dependente, periférico, semiperiférico, em desenvolvimento, emergente, são algumas das classificações que foram atribuídas à condição do Brasil, dependendo, inclusive, da filiação ideológica ou acadêmica de quem as atribui. A sigla BRICS expressa o prestígio que alguns países, entre eles o Brasil, passaram a gozar a partir de determinado momento, no início do século XXI, marcado pela mudança na geopolítica mundial. Um país que servia de piada para estrangeiros e brasileiros torna-se um *player* internacional e modelo, segundo a mídia do *mainstream*, para a inovação produtiva, gestão de políticas sociais e até para a política urbana", conforme explica Ermínia Maricato[1].

Ocorre que, independentemente de filiações ideológicas ou mesmo acadêmicas, continuam a existir no Brasil lesões aos direitos dos habitantes das cidades, violando a tutela jurídica do meio ambiente artificial assegurada por nossa Constituição Federal e pela Lei do Meio Ambiente Artificial (Estatuto da Cidade – Lei n. 10.257/2001).

Basta tomar como exemplo a garantia do direito ao saneamento ambiental.

No que se refere a esse aspecto, constatamos que a universalização do saneamento básico, promessa recorrente em período de campanha eleitoral, ainda está longe de ser alcançada no Brasil. A última edição da pesquisa do Instituto Trata Brasil, veiculada por vários órgãos midiáticos

---

1 Cidades no Brasil: neodesenvolvimentismo ou crescimento periférico predatório. Texto para discussão em II Lehmann Dialogues – Harvard 2012, que contou com a edição de Leticia Sigolo e Karina Leitão.

14 ESTATUTO DA CIDADE COMENTADO

e divulgada em outubro de 2013, mostrou que 61,52% do volume de esgoto gerado nas cem maiores cidades do País não passaram por tratamento adequado em 2011.

O percentual representava, na oportunidade, um total de 3,2 bilhões de metros cúbicos de esgoto, o equivalente a um volume de 3.500 piscinas olímpicas de resíduos despejados diariamente em rios e mares do País. Em 2010, o volume de esgoto não tratado era maior, representando 63,72% do total.

Em quase metade das cem maiores cidades, o índice de atendimento em coleta de esgoto representava, segundo referida pesquisa, menos de 60% da população municipal. O trabalho técnico mostrava também que 53% das maiores cidades investiram, em 2011, menos de 20% de sua arrecadação na expansão dos serviços de coleta de resíduos.

Dados do Instituto Brasileiro de Geografia e Estatística – IBGE já mostravam que 71,8% dos municípios brasileiros não possuíam, em 2011, uma política municipal de saneamento básico (Pesquisa de Informações Básicas Municipais – Perfil dos Municípios de 2011). A estatística corresponde a 3.995 cidades que não respeitam a Lei Nacional de Saneamento Básico, aprovada em 2007 e comentada nesta obra.

A maioria (60,5%) não tinha acompanhamento algum quanto às licenças de esgotamento sanitário, além da drenagem e manejo de águas pluviais urbanas e do abastecimento de água. Em quase metade das cidades do País (47,8%), não há órgão de fiscalização da qualidade da água.

Todavia, mesmo com graves problemas existentes nas cidades do País em pleno século XXI – como a triste realidade do saneamento ambiental antes citado, dentre outros –, o governo brasileiro entendeu que deveria dar destaque à concretização de "antigo sonho" antes mesmo de enfrentar de forma definitiva a garantia do direito às cidades sustentáveis prevista na Lei do Meio Ambiente Artificial: o de ser a sede da Copa do Mundo de Futebol de 2014.

O "sonho" foi realizado... e o Brasil foi escolhido!

Os ensinamentos de Ermínia Maricato esclarecem bem o contexto da "escolha" antes referida, a saber: "... o Brasil foi escolhido para sediar a Copa do Mundo de 2014 e as Olimpíadas de 2016 (Rio de Janeiro). Depois de escolhido como 'emergente', o país está qualificado para sofrer o ataque dos capitais que acompanham os megaeventos. Serão acrescentados mais alguns

APRESENTAÇÃO À 6.ª EDIÇÃO **15**

graus na febre que acompanha o atual *boom* imobiliário. Seguindo a trajetória dos países que sediam esses grandes eventos, a 'máquina do crescimento' é posta a funcionar buscando legitimar, com o urbanismo do espetáculo, gastos pouco explicáveis para um país que ainda tem enorme precariedade na área da saúde, da educação, do saneamento e dos transportes coletivos.

Muitos exemplos poderiam ser dados sobre a truculência com que as grandes obras expulsam moradores das redondezas para viabilizar um processo de expansão imobiliária e de construção de um pedaço do cenário urbano global [Ao todo, 170.000 moradores estão sendo removidos diretamente pelas obras da Copa do Mundo, no Brasil, e das Olimpíadas, especificamente no Rio de Janeiro. Muitos deles estão organizados em comitês populares (ver Comitê Popular da Copa: http://portalpopulardacopa.org.br)]. Boa parte dessas grandes obras resta subutilizada após abocanhar um significativo naco dos cofres públicos em sua construção (Ver, a respeito, ARANTES, 2000, 2011, 2012; VAINER, 2000; ROLNIK, 2012. Na cidade de Natal, um estádio de futebol que raramente ficava lotado foi posto abaixo para dar lugar à construção de outro, ainda maior, para atender às exigências do evento. Na África do Sul e na China, a ociosidade de algumas grandes obras tem dado motivos para a discussão sobre o que fazer com elas). A dinâmica que acompanha os megaeventos articula, de um modo geral, os arquitetos do *star system*, como nomeia Otília Arantes, legisladores que acertam um conjunto de regras de exceção para satisfazer as exigências das agências internacionais esportivas ou culturais, governos de diversos níveis que investem em obras visando a visibilidade e o retorno financeiro sob a forma de apoio à futura campanha eleitoral, e empresas privadas locais e internacionais. A bibliografia repete a receita dessa nova frente de acumulação de determinados capitais analisando casos de diferentes países (Idem)".

Mais não é preciso dizer...

Desde a 1.ª edição desta obra indicávamos a necessidade de estabelecer a tutela jurídica das cidades brasileiras dentro do novo conceito jurídico constitucional brasileiro do que significa uma cidade, a saber, o conceito associado à ordem econômica e social, com fundamento no direito constitucional ambiental, que deve "iluminar" a adequada interpretação da Lei do Meio Ambiente Artificial.

O objetivo desta 6.ª edição, agora publicada pela Editora Saraiva, é continuar a tratar, tanto quanto possível, de forma clara e didática a ade-

16 ESTATUTO DA CIDADE COMENTADO

quada interpretação sistemática da tutela jurídica do meio ambiente artificial.

Pretendemos, assim, explicar que, se é correto afirmar que as cidades brasileiras têm como fundamento jurídico estrutural o art. 1.º, IV, com reflexos nos arts. 170 e seguintes da Constituição Federal, também se estruturam juridicamente na garantia do bem-estar de todos os cidadãos brasileiros determinado por nossa Carta Magna (art. 1.º, III).

Prof. Dr. Celso Antonio Pacheco Fiorillo

e-mail: capfiorillo@terra.com.br

APRESENTAÇÃO À 5.ª EDIÇÃO

Conforme matéria do jornalista Felipe Werneck e Luciana Nunes Leal, publicada pelo jornal *O Estado de S. Paulo* em 22-12-2011, "O Brasil tinha 11,42 milhões de pessoas morando em favelas, palafitas ou outros assentamentos irregulares em 2010. O número corresponde a 6% da população do País, revela o Instituto Brasileiro de Geografia e Estatística (IBGE) na publicação Aglomerados Subnormais, baseada em dados do último Censo. Só a Região Metropolitana de São Paulo, com 2,16 milhões de pessoas vivendo em favelas, responde sozinha por 18,9% de toda a população em submoradias.

A comparação com levantamento realizado há 20 anos indica que quase dobrou a proporção de brasileiros que moram nessas áreas, com precariedade de serviços públicos essenciais ou urbanização fora dos padrões. Em 1991, 4,48 milhões de pessoas (3,1% da população) viviam em assentamentos irregulares, número que aumentou para 6,53 milhões (3,9%) no Censo de 2000. O IBGE ressalva que, apesar de o conceito de aglomerado subnormal ter permanecido o mesmo desde 1991, foram adotadas inovações metodológicas e operacionais no Censo 2010 e que, por isso, a comparação dos dados 'não é recomendada'. O objetivo da mudança foi aprimorar a identificação de favelas – houve uso de imagens de satélite de alta resolução e uma pesquisa específica para melhorar a informação territorial.

'O grande aumento da população de favelas é algo que já vinha sendo observado nas metrópoles', diz o geógrafo e professor da Universidade Federal do Rio de Janeiro, Claudio Egler, que participou da comissão técnica do estudo. Segundo ele, a informação sobre aglomerados pode estar subestimada nos censos anteriores, mas o aumento acima da média nacional 'é real'.

Fenômeno metropolitano. Ao todo, foram identificados 6.329 assentamentos irregulares em 323 municípios do País. Trata-se de um fenômeno majoritariamente metropolitano – 88,2% dos domicílios em favelas estavam concentrados em regiões com mais de 1 milhão de habitantes. As regiões

18 ESTATUTO DA CIDADE COMENTADO

metropolitanas de São Paulo, Rio e Belém somadas concentravam quase a metade (43,7%) do total de domicílios em aglomerados subnormais do País. O IBGE aponta ainda grande diferença no padrão de distribuição desse tipo de moradia. Em São Paulo, predominam áreas de pequeno porte e concentradas na periferia (apenas 20 ficam no centro expandido), ao contrário do Rio, onde há um espalhamento maior pelo território. O Censo também aponta maior predominância de favelas em cidades costeiras ou ribeirinhas.

Perfil. A idade média dos moradores das favelas do País era de 27,9 anos em 2010, ante 32,7 anos nas áreas regulares. A população na faixa de 0 a 14 anos correspondia a 28,3% do total nas favelas. Já nas áreas formais, era de 21,5%. Na faixa de 60 anos ou mais, era de 6,1% nos aglomerados e de 11,1% no restante das cidades. A densidade média de moradores é sempre mais alta nos domicílios em favelas. A Região Norte apresentou as maiores médias: nas favelas do Amapá, chegou a 4,5 moradores por domicílio. As favelas também concentram um número maior de pessoas que se declararam pretas ou pardas. O porcentual chegou a 68,4%, ante 46,7% nas áreas urbanas regulares. Ou seja: dois em cada três favelados são negros.

Em Belém, mais da metade da população (53,9%) vivia em assentamentos irregulares. É a maior proporção do País. No Rio, eram 22%. Na capital paulista, 11% – no total, 1,3 milhão de pessoas vivem em 1.020 aglomerados espalhados por São Paulo, a maior parte na periferia e no limite com outras cidades. Campo Grande foi a capital com menor proporção de população em moradias desse tipo – 0,2% dos habitantes. A Região Sudeste concentrava metade (49,8%) dos domicílios ocupados em aglomerados, enquanto a Região Nordeste tinha 28,7% do total, a Norte 14,4%, a Sul 5,3% e a Centro-Oeste 1,8%".

Destarte, conforme já apontado desde a 1.ª edição de nosso Estatuto, é efetivamente o novo conceito jurídico constitucional brasileiro do que significa uma cidade, a saber, o conceito associado à ordem econômica e social, com fundamento no direito constitucional ambiental, que deve "iluminar" a adequada interpretação da Lei 10.257/2001 (Lei do Meio Ambiente Artificial).

Em outras palavras devemos necessariamente observar a tutela constitucional do meio ambiente artificial no sentido de adequar a Lei 10.257/2001 à realidade de nosso País.

Prof. Dr. Celso Antonio Pacheco Fiorillo

www.fiorillo.com.br/celso@fsfl.com.br

APRESENTAÇÃO À 3.ª EDIÇÃO

"Aqui entram em cena duas forças contrárias. Dum lado, a inércia da grande maioria dos homens, que são como as árvores, os peixes os animaizinhos caseiros. Não querem mudanças, têm medo das novidades e combatem-nas, chamando loucos os que pensam de modo contrário. Se sempre vencesse a ideia dessa gente inerte, o mundo jamais mudaria em coisa nenhuma. Do outro lado estão os pioneiros, isto é, os homens de ideias. Amigos das novidades, os que inventam, os que criam coisas novas. O pioneiro é sempre combatido pela carneirada inerte, difamado, insultado, perseguido. Mas quando vence e realiza sua invenção, a carneirada inteira corre a aproveitar-se dela."

– *História das Invenções*, Monteiro Lobato

Em setembro de 2007, a Editora Revista dos Tribunais nos solicitou uma nova edição de nossa obra *Estatuto da Cidade comentado* para publicação em 2008.

A nova edição visava atender em nosso País, como sempre, não só à demanda dos profissionais (professores universitários, advogados, juízes, promotores, procuradores, defensores, delegados de polícia etc.) como também à dos estudantes de direito ambiental brasileiro, que continuam a usar nosso livro, em todo o Brasil, em programas de graduação e pós-graduação (especialização, mestrado e doutorado) principalmente no âmbito do estudo do Meio Ambiente Artificial e da tutela jurídica das cidades brasileiras (5.564 cidades) com fundamento no direito constitucional ambiental.

A 3.ª edição não só sofreu ajustes como foi totalmente revisada, atualizada e ampliada, sendo certo que procuramos indicar julgados do Supremo Tribunal Federal e do Superior Tribunal de Justiça adequados ao correto entendimento de nosso direito ambiental brasileiro.

Cabe relembrar, que a cidade, em decorrência de sua natureza jurídica ambiental, passa a ser observada a partir das necessidades da pessoa huma-

20 ESTATUTO DA CIDADE COMENTADO

na não só em função de seu território, mas também em face de sua estrutura econômica. Todas as cidades no Brasil estão diretamente relacionadas à sua estrutura econômica, ou seja, existem em decorrência dos produtos e serviços que criam, destinados a satisfazer as necessidades do consumo interno (em seu território) e externo (fora de seu território), o que representa acrescentar ao novo conceito jurídico constitucional do que significa uma *cidade* as relações econômicas de consumo (arts. 170 a 192 da Constituição Federal), assim como as relações sociais que fundamentam juridicamente o *Piso Vital Mínimo* (art. 6.º da Constituição Federal), destacando-se as relações laborais (arts. 7.º e 8.º da Carta Magna) que ocorrem no território da mesma.

É, portanto, adaptado ao novo conceito jurídico constitucional brasileiro do que significa uma *cidade*, o conceito de *ordem urbanística* associado à ordem econômica e social, com fundamento no direito constitucional ambiental que o legislador entendeu por bem estabelecer um moderno Estatuto no sentido de adequar a legislação à realidade de nosso País.

São Paulo, junho de 2008.

Prof. Dr. Celso Antonio Pacheco Fiorillo

SOBRE OS AUTORES

Celso Antonio Pacheco Fiorillo

É o primeiro professor Livre-Docente em Direito Ambiental do Brasil, sendo também Doutor e Mestre em Direito das Relações Sociais. Director Académico do Congresso de Derecho Ambiental Contemporáneo España/Brasil-Universidade de Salamanca (Espanha) e Miembro del Grupo de Estudios Procesales de la Universidad de Salamanca – Grupo de Investigación Reconocido IUDICIUM (Espanha). Professor convidado visitante da Escola Superior de Tecnologia do Instituto Politécnico de Tomar (Portugal) e Professor Visitante/Pesquisador da Facoltà di Giurisprudenza della Seconda Università Degli Studi di Napoli (Itália). Professor Permanente do Programa de Mestrado em Direito da UNINOVE-SP (Brasil). Líder do Grupo de Pesquisa do CNPq Tutela Jurídica das Empresas em face do Direito Ambiental Constitucional (UNINOVE) e Pesquisador dos Grupos de Pesquisa do CNPq Núcleo de Estudos, Pesquisas e Extensão em Direito da Cidade (NEPEC/UERJ), Sustentabilidade, Impactos, Racionalidades e Direitos (UFPB), Novos Direitos (UFSCAR) e Responsabilidade e Funcionalização do Direito (UNINOVE). Publicou, no período de 1984 até o momento, mais de uma centena de artigos e dezenas de livros, com destaque para a clássica obra *Curso de direito ambiental brasileiro*, uma das mais conceituadas e tradicionais obras a respeito de direito ambiental no Brasil, que teve sua primeira edição publicada em 2000, sendo referência entre profissionais que atuam na disciplina e estando atualmente em sua 19.ª edição. Advogado militante na área do direito empresarial ambiental, foi Presidente da Comissão Permanente do Meio Ambiente da OAB/SP (por duas vezes: 2013/2015 e 2016/2018), bem como, no mesmo período, Presidente do Comitê de Defesa da Dignidade da Pessoa Humana no âmbito do Meio Ambiente Digital da Comissão de Direitos Humanos, representante da OAB/SP no Conselho

22 ESTATUTO DA CIDADE COMENTADO

Gestor do Fundo Estadual de Defesa dos Interesses Difusos da Secretaria da Justiça, do Fundo Estadual para Prevenção e Remediação de Áreas Contaminadas e do Comitê da Bacia Hidrográfica do Tietê. Foi elaborador, coordenador e professor do curso de especialização de Direito Ambiental da Escola Superior de Advocacia da OAB/SP. Chanceler da Academia de Direitos Humanos. Titular da Cadeira 43 do patrono Sylvio Marcondes da Academia Paulista de Direito. Assessor científico da FAPESP, parecerista *ad hoc* do Centro de Estudos Judiciários do Conselho da Justiça Federal, professor efetivo da Escola de Magistratura-ESMAF do TRF da 1.ª e da 3.ª Região e professor da Escola Nacional de Formação e Aperfeiçoamento de Magistrados (Enfam). Professor convidado do curso de especialização em Engenharia Sanitária Ambiental da Universidade Mackenzie. Professor da Escola Superior da Magistratura Federal do RS. Elaborador, coordenador e professor do curso de pós-graduação em Direito Ambiental da Escola Paulista da Magistratura (EPM). Professor do MBA Direito Empresarial (FUNDACE-USP). Integrante do consejo científico da *Revista Americana de Urbanismo* (Espanha) e membro convidado do conselho editorial da *Revista Aranzadi de Derecho Ambiental* (Espanha). Integrante do Comitato Scientifico do periódico *Materiali e Studi di Diritto Pubblico* da Seconda Università Degli Studi Di Napoli, do consejo científico de la colección de Estudios Jurídicos de Ediciones (Universidade de Salamanca), do consejo científico da *Revista Americana de Urbanismo* (Madrid), bem como do comitê científico do Instituto Internacional de Estudos e Pesquisas sobre os Bens Comuns, com sede em Paris/França (Institut International Etudes et de Recherches sur les Biens Communs) e Roma/Itália (Istituto Internazionale di Ricerca sui Beni Comuni). Membro da The International Union for Conservation of Nature (UCN).

RENATA MARQUES FERREIRA

Pós-Doutora pela Universidade de São Paulo (Escola Politécnica-USP) e Doutora em Direito das Relações Sociais (subárea de Direitos Difusos e Coletivos-Direito Ambiental) pela Pontifícia Universidade Católica de São Paulo. Mestre em Direito das Relações Sociais (subárea de Direitos Difusos e Coletivos-Direito Ambiental Tributário) pela Pontifícia Universidade Católica de São Paulo. Professora convidada da Escola Superior de Advocacia da Ordem dos Advogados do Brasil – Seção de São Paulo (ESA-OAB/SP). Foi Coordenadora do Grupo de Trabalho de Tutela Jurídica da Saúde Ambiental, bem como de Tutela Jurídica da Governança Corporativa Sustentável da Comissão do Meio Ambiente da Ordem dos Advogados do Brasil – Seção de São Paulo (OAB/SP). Pesquisadora do grupo de pesquisas NOVOS DIREITOS da Universidade Federal de São Carlos (UFSCar). Parecerista da Revista de Direito da Cidade *Qualis A1* (UERJ) e da Revista *Quaestio Iuris Qualis A2* (UERJ). Professora convidada do curso de especialização em Saneamento Ambiental da Universidade Mackenzie. Professora de Direito Ambiental Tributário do curso de extensão universitária da Escola Paulista da Magistratura (EPM). Coordenadora do curso de Direito das Faculdades Integradas Rio Branco (Unidade Granja Viana), professora Doutora das Faculdades Integradas Rio Branco (Fundação Rotary – unidades Lapa e Granja Viana). Coordenadora Científica do periódico *Direito Ambiental Contemporâneo*/Editora Saraiva.

INTRODUÇÃO

O QUE É UMA CIDADE? O QUE SÃO OS AGLOMERADOS SUBNORMAIS (FAVELAS) NO BRASIL DO SÉCULO XXI?

A origem das cidades[1 e 2], como ensina de forma magnífica Leonardo Benevolo[3], está fundida com o nascimento bem como com as transformações do ambiente urbano[4] na Europa e no Oriente Próximo, e leva em conta,

---

1 No ambiente pré-histórico encontraremos, conforme lição de Leonardo Benevolo, a origem da cidade. O *ambiente construído* (o pré-histórico meio ambiente artificial) estava circunscrito a pequenas modificações do meio ambiente natural no qual a pessoa humana necessitava mover-se. O que documenta os estabelecimentos mais antigos são, principalmente, nas palavras de referido autor, "os resíduos da atividade humana", a saber, sobras de alimento, fragmentos provenientes do trabalho das pedras e da madeira, além de produtos acabados, usados e depois abandonados ou enterrados, sendo certo que a distribuição de referidos objetos em torno do núcleo da fogueira – sinal específico da presença do homem que aprendera a usar o fogo – indica um conjunto unitário que passou a ser chamado habitação primitiva.

2 A respeito da tutela jurídica das "cidades digitais" *vide* Fiorillo/Oosterbeek. *Revista Brasileira de Direito da Comunicação Social e Liberdade de Expressão*, 2, ano 1/maio-ago. 2011. Fiúza, p. 25-59.

3 *História da cidade, passim.*

4 A ideia de ambiente urbano está vinculada, conforme lição de Benevolo, ao "ambiente originário no qual nasce o poderio romano", a saber, a civilização etrusca, que entre os séculos VII e VI a.C. se estende, na Itália, desde a planície do Pó até a Campânia. Afirma o autor que devemos distinguir "a excepcional sorte de Roma, que começa como uma pequena cidade sem importância, na fronteira entre o território etrusco e o colonizado pelos gregos; desenvolve-se depois até se transformar na

26 ESTATUTO DA CIDADE COMENTADO

como explica o autor, "os acontecimentos nas outras áreas – no Extremo Oriente, na África, nas Américas – somente com relação ao acontecimento europeu: descreve as cidades nativas encontradas pelos europeus e as construídas em consequência da colonização e da hegemonia mundial europeia[5]. Embora tenha sido precisamente na área euroasiática que

---

urbe, a cidade por excelência, capital do império". *Urbs, urbis*, em latim, significa mais que cidade, uma cidade específica: Roma. A partir da concepção de Roma foi elaborada toda uma formação ideológica vinculada à estrutura de toda e qualquer cidade que veio a ser dominada pelo Estado romano, Estado este realizador da unificação política de todo o mundo mediterrânico. *Embora, conforme amplamente demonstrado pelos estudiosos, a origem das cidades, bem como seus elementos mais importantes, tenha sido obra dos sumérios e gregos*, conseguiu o Império Romano impor uma única ordem: seu direito (também no que se refere à concepção das cidades) ocasionou reflexos por muitos anos (a história do direito romano é uma história de 22 séculos – do século VII a.C. até ao século VI d.C. –, sendo certo que no Ocidente a ciência jurídica romana conheceu um renascimento a partir do século XII, influenciando de forma considerável todos os sistemas romanistas de direito até os dias de hoje. A urbe, por via de consequência, correspondia ao orbe na medida em que a cidade acolhia homens e coisas provenientes do mundo inteiro; um mundo unificado, fortificado, circundado por muros e percorrido por estradas como uma única cidade – *uma cidade autoritária por excelência*. Ovídio (*Fasti*, II, 683-684) soube exprimir de forma magnífica a concepção antes referida: "Aos outros povos foi conferida uma parte especial da Terra. Para os romanos o espaço da cidade coincide com o espaço do mundo".

5 *As cidades no Brasil* foram construídas a partir do século XVI, em face da enorme extensão da costa e da necessidade de nela estabelecer, para a sua defesa, os primeiros núcleos de povoamento e principalmente dos objetivos de Portugal, que "antes cuidava de explorar do que de colonizar", conforme observa Fernando de Azevedo. Daí ter sido praticamente imposto aos conquistadores da terra o *sistema de povoação marginal*, levando os mesmos a "semear de vilas e coloniais o litoral vasto, nas enseadas e ancoradouros que oferecessem abrigo seguro às suas naus, galeões e caravelas", o que explica a existência das antigas povoações e feitorias, anteriores à divisão do Brasil em capitanias hereditárias (Olinda e Iguaraçu em Pernambuco; Santa Cruz na Bahia; Cabo Frio e Rio de Janeiro-Vila Velha), assim como as velhas vilas primitivas já fundadas no regime das capitanias hereditárias (como São Vicente e Olinda). O único núcleo colonial mais afastado do mar foi a Vila de Piratininga. Com o malogro do sistema das doações e a criação de um governo central

O QUE É UMA CIDADE? **27**

teria ocorrido a ideia da cidade[6 e 7] como estabelecimento mais comple-

---

surgiram, na visão de Azevedo, *as primeiras cidades*: a de Salvador, em que Tomé de Sousa estabeleceu a *primeira capital do Brasil*; a de São Sebastião do Rio de Janeiro, fundada por Estácio de Sá em 1566 junto ao Pão de Açúcar e transferida mais tarde, em 1567, para o Morro do Castelo por Mem de Sá, observando-se ainda a elevação à categoria de vila da povoação de Santo André da Borda do Campo e Piratininga (que mais tarde viria a ter um papel preponderante na conquista dos sertões, consolidando-se no planalto a luta contra a confederação dos tamoios). As vilas, fundamentalmente entrepostos de comércio, já formavam povoações regulares ao longo da costa que necessitavam proteção; daí encontrarmos pequenas "cidades--fortalezas", em regra erguidas numa colina e amuradas, como é o caso do Rio de Janeiro e Salvador. *As primeiras cidades brasileiras já observavam como característica estrutural sua função eminentemente econômica (produtos e serviços), com "estrutura artificial" direcionada para sua função militar.* Devemos observar que, no século XVI, os conquistadores, assim como os mercadores europeus, encontraram um enorme espaço vazio no "resto do mundo", onde puderam realizar programas de colonização com base na concepção europeia. Lembra Benevolo que os portugueses, em seu hemisfério (a parte que lhe foi reservada pelo Tratado de Tordesilhas em 1494), encontraram territórios pobres e inóspitos (sobretudo a África Meridional), ou então, no Oriente, Estados populosos e aguerridos que não puderam ser conquistados. Destarte, teriam fundado somente uma série de bases navais visando controlar o comércio oceânico, não tendo condições de realizar uma verdadeira colonização em grande escala, ao contrário dos espanhóis, que encontraram em sua zona territórios mais adequados à colonização (o modelo de conquista dos espanhóis foi imposto pelas autoridades já nos primeiros anos e *codificado por Filipe II na lei de 1573, considerada a primeira lei urbanística da Idade Moderna.* De qualquer maneira, é importante registrar que as novas cidades seguiram um modelo uniforme: em regra um tabuleiro de ruas retilíneas que definiam uma série de quarteirões iguais, quase sempre quadrados. No centro da cidade suprimiam-se ou reduziam-se alguns quarteirões, conseguindo-se uma praça sobre a qual eram construídos edifícios importantes, a saber, a igreja, o paço municipal, as casas dos mercadores e dos colonos mais ricos.

6   Para grande parte dos pesquisadores/historiadores, Jericó, situada próxima ao rio Jordão e Jerusalém, é a mais antiga cidade habitada do mundo; com aproximadamente 10 mil anos de existência, suas ruínas estão localizadas a cerca de meio quilômetro da Jericó moderna.

7   *Foram os sumérios que inventaram,* entre 4000 a.C. e 1600 a.C., *o modelo de cidades* em um território que começava próximo ao centro do atual Ira-

28 ESTATUTO DA CIDADE COMENTADO

to e integrado[8], que contém e justifica todos os estabelecimentos me-

---

que, onde hoje é Bagdá, e seguia em direção ao sul até o mar. As primeiras populações estabelecidas na planície da Mesopotâmia eram nômades ou seminômades, sendo certo que a passagem para a agricultura foi o passo fundamental para a sedentarização, surgindo as cidades como aglomerados de comunidades agrícolas. A civilização urbana suméria apareceu deste povo originariamente agrícola, que precisou lutar contra as intempéries e dificuldades as mais variadas, desenvolvendo de forma marcante atividades comerciais e possuindo uma estrutura social que primava pelos registros escritos (a maneira de escrever dos sumérios – escrita cuneiforme, nome que vem de "cunha", o instrumento de bambu com que se gravavam os sinais na argila ainda mole – tinha como prioridade não só os registros comerciais como a administração das cidades), assim como o varejo, que gerou uma importante classe de prestadores de serviço. *Destarte, resta bem evidenciado que as "relações de consumo/mercantis", bem como a exploração de mão de obra em um determinado território, estão na gênese das cidades.* Os sumérios já sabiam controlar as águas dos rios Tigre e Eufrates, visando o abastecimento de suas cidades, bem como já adotavam o costume de erguer grandes muralhas de barro para proteger o núcleo urbano de invasores. Além disso, as cidades sumérias já conheciam *núcleos de pobreza*, sendo certo que a pressão econômica que ocorria contra os agricultores (os agricultores viviam em local afastado do núcleo urbano, fora das muralhas) gerou grande descontentamento, ocasionando mais tarde a queda da maior parte do império sumério. Para um estudo mais aprofundado *vide Mesopotamia: história, política, economia y cultura,* de Georges Roux; e *Sociedad y cultura en la antiga Mesopotamia,* de Josef Klima.

8   Berço da civilização com mais de 8 mil anos, o Iraque tem em seu território (435 mil quilômetros quadrados) cidades consideradas as mais antigas do mundo. Além da Babilônia (capital do reinado de Hamurabi e centro cultural por mais de 2 mil anos, considerada uma das primeiras supercidades de dimensões comparáveis às supercidades modernas) e Nínive (cidade bíblica que foi sede administrativa e religiosa dos assírios no século VII a.C., também observada como uma metrópole de dimensões comparáveis às modernas), Hatra, Assur, Nimrud, Nippur, Ur (que media cerca de 100 hectares, abrigando várias dezenas de milhares de habitantes) e Basra reúnem um fantástico sítio arqueológico (existem mais de 25 mil no Iraque), lamentavelmente afetado pela invasão militar dos Estados Unidos em março e abril de 2003. As cidades sumerianas eram circundadas por um muro e um fosso que as defendiam e que *pela primeira vez excluíam o ambiente aberto natural do ambiente fechado da cidade,* sendo certo que, segundo afirma Benevolo, o terreno da cidade já era

O QUE É UMA CIDADE? 29

nores[9] – bairros[10 e 11], edifícios etc. –, a cidade permanece, na visão do autor,

---

dividido em propriedades individuais entre os cidadãos, ao passo que o campo era administrado em comum por conta das divindades.

9 A referência à *casa* pode ser encontrada em várias oportunidades no Código de Hamurabi. Monumento jurídico mais importante da Antiguidade antes de Roma, conforme salienta John Gilissen, o texto provavelmente redigido por volta de 1694 a.c. compreende 282 artigos, sendo certo que 50 artigos se reportam à casa. O Código, em seu prólogo, indica a existência de duas cidades (Uruk e Borsippa), menciona o termo em seu art. 15 ("Se alguém furta pela porta da cidade um escravo ou uma escrava da Corte ou um escravo ou escrava de um liberto, deverá ser morto") e disciplina vários aspectos jurídicos vinculados à edificação propriamente dita das casas. *Vide As mais antigas normas de direito*, de João Batista de Souza Lima; e *Introdução histórica ao direito*, de John Gilissen.

10 Os *bairros*, nos dias de hoje, são porções do território de uma cidade ocupadas por pessoas majoritariamente integrantes de uma mesma classe social/econômica. Já em torno da *Acrópole ateniense* (cidade alta e local onde ficavam os templos dos deuses), na época de Péricles (século V a.C.), se localizavam, como informa Benevolo, os bairros residenciais, que eram distribuídos ao redor dos edifícios públicos, podendo-se imaginar "a coroa de bairros com as casas de habitação". Embora não seja possível falar da existência de um direito grego e sim de "uma multidão de direitos gregos", conforme afirmação de Gilissen, normas como a Lei de *astynómos* (Pérgamo – Eólis – Ásia Menor – século II d.C.) já refletiam disposições detalhadas a respeito de conservar limpas e em boas condições as ruas, estradas e passagens, sobre o tamanho mínimo das ruas, sobre a escavação de fossos e produção de tijolos ou pedras, sobre a reforma de muros comuns e a divisão de gastos, sobre a manutenção de fontes e chafarizes na *pólis* (a cidade-Estado, que depois passou a ser distinguida pela cidade alta – a *acrópole* – e a cidade baixa – a *astu*), sobre o registro e a manutenção de todas as cisternas das cidades. Cabe destacar que os gregos continuaram as tradições dos direitos cuneiformes e transmitiram-nas aos romanos, tendo instaurado em suas cidades regimes políticos que serviram de modelo às civilizações ocidentais. *A cidade medieval* conheceu em seu apogeu a *estrutura dos bairros*, valendo transcrever a manifestação de Jacques Le Goff em sua obra *O apogeu da cidade medieval*, a saber: "Há, enfim, na maioria das cidades, divisões que não coincidem nem com o elemento constitutivo da cidade, nem com uma paróquia, formando conjuntos que estão entre os mais vivos e personalizados da cidade. São os *bairros (quartiers)*, cujos nomes logo aparecem com frequência nos documentos, como as 'Aubergeries' em Périgueux,

30   Estatuto da Cidade Comentado

atestadas já em 1254. Esses bairros parecem às vezes organizar-se em torno de uma rua que lhes dá o nome. Em Périgord, por exemplo, situam-se inicialmente ruas ou casas em relação à rue Neuve (rua Nova); depois, em meados do século XIV, aparece a expressão 'o bairro de rua Nova' ou 'la quartieyra de rua Nova'. Assim, em Reims, o bairro da Nouvelle Couture, loteado pelo arcebispo a partir de 1183, tomou o nome de sua artéria central, que, em verdade, era muito larga porque destinada a ser um local de feira. *Realidades vivas, porém mal definidas, os bairros, componentes característicos da cidade medieval*, ainda são mal conhecidos" (grifos nossos). Paris, que no reinado de Luís XIV teria sido a maior cidade da Europa (século XVII), seguida de perto por Londres, já era dividida em bairros, que, de 17 na época de Henrique III, chegaram a 20 em 1702, através de divisões administrativas e policiais que não correspondiam às das paróquias. Não existia na época, conforme descreve Jacques Wilhem em sua obra *Paris no tempo do Rei Sol*, bairro que não estivesse repleto de palácios "comparáveis aos mais belos edifícios romanos". Escreveu o historiador Sauval, impressionado com as transformações de que Paris já se beneficiara por ocasião da morte de Mazarino, que, "no Faubourg Saint-Honoré, na Villeneuve, no Maret e na ilha de Notre Dame (atual ilha de Saint-Louis), todos eles bairros fétidos e abandonados, vimos abrirem-se muitas ruas compridas, largas (*sic*), retas, e ali se elevarem essas casas tão soberbas que admiramos e que se assemelham a palácios encantados".

Em nosso País, notamos que, embora a fundação da primeira capital, Salvador, tenha sido planejada pela coroa portuguesa e projetada pelo mestre de obras português Luiz Dias (responsável pelo plano inicial de Salvador), o crescimento da capital através das décadas deu-se de forma espontânea. Os muros da cidade-fortaleza foram sendo ultrapassados na direção do Carmo e da atual Praça Castro Alves. Quando fundada, a cidade tinha apenas duas praças, e o primeiro bairro constituído foi o centro histórico. Pelourinho e o Carmo surgiram logo em seguida, fomentados pela busca do espaço por parte das ordens religiosas. Na *cidade de São Paulo*, no século XVI, muitos bairros da cidade surgiram da transformação de aldeamentos indígenas em povoados de brancos, sendo este um elemento importante para caracterizar a origem histórica de várias cidades brasileiras. Alguns bairros foram planejados no início do século XX e criados pela Cia. City, tendo sua origem em loteamentos privados como a City Lapa e o Alto de Pinheiros. Observados no plano constitucional brasileiro em vigor, *os bairros têm natureza jurídica de bem ambiental*, vez que estão integrados à estrutura de toda e qualquer cidade; os bairros, como já afirmado, são "partes" da cidade, possuindo "interesse específico", conforme indica o art. 29, XIII, da CF. Destarte, em decorrência do que estabelece a Carta Magna em vigor, as

O QUE É UMA CIDADE? 31

"uma criação histórica particular: ela não existiu sempre, mas teve início num dado momento da evolução social, e pode acabar, ou ser radicalmente transformada, num outro momento".

Daí ser importante, particularmente para os profissionais do direito, situar a origem da cidade desde seu início, ou seja, associar a origem das cidades em decorrência das grandes mudanças da organização produtiva na medida em que referida organização transformou, ao longo da história, a vida cotidiana da pessoa humana, provocando, de maneira crescente, um grande salto no desenvolvimento demográfico.

Destarte importa considerar o que se segue:

1. O grupo dos hominídeos, conforme já tivemos oportunidade de salientar em nossa obra *O direito de antena em face do direito ambiental no Brasil*[12], apareceu na face da Terra há aproximadamente 5 milhões de anos, e durante o Paleolítico (pedra antiga) viveu coletando seu alimento e procurando um abrigo no meio ambiente natural, sem modificá-lo de forma permanente[13]. Esta época, ensina Benevolo, "compreende mais de 95% da aventura

---

pessoas integrantes de determinado bairro gozam da prerrogativa apontada em referido artigo, a saber, "iniciativa popular de projetos de lei de interesse específico", a exemplo do Município e da cidade, desde que viabilizada através "de manifestação de, pelo menos, cinco por cento do eleitorado".

11 Alguns bairros ficaram famosos vinculados a músicas e a músicos famosos: é o caso de Penny Lane, em Londres, bairro (*district*) onde morou John Lennon, dos Beatles, bem como Ipanema, no Rio de Janeiro, bairro de mais de 100 anos (no século XVII era um engenho de cana que em 1878 passou às mãos de José Antonio Moreira Filho, o barão de Ipanema), frequentado na década de 1960 por Vinicius de Moraes e por Tom Jobim, compositores da famosa música *Garota de Ipanema*.

12 Ver p. 7. A palavra "humano" (do latim *humanu*), conforme consignam os dicionários, é entendida como "pertencente ou relativo ao homem: *natureza humana; gênero humano*". Por sua vez, o termo "pessoa" (do latim *persona*) é compreendido como "homem ou mulher".

13 7-2-2009 **Tomografia de Lucy vira pré-humanos pelo avesso:** Tomografias viraram pelo avesso os restos de Lucy, provavelmente o ser proto-humano mais famoso, e isso pode responder a questões sobre como nossos ancestrais desceram das árvores e caminharam, disseram cientistas na sexta-feira. A universidade do Texas, em Austin, em parceria com

32 ESTATUTO DA CIDADE COMENTADO

total do homem; nela ainda hoje vivem algumas sociedades isoladas nas selvas e nos desertos".

2. Há aproximadamente 10 mil anos, no Neolítico (pedra nova), os habitantes da faixa temperada aprenderam a produzir seu alimento, cultivando plantas e criando animais, e organizaram as *primeiras aldeias*[14] como

---

o governo da Etiópia, completou a primeira tomografia computadorizada de alta resolução desse espécime ancestral dos humanos, que viveu há cerca de 3,2 milhões de anos. "Essas tomografias que completamos na universidade do Texas nos permitem ver a arquitetura interna – como seus ossos são construídos", disse à Reuters o professor de antropologia John Kappelman, um dos chefes da pesquisa que examinou todas as 80 peças do esqueleto de Lucy. Os cientistas esperam que o estudo de uma Lucy "virtual" dê pistas sobre a vida dos nossos ancestrais. Esse esqueleto foi achado em 1974 na Etiópia e é o exemplar mais bem-preservado do *Australopithecus*, uma espécie proto-humana. "Isso a abre a pessoas que, em vez de terem de viajar a algum museu distante para ver o original, podem realmente resolver no computador", disse Kappelman. O antropólogo disse que as tomografias poderiam revelar novidades sobre o encaixe dos ossos de Lucy – e, portanto, se ela e seus iguais subiam em árvores além de andar. O fóssil de Lucy está visitando os EUA como parte de uma inédita exposição itinerante promovida pelo Museu de Ciências Naturais de Houston. O esqueleto, com um metro de altura, está cerca de 40 por cento completo. "Isso vai nos ajudar a preencher o que foi um dos primeiros estágios (...) da nossa evolução, para realmente entendermos melhor os comportamentos de um primo extinto. De certa forma é como (...) conseguir sintonizar a máquina do tempo em 3 milhões de anos atrás, ir e voltar e conseguir reconstruir o que esse fóssil estava fazendo no seu dia a dia", disse Kappelman. "Ela provavelmente é agora, e acho que será por muito tempo, o fóssil mais famoso do planeta Terra", acrescentou (Fonte: *Estadão Online*).

14 *A cidade nasce da aldeia*. No ambiente das sociedades neolíticas já se verificavam os terrenos cultivados para produzir e não tão somente para a apropriação do alimento, assim como locais destinados ao abrigo dos homens e animais domésticos, depósitos de alimentos produzidos para uma estação inteira ou para um período mais longo, utensílios para o cultivo, a criação, a defesa e o culto. Sociedades que vivem ainda hoje com uma economia e um instrumental neolítico têm possibilidade de confrontar suas aldeias com aldeias do passado, como Aichbuhlim Federseemor (cerca de 2000 a.C.) e Hallstatt, na atual Alemanha, bem como San Giovenale, nas proximidades de Roma. A cidade se forma, na

O QUE É UMA CIDADE? **33**

estabelecimentos estáveis nas proximidades dos locais de trabalho[15].

3. Há cerca de 5 mil anos, destaca o mestre, "nas planícies aluviais do Oriente Próximo, *algumas aldeias se transformaram em cidades*; os produtores de alimentos são persuadidos ou obrigados a produzir um excedente a fim de manter uma população de especialistas (artesãos, mercadores, guerreiros e sacerdotes), residem num estabelecimento mais complexo – cidade – e daí controlam o campo. Esta organização social requer o invento da escrita; daí começa, de fato, a civilização e a história escrita em contraposição à pré--história". A partir desse momento, a história da civilização dependerá da quantidade e da distribuição de referido excedente.

4. A Idade do Bronze merece ainda referência especial, época "na qual os metais usados para os instrumentos e as armas são raros e dispendiosos, sendo reservados", como reitera Benevolo, "a uma classe dirigente restrita que absorve todo o excedente disponível, mas que, com seu consumo limitado, também limita o crescimento dos habitantes e da produção".

5. Outra referência importante é a Idade do Ferro, iniciada aproximadamente por volta de 1200 a.C., com a difusão de um instrumental metálico mais econômico, da escrita alfabética e da moeda cunhada, "ampliando assim a classe dirigente e permitindo um novo aumento da população. A civilização greco-romana desenvolve esta organização numa grande área econômico-unitária – a Bacia Mediterrânica –, mas escraviza e empobrece os produtores diretos e caminha para o colapso econômico, do século IV d.C. em diante".

6. A *civilização feudal*[16] e a *civilização burguesa* cuidam da transição histórica seguinte, ou seja, aquilo que Benevolo chama de "desenvolvimento

---

       lição de Benevolo, quando as *indústrias e os serviços já não são executados pelas pessoas que cultivam a terra, mas por outras que não têm esta obrigação, e que são mantidas pelas primeiras com o excedente do produto total. Destarte, importa observar que, desde a pré-história, a cidade é formada fundamentalmente pelos produtos e serviços que são oferecidos em determinado território através do trabalho de pessoas humanas mantidas por outras.*

15   A aldeia neolítica de Hacilar, na Turquia, já apontava a existência de casas, cerca de 5000 a.C., que compreendiam um amplo vão sustentado por colunas de madeira e dividido por tabiques leves.

16   Na *Idade Média*, com a lenta queda do Império Romano, as antigas *civitas* romanas decresceram (muitas desapareceram por completo), sendo

34 Estatuto da Cidade Comentado

da produção com métodos científicos". Referido desenvolvimento vai caracterizar nossa *civilização industrial*.

7. Na *civilização industrial*[17] ocorrerá importante fenômeno, a saber, o excedente produzido (através de métodos científicos em massa e de massa)

---

certo que a população deixou de estar agrupada em grandes concentrações, passando a viver na área rural: tem início o desenvolvimento na Europa de uma sociedade agrária rudimentar, que será a base de sua economia e, evidentemente, de seu desenvolvimento posterior. De meados do século XII a cerca de 1340 (século XIV), o desenvolvimento da cristandade latina atingiu seu apogeu. "Nesse apogeu" – argumenta Jacques Le Goff – "a França ocupa o primeiro lugar e o grande movimento de urbanização está no auge. As cidades são uma das principais manifestações e um dos motores essenciais dessa culminação medieval. A atividade econômica, cujo centro são as cidades, chega ao seu mais alto nível". É no período medieval que serão desenvolvidas estruturas construídas com grande destaque e vinculadas sempre às necessidades econômicas, tais como as muralhas das cidades, as pontes, as igrejas e as praças. É também no mundo dos séculos XII e XIII que a cidade medieval passará a ter uma lógica econômica fundada mais no dinheiro que na terra, a saber, e nas palavras de Le Goff, "os citadinos, por sua vez, ou antes, a camada superior que assume, ao lado do senhor ou dos senhores, um lugar dominante na cidade, *os burgueses* (grifo nosso). Têm três preocupações essenciais: o direito de enriquecer, o direito de administrar e a possibilidade de dispor facilmente de mão de obra", ou seja, *os burgueses deveriam ser livres, podendo dedicar-se a seus negócios, e ter o direito de se reunir livremente, assim como a possibilidade de controlar a vida econômica e administrativa da cidade.*

17 Depois da metade do século XVIII, a Revolução Industrial mudou o curso dos acontecimentos não só na Inglaterra, como mais tarde no resto do mundo. Os fatos principais que influenciaram a ordem das cidades e do território são relacionados por Benevolo: 1) o aumento da população devido à diminuição do índice de mortalidade (cresce o número de habitantes; cresce a duração média da vida; rompe-se o secular equilíbrio entre gerações na medida em que cada uma ocupava o lugar das anteriores repetindo o mesmo destino, situação que se modificava vez que cada geração passava a se encontrar numa situação nova, precisando resolver novos problemas); 2) o aumento dos bens e serviços produzidos pela agricultura, pela indústria e pelas atividades terciárias, por efeito do progresso tecnológico e do desenvolvimento econômico; 3) a redistribuição dos habitantes no território, em consequência do aumento demográfico e das transformações da produção; 4) o desenvolvimento dos

O QUE É UMA CIDADE? 35

não será reservado necessariamente a uma minoria dirigente, "mas é distribuído" – reafirma Benévolo – "para a maioria e teoricamente para toda a população, que pode crescer sem obstáculos econômicos, até atingir ou ultrapassar os limites do equilíbrio do ambiente natural".

Nesta situação nova, como iremos ver, a cidade (sede das classes dominantes) ainda se contrapõe ao campo (sede das classes subalternas), mas este dualismo não é mais inevitável e pode ser superado. Desta possibilidade nasce a ideia de um novo estabelecimento, completo em si mesmo, como a cidade antiga (chamado, portanto, com o mesmo nome), mas estendido a todo o território habitado: a cidade moderna.

É exatamente em decorrência da questão do território – além, evidentemente, das questões econômicas – que necessitamos enfrentar, nos dias de hoje, o conceito de cidade. Nos chamados países desenvolvidos – Estados Unidos e alguns países da Europa –, como afirmado por Benevolo, "o equilíbrio do território é salvaguardado pelos planos da autoridade pública, o

---

meios de comunicação, permitindo uma mobilidade incomparavelmente maior; 5) a rapidez e o caráter aberto de aludidas transformações, que se desenvolvem em poucos decênios, não levando a um equilíbrio estável (um edifício não é mais considerado uma modificação estável, incorporada ao terreno, mas um manufaturado provisório, que pode ser substituído mais tarde por outro manufaturado, tornando-se possível considerar um terreno edificável um bem independente, com seus requisitos econômicos devidos à posição, à procura, aos vínculos regulamentares etc.); e 6) a desvalorização das formas tradicionais de controle público do ambiente construído (os planos urbanísticos, os regulamentos), consideradas sobrevivências do antigo regime, assim como a recusa de aceitar as dificuldades do ambiente como fatos inevitáveis, observando a crença de corrigir os defeitos com uma ação calculada. Os economistas, segundo Benevolo, passam a ensinar a "limitar a intervenção pública em todos os setores da vida social e também no urbanístico", inclusive com Adam Smith aconselhando "os governos a vender os terrenos de propriedade pública, para pagar suas dívidas", conselho recebido de muito bom grado pelas classes dominantes, que demonstravam interesse em fazer valer, também no campo imobiliário, "a liberdade de iniciativa privada" no sentido de aproveitar "a desordem urbana sem sofrer-lhe as consequências". Foi exatamente com o crescimento muito rápido das cidades na época industrial que surgiu a transformação do núcleo das mesmas, aparecendo, como ensina Benevolo, "uma nova faixa construída: a periferia".

36 ESTATUTO DA CIDADE COMENTADO

desenvolvimento das cidades é controlado de maneira razoável e algumas exigências estabelecidas pela pesquisa teórica – uma casa por preço razoável, uma circulação de pedestres protegida do tráfego motorizado, um conjunto de serviços facilmente acessíveis – são garantidas praticamente à maioria dos cidadãos".

Nos outros países do mundo[18] as cidades se desenvolvem com a mesma velocidade e mesmo mais depressa, sendo certo que este desenvolvimento "leva em quase toda parte a resultados muito diferentes: os edifícios projetados pelos arquitetos e em conformidade com os regulamentos, as cidades disciplinadas pelos planos urbanísticos e providas com os serviços públicos, as ruas, os parques etc. dizem respeito somente a uma parte da população; outra parte não está em condições de se servir deles, e se organiza por sua própria conta em outros *estabelecimentos irregulares* (grifo meu), muitas vezes em contato direto com os regulares mas nitidamente distintos: o terreno é ocupado sem um título jurídico, as casas são construídas com recursos próprios, os serviços faltam ou são introduzidos a seguir, com critérios totalmente diversos daqueles que valem para o resto da cidade".

Estes *estabelecimentos irregulares* (grifo meu) foram chamados de "marginais", porque eram considerados uma franja secundária da *cidade pós-liberal* (grifo meu): toda cidade do mundo tem um pequeno grupo de habitantes pobres, que vivem nos barracos da extrema periferia ou dormem debaixo das pontes.

Mas no mundo atual, esta definição não é mais válida, porque os estabelecimentos irregulares crescem com muito maior velocidade que os estabelecimentos regulares, e abrigam agora, em muitos países, a maioria da população (grifo meu)[19]. Em 1962, salienta o autor, metade da população da

---

18 É importante destacar que os comentários de Leonardo Benevolo, neste tópico, estão situados no título O Terceiro Mundo, e os estabelecimentos marginais, vale dizer, os "outros países do mundo" a que se refere o autor são aqueles pertencentes ao Terceiro Mundo (op. cit., p. 703).

19 No estudo sobre a população que mora em favelas, palafitas ou outros assentamentos irregulares o IBGE indicou que, entre 2000 e 2010, o número de brasileiros que vivem nessas condições passou de 6,5 milhões para 11,4 milhões, um aumento de 75%. Nesse período, a população brasileira cresceu bem menos, 12,3%. Por isso, aumentou a proporção de brasileiros vivendo em habitações inadequadas, de 3,5% para 6% da população.

O QUE É UMA CIDADE? 37

Ásia, da África e da América Latina não tinha uma casa, ou tinha uma casa insalubre, superpovoada e indigna[20].

Uma parte cada vez maior desta população se transferiu dos campos para as cidades, sendo certo que apenas uma pequena parte foi aceita nas cidades regulares na medida em que a grande maioria foi engrossar os estabelecimentos irregulares, que crescem de fato com uma velocidade maior.

Cada nação, destaca Benevolo, "chama de modo diferente estes *bairros irregulares* (grifo meu): *ranchos* na Venezuela, *barriadas* no Peru, *favelas no Brasil*[21 a 26], *bidonvilles* nos países de língua francesa, *ishish* no Oriente Médio.

---

20 Conforme explica Mike Davis, a generalização espantosa das favelas é o principal tema de *The challenge of slums* (O desafio das favelas), relatório histórico e sombrio publicado em outubro de 2003 pelo Programa de Assentamentos Humanos das Nações Unidas (UN-Habitat). Essa primeira auditoria verdadeiramente global da pobreza urbana, explica o autor, que segue as famosas pegadas de Friedrich Engels, Henry Mayhew, Charles Booth e Jacob Riis, é o ponto culminante de dois séculos de reconhecimento científico da vida favelada, que teve início em 1805 com Survey of Poverty in Dublin (Estudo da Pobreza em Dublin), de James Whitelaw. É também a contrapartida empírica há muito esperada das advertências do Banco Mundial na década de 1990, de que a pobreza urbana se tornaria "o problema mais importante e politicamente explosivo do próximo século". De acordo com o UN-Habitat, "os maiores percentuais de favelados no mundo estão na Etiópia (espantosos 99,4% da população urbana), Tchade (também 99,4%), Afeganistão (98,5%) e Nepal (92%). Mumbai, com 10 a 12 milhões de invasores de terrenos e moradores de favelas, é a capital global dos favelados, seguida por Cidade do México e Daca (9 a 10 milhões cada) e depois Lagos, Cairo, Karachi, Kinshasa-Brazzville, São Paulo, Xangai e Délhi (6 a 8 milhões cada). *Vide Planeta Favela*, 2006, Boitempo Editorial.

21 Segundo os estudiosos a palavra "favela" foi extraída do nome de um morro em Canudos (local do sertão da Bahia onde foi travada, no século XIX, sangrenta guerra envolvendo, de um lado, sertanejos e, de outro, tropas do Exército brasileiro), que os soldados republicanos tomaram como base. Quando, encerrada a guerra, chegaram em 1897 ao Morro da Providência, localizado no centro do Rio de Janeiro, os ex-combatentes lhe deram o mesmo nome: Morro da Favela. O termo acabou sendo usado no País todo para denominar comunidades pobres. Em 2004 a prefeitura do Rio de Janeiro, cidade tomada nesse mesmo ano por aproximadamente 60 grandes favelas (Jacarezinho, Maré, Complexo do Alemão, Rocinha e Cidade de Deus são as maiores), pretende transformar o

38 ESTATUTO DA CIDADE COMENTADO

Morro da Providência em museu ao ar livre, recuperando e recebendo sinalização turística a escadaria erguida no fim do século XIX, assim como um oratório usado pelos primeiros habitantes do local (moradores de cortiços e soldados da Guerra de Canudos, como já dissemos), criando um corredor cultural que deverá passar por pontos históricos com início no vizinho Morro do Livramento, onde nasceu o escritor Machado de Assis.

Conforme matéria de Janaina Garcia do UOL Notícias em São Paulo (21-12-2011) "O primeiro levantamento sobre as favelas no país foi feito pelo IBGE em 1953, no estudo 'as favelas do Distrito Federal e o Censo Demográfico de 1950'".

O termo aglomerados subnormais, porém, só passou a ser adotado em 1987, usado no Censo de 1991 e no de 2000.

É a partir do Censo 2010, contudo, que os tipos mais diversos de aglomerados são analisados, uma vez que inovações tecnológicas e de método de trabalho, de acordo com o instituto, tornaram a pesquisa mais aprimorada – sobretudo pelo uso de imagens de satélite e GPS.

Por este motivo, explicaram os pesquisadores, não é possível comparar de forma linear o número de moradores em aglomerados do tipo em 2000, 6.535.634, com os mais de 11 milhões atuais.

Há uma década, porém, São Paulo (2.071.117 de pessoas) e Rio de Janeiro (1.387.889 pessoas) já despontavam como as áreas mais populosas desses aglomerados.

Já áreas de aglomerados contíguos, localizados dentro das áreas analisadas, mas fora do padrão de um mínimo de 51 domicílios, não foram analisadas. Em função disso, alertam os pesquisadores do IBGE, números de moradores de favelas divulgados por Estados ou municípios podem soar destoantes daqueles divulgados pelo Censo.

22 Conforme matéria dos jornalistas Felipe Werneck e Luciana Nunes Leal, publicada pelo jornal *O Estado de São Paulo* em 22-12-2011 "O Brasil tinha 11,42 milhões de pessoas morando em favelas, palafitas ou outros assentamentos irregulares em 2010. O número corresponde a 6% da população do País, revela o Instituto Brasileiro de Geografia e Estatística (IBGE) na publicação Aglomerados Subnormais, baseada em dados do último Censo. Só a Região Metropolitana de São Paulo, com 2,16 milhões de pessoas vivendo em favelas, responde sozinha por 18,9% de toda a população em submoradias.

A comparação com levantamento realizado há 20 anos indica que quase dobrou a proporção de brasileiros que moram nessas áreas, com precariedade de serviços públicos essenciais ou urbanização fora dos padrões. Em 1991, 4,48 milhões de pessoas (3,1% da população) viviam em assentamentos irregulares, número que aumentou para 6,53 milhões

O QUE É UMA CIDADE? 39

(3,9%) no Censo de 2000. O IBGE ressalva que, apesar de o conceito de aglomerado subnormal ter permanecido o mesmo desde 1991, foram adotadas inovações metodológicas e operacionais no Censo 2010 e que, por isso, a comparação dos dados "não é recomendada". O objetivo da mudança foi aprimorar a identificação de favelas – houve uso de imagens de satélite de alta resolução e uma pesquisa específica para melhorar a informação territorial.

"O grande aumento da população de favelas é algo que já vinha sendo observado nas metrópoles", diz o geógrafo e professor da Universidade Federal do Rio de Janeiro, Claudio Egler, que participou da comissão técnica do estudo. Segundo ele, a informação sobre aglomerados pode estar subestimada nos censos anteriores, mas o aumento acima da média nacional "é real".

Fenômeno metropolitano. Ao todo, foram identificados 6.329 assentamentos irregulares em 323 municípios do País. Trata-se de um fenômeno majoritariamente metropolitano – 88,2% dos domicílios em favelas estavam concentrados em regiões com mais de 1 milhão de habitantes. As regiões metropolitanas de São Paulo, Rio e Belém somadas concentravam quase a metade (43,7%) do total de domicílios em aglomerados subnormais do País.

O IBGE aponta ainda grande diferença no padrão de distribuição desse tipo de moradia. Em São Paulo, predominam áreas de pequeno porte e concentradas na periferia (apenas 20 ficam no centro expandido), ao contrário do Rio, onde há um espalhamento maior pelo território. O Censo também aponta maior predominância de favelas em cidades costeiras ou ribeirinhas.

Perfil. A idade média dos moradores das favelas do País era de 27,9 anos em 2010, ante 32,7 anos nas áreas regulares. A população na faixa de 0 a 14 anos correspondia a 28,3% do total nas favelas. Já nas áreas formais, era de 21,5%. Na faixa de 60 anos ou mais, era de 6,1% nos aglomerados e de 11,1% no restante das cidades. A densidade média de moradores é sempre mais alta nos domicílios em favelas. A Região Norte apresentou as maiores médias: nas favelas do Amapá, chegou a 4,5 moradores por domicílio. As favelas também concentram um número maior de pessoas que se declararam pretas ou pardas. O porcentual chegou a 68,4%, ante 46,7% nas áreas urbanas regulares. Ou seja: dois em cada três favelados são negros.

Em Belém, mais da metade da população (53,9%) vivia em assentamentos irregulares. É a maior proporção do País. No Rio, eram 22%. Na capital paulista, 11% – no total, 1,3 milhão de pessoas vivem em 1.020 aglomerados espalhados por São Paulo, a maior parte na periferia e no limite com outras cidades. Campo Grande foi a capital com menor pro-

40 ESTATUTO DA CIDADE COMENTADO

porção de população em moradias desse tipo – 0,2% dos habitantes. a Região Sudeste concentrava metade (49,8%) dos domicílios ocupados em aglomerados, enquanto a Região Nordeste tinha 28,7% do total, a Norte 14,4%, a Sul 5,3% e a Centro-Oeste 1,8%.

23 As 20 favelas mais populosas do Brasil estão localizadas nos Estados do Rio de Janeiro, São Paulo, Pará e no Distrito Federal, identificou estudo do IBGE (Instituto Brasileiro de Geografia e Estatística) divulgado em 21-12-2011, conforme matéria de Janaina Garcia do UOL Notícia em São Paulo. De acordo com a pesquisa, informava a jornalista, em 2010 o Brasil possuía 6.329 dessas áreas de aglomerados subnormais em 323 dos 5.565 municípios brasileiros. Entre as 20 mais populosas, o Estado do Pará surge com dez localidades – nas quais vivem quase 200 mil habitantes.

Em São Paulo, Estado que concentra a maior parte dos moradores em aglomerados do tipo – 2,715 milhões de pessoas –, as favelas mais populosas são as de Paraisópolis (zona oeste da capital), com 42.826 pessoas, e Heliópolis (zona sul), com 41.118.

As dez maiores favelas do Brasil*

	Nome	Estado	População
1.º	Rocinha	RJ	69.161
2.º	Sol Nascente	DF	56.483
3.º	Rio das Pedras	RJ	54.793
4.º	Coroadinho	MA	53.945
5.º	Baixadas da Estrada Nova Jurunas	PA	53.129
6.º	Casa Amarela	PE	53.030
7.º	Pirambú	CE	42.878
8.º	Paraisópolis	SP	42.826
9.º	Cidade de Deus	AM	42.476
10.º	Heliópolis	SP	41.118

*Fonte: IBGE 2010

24 *O Brasil chegou ao século XXI tendo 2,3 milhões de domicílios em mais de 16 mil favelas* (70% desses domicílios estão localizados nos 32 maiores municípios do País – aqueles com mais de 500 mil habitantes), conforme dados do Perfil dos Municípios Brasileiros indicado pelo IBGE em 2003 (números fornecidos pelos prefeitos dos 5.560 municípios). A cidade de São Paulo concentra 378 mil domicílios em favelas (16% do total do País), sendo que a região Sudeste como um todo reúne 59% das submoradias brasileiras. No Rio de Janeiro as 5 (cinco) maiores favelas são Jacarezinho, Maré, Complexo do Alemão, Rocinha e Cidade de Deus. A

O QUE É UMA CIDADE? 41

Onde o clima permite, nem as casas nem os bairros são necessários: 600.000 pessoas dormem nas ruas de Calcutá"[27].

conceituação do que seja favela no âmbito do Censo 2000 levou em consideração apenas as aglomerações de submoradias com mais de 50 barracos, não tendo sido consideradas favelas as áreas onde se erguem construções de apenas um cômodo, com uma metade das paredes feitas de alvenaria e a outra de restos de madeira ou folhas de zinco, assim como loteamentos irregulares, áreas livres, bairros clandestinos ou outras denominações destinadas a excluir aludidas moradias do item "favelas" de referido censo.

25 Um em cada seis paulistanos vivia, em 2007, em favela, sendo certo que, conforme estudo feito pela Prefeitura de São Paulo no ano de 2007, 400 mil famílias – entre 1,6 milhão e 2 milhões de pessoas – ocupam território de 30 quilômetros quadrados de barracos em 1.538 ocupações. Trata-se de uma população comparável à de Curitiba (PR), com 1,78 milhão de pessoas. A maior favela em São Paulo é a Heliópolis, no Sacomã, zona Sul, com 20 mil domicílios, existindo ainda favelas onde ocorre coleta de lixo (Favela Mariliza, em Pirituba, zona Oeste) e favelas bem precárias que não têm água nem iluminação elétrica (Favela Haddad, na Lapa, zona Oeste). A favela Jardim Colombo, no Morumbi (Sul) tem chefe de família com renda mensal de R$ 1 mil, sendo considerada pelo referido estudo a mais rica.

26 Estudo feito pelo núcleo de Pesquisa das Violências do Instituto de Medicina Social da Universidade do Estado do Rio de Janeiro (Nupevi-UERJ), publicado em 2007, revela o que seria a "vida na favela": 97,1% têm TV em cores, 94,4 têm rádio, 59,2% têm videocassete ou DVD, quase metade possui máquina de lavar roupa e 13,7% vivem em habitações com ar-condicionado. Cerca de 12% dos entrevistados têm computador e existe nas favelas um número crescente de *lan houses*. A principal vantagem de viver na favela, segundo o estudo apontado, é ter casa própria: 80,3% dos entrevistados moram em residências quitadas, sendo que 15,9% vivem de aluguel, revelando um crescente mercado imobiliário nas comunidades. O Índice de Desenvolvimento Humano (IDH) da favela mais pobre do Rio de Janeiro é maior que o de qualquer Estado do Nordeste, demonstrando que a opção de morar informalmente deixou de ser uma opção dos denominados "excluídos"; 65,4% gostariam de continuar morando na sua vizinhança, 85,5% têm rede elétrica, 89,6% têm rede de esgoto e 84,5% têm abastecimento de água.

27 A maior favela da Ásia, Dharabi, tem 2 milhões de habitantes e fica em Mumbai, Índia. As casas são feitas de restos de madeira e lona e o chão é de terra.

42　Estatuto da Cidade Comentado

Diante do que foi afirmado, conclui o autor que, em face do quadro econômico do capitalismo – que não dá remédio às situações aludidas, antes acelera a separação entre conjuntos habitacionais regulares e irregulares –, num futuro próximo a maioria da população mundial estará alojada nos conjuntos habitacionais irregulares.

A brilhante análise de Leonardo Benevolo guarda compatibilidade com a realidade das cidades no Brasil particularmente em face do censo demográfico 2010 do IBGE[28].

Marcado pela necessidade de acomodar 209.727.642[29] seres humanos[30 e 31] e convivendo com realidades que apontam a existência de mais de 1 milhão de pessoas em diversas cidades do País em 2018[32] (para uma com-

---

28　O IBGE informou que todos os domicílios residenciais particulares (ocupados – particulares ou coletivos) foram recenseados, a saber, 56.541.472 domicílios; a média de moradores por domicílio no Brasil era de 3,75 no ano 2000; em 2010 era de 3,3.

29　A população brasileira às 14:31:49 de 3-4-2019 era de 209.727.642 pessoas (<https://www.ibge.gov.br/apps/populacao/projecao/index.html>).

30　A população brasileira, conforme censo do IBGE, era de 190.732.694. A população residente em áreas urbanas no Brasil, conforme censo demográfico de 2010 do IBGE, era de 160.879.708 pessoas (84,35%); a população residente em área rural era de 29.852.986 pessoas (15,65%).

31　A população residente em áreas urbanas no Brasil, conforme revelava o atlas do Censo Demográfico divulgado pelo IBGE em 29-12-2003, mostrava 81,25% do total de brasileiros no ano 2000.

O IBGE avaliava que "é legalmente considerada urbana toda população residente nas sedes dos municípios e demais áreas definidas pelas legislações municipais", sendo certo que, conforme o critério antes definido, os municípios com forte predominância de população urbana se concentravam na região Sudeste, especialmente em São Paulo, Rio de Janeiro e Minas Gerais.

O IBGE, na oportunidade, já confundia município com cidade, aduzindo interpretação "jurídica" que não corresponde aos mandamentos constitucionais em vigor.

32　Em 2018, pouco mais da metade da população brasileira (57,0% ou 118,9 milhões de habitantes) vive em apenas 5,7% dos municípios (317), que são aqueles com mais de 100 mil habitantes.

Os municípios com mais de 500 mil habitantes (46) concentram 31,2% da população do país (64,9 milhões de habitantes). Por outro lado, a maior

O QUE É UMA CIDADE? **43**

paração, *vide* 2008[33]), o Brasil "observa" a formação de uma cidade irregular ao lado da regular, obrigando a considerar, nos dias de hoje, uma realidade no campo jurídico que nasce com um regramento constitucional (Constituição Federal de 1988) visando superar as discriminações sociais da cidade pós-liberal para dar a todos os brasileiros e estrangeiros que aqui residem os benefícios de um meio ambiente artificial adequadamente concebido.

---

parte dos municípios brasileiros (68,4%) possui até 20 mil habitantes e abriga apenas 15,4% da população do país (32,1 milhões de habitantes).

Quando se excluem as capitais, os dez municípios mais populosos são Guarulhos (SP), Campinas (SP), São Gonçalo (RJ), Duque de Caxias (RJ), São Bernardo do Campo (SP), Nova Iguaçu (RJ), Santo André (SP), São José dos Campos (SP), Jaboatão dos Guararapes (PE) e Osasco (SP).

Fonte: IBGE, Diretoria de Pesquisas (DPE), Coordenação de População e Indicadores Sociais (COPIS).

O conjunto das 27 capitais totaliza 49,7 milhões de habitantes, representando 23,8% da população do país.

33

Capital	População	Capital	População
São Paulo	10.990.249	Teresina	793.915
Rio de Janeiro	6.161.047	Natal	798.065
Salvador	2.948.733	Campo Grande	747.189
Belo Horizonte	2.434.642	João Pessoa	693.082
Fortaleza	2.473.614	Cuiabá	544.737
Brasília	2.557.158	Aracaju	536.785
Curitiba	1.828.092	Porto Velho	379.186
Recife	1.549.980	Florianópolis	402.346
Manaus	1.709.010	Vitória	317.817
Porto Alegre	1.430.220	Macapá	359.020
Belém	1.424.124	Rio Branco	301.398
Goiânia	1.265.394	Boa Vista	260.930
São Luís	986.826	Palmas	184.010
Maceió	924.143		

Fonte: Censo de 2000/IBGE.

44   Estatuto da Cidade Comentado

A antiga concepção jurídica "direito público x direito privado", que durante séculos positivou as relações normativas em nosso País, sempre procurou assegurar uma política de construção que declarava abusivas, através de mecanismos de direito administrativo ou de direito civil, as moradias e os bairros construídos espontaneamente pelos habitantes. Tratava-se de realizar "grandes conjuntos de moradias industrializadas, de tipo moderno convencional", visando renunciar a utilizar, como lembra Benevolo, "o trabalho espontâneo dos interessados". A ideia que sempre vigorou foi a de oferecer moradias caras para a maioria da população, principalmente em países como o Brasil, onde a própria Carta Magna hoje reconhece a necessidade de se erradicar a pobreza[34 e 35] e a marginalização[36], bem como reduzir

---

34   Com relação ao desenvolvimento humano no Brasil merecem destaque algumas notícias publicadas em dezembro de 2008:

Brasil não avança, mas fica no grupo dos melhores IDHs: O Brasil se manteve no grupo considerado de alto desenvolvimento humano, mas já não consegue fazer avançar seu IDH (Índice de Desenvolvimento Humano) no ritmo verificado na década passada, segundo relatório divulgado ontem pelo Programa das nações unidas para o Desenvolvimento. O IDH é divulgado anualmente e parte de indicadores em três áreas: saúde, educação e renda. O País se manteve na mesma posição do ano passado: 70.ª. Seu IDH de 2005 para 2006 (os dados de cada relatório são sempre referentes a dois anos antes) variou de 0,802 para 0,807. Mas esse avanço já foi mais acelerado. De 1990 a 2000, o País deu um salto de 0,081 ponto em seu IDH. De 2000 a 2006, no entanto, a variação foi de apenas 0,018 ponto. Segundo a ONU, porém, a média esconde desigualdades significativas (*FSP*, 19 dez., Economia, p. 36; *OESP*, 19 dez., nacional, p. A8; *O Globo*, 19 dez., Economia, p. 36).

Desigualdade faz Brasil ter índice de "islíndia": na década de 1970, o economista Edmar Bacha utilizou o termo Belíndia (mistura de Bélgica e Índia) para descrever a desigualdade brasileira. No relatório deste ano, a ONU confirma que a elite do País vive num padrão até superior ao da média da Bélgica, enquanto os mais pobres se igualam à Índia. Se fossem considerados apenas os brasileiros que se encontram entre os 20% mais ricos, o país teria IDH superior ao da média da Islândia, país de maior desenvolvimento humano, e seu índice bateria no topo da escala: 1,000. Já considerando apenas os 20% mais pobres, o IDH do Brasil estaria no mesmo patamar do verificado, na média, para a Índia (0,600) (FSP, 19 dez., Brasil, p. A16).

O QUE É UMA CIDADE? 45

as desigualdades sociais e regionais (art. 3.º, III)[37 e 38], em quantidade absolutamente insuficiente à necessidade da população, "mas assimiláveis às

---

Pobreza atinge 36%, aponta IBGE: O primeiro Mapa de Pobreza e Desigualdade elaborado pelo IBGE, divulgado ontem, mostrou que o País tinha 61,4 milhões de brasileiros, 36,5% da população, vivendo na pobreza em 2003. Diante das dificuldades de definir uma linha de pobreza, é a primeira tentativa do IBGE, em parceria com o Banco Mundial, de criar uma metodologia capaz de levar em consideração as características socioeconômicas regionais. Utilizando pela primeira vez informações do consumo *per capita*, o estudo revela que 32,6% dos 5.507 municípios brasileiros tinham mais da metade de seus habitantes abaixo da linha de pobreza. Nesse grupo, 76,8% eram cidades nordestinas (*OESP, 19 dez., Nacional, p. A8; O Globo, 19 dez., Economia, p. 37*).

35 A Fundação Getulio Vargas divulgou, em setembro de 2003, um *ranking* de miserabilidade das cidades brasileiras com base no Censo 2000. Entre as dez cidades com menor proporção de miseráveis (miserável entendido como aquele que não ganha o suficiente para consumir as 2.280 calorias diárias recomendadas pela Organização Mundial de Saúde, estando abaixo da linha de miséria aqueles que têm renda de menos de R$ 80,00 no Brasil), nove cidades estão no Rio Grande do Sul e uma em São Paulo (Harmonia, Presidente Lucena, Nova Bassano, Monte Belo do Sul, São José do Hortencio, Morro Reuter, Paraí, Carlos Barbosa, Alto Feliz e Águas de São Pedro). Das dez cidades com maior proporção de miseráveis, cinco ficam no Maranhão, três no Piauí, uma no Amazonas e uma no Acre (Centro do Guilherme, Jordão, Belágua, Pauni, Santo Amaro do Maranhão, Guaribas, Novo Santo Antonio, Matões do Norte, Manari e Milton Brandão). Segundo a FGV, no Brasil havia, em 2000, 50 milhões de miseráveis.

36 Segundo informação veiculada em novembro de 2003 pela FIPE (Fundação Instituto de Pesquisas Econômicas), a cidade de São Paulo tem 10.394 moradores de rua, um contingente capaz de lotar duas vezes o edifício Copan, um dos símbolos da arquitetura paulistana, construído em 1951. Há 1.160.590 pessoas vivendo em aproximadamente 187 domicílios espalhados por 2.018 favelas, sendo certo que somente com um investimento de R$ 3 bilhões ao longo de 15 anos seria possível, na avaliação da prefeitura paulistana, urbanizar as favelas da Capital de São Paulo, esvaziar as áreas de risco e de mananciais e regularizar as moradias.

37 Com 86 milhões de pessoas, a denominada classe C era a maioria da população brasileira, conforme noticiava o jornal *O Estado de S. Paulo* em março de 2008, sendo certo, segundo o jornal, que a expansão em 2007

46 ESTATUTO DA CIDADE COMENTADO

resultou do aumento da renda nas classes D e E; uma parcela menor veio das classes A e B. A classe C, em 2008, já era a maioria da população. No ano de 2007, 46% dos brasileiros pertenciam a essa camada social, ante 36% e 34% em 2006 e 2005, respectivamente. Ela também foi a única que aumentou de tamanho no ano de 2007. De 2006 para 2007, quase 20 milhões de pessoas ingressaram nesse estrato social, um número cinco vezes maior que no período anterior.

A classe C reunia em 2008 86,2 milhões de brasileiros com renda média familiar de R$ 1.062. A maior parte do contingente que engordou a classe C vinha da base da pirâmide populacional, as classes D e E, perto de 12 milhões de pessoas. Outros 4,7 milhões vinham das camadas A/B, que perderam poder aquisitivo. O restante é proveniente do crescimento vegetativo da população.

Isso foi o que revelou a pesquisa O Observador Brasil 2008, feita pela financeira francesa Cetelem com o instituto de pesquisas Ipsos Public Affairs. Na terceira edição da enquete, foram ouvidas 1.500 famílias em 70 cidades e nove regiões metropolitanas do País, em dezembro de 2007. Os entrevistados foram classificados não só pela renda, mas também pelo nível educacional e pela posse de bens, este o item de maior peso. "O elevador social funcionou", afirma Franck Vignard Rosez, diretor de Marketing e novos negócios da financeira. Ele atribui esse resultado a uma combinação favorável de fatores: crédito farto com prazos longos e juros menores, preços em queda dos bens duráveis, crescimento do emprego e os programas sociais que colocaram mais recursos no bolso das camadas que estão na base da pirâmide populacional. "O aumento expressivo da classe C nos surpreendeu", diz o presidente da Cetelem no Brasil, Marc Campi. Segundo ele, em apenas um ano esse estrato social aumentou o equivalente a duas vezes a população de Portugal. Animado com os números, Campi conta que a financeira vai entrar no crédito de veículos neste ano e avalia a estreia no crédito imobiliário mais para frente. Apesar do entusiasmo, ele pondera que, se os prazos dos financiamentos forem reduzidos e os juros subirem, a mobilidade social acelerada das camadas de menor renda poderá perder fôlego.

De acordo com o estudo, "o bem-estar da sociedade brasileira passa por uma pequena revolução". Com o grande número de pessoas que migrou da classe D/E para a classe C, quase dobrou a renda média mensal familiar dessa população no último ano, de R$ 580 para R$ 1.062. Apesar disso, a renda média familiar da classe C no último ano teve um ligeiro recuo, de R$ 1.162 para R$ 1.062. Segundo Rosez, isso ocorreu porque, normalmente, quando as pessoas ingressam numa outra classe, a entrada ocorre pelas faixas salariais mais baixas, o que puxa a média de renda do estrato social para baixo. Outro dado positivo da pesquisa foi o aumento da renda disponível das classes C e D/E nos dois últimos anos.

O QUE É UMA CIDADE? **47**

dos ricos e integráveis na cidade feita para elas: estas moradias serão ocupadas pelos empregados, pelos operários sindicalizados bem como por aqueles que dispõem de uma recomendação. *Ao mesmo tempo, aceita-se que as moradias e os bairros espontâneos se tornem incômodos e insalubres além do limite, porque sua existência não é reconhecida oficialmente; depois se corrigem as falhas mais evidentes, introduzindo os serviços públicos mais urgentes: o encanamento da água, as instalações elétricas, as escolas, os postos de polícia, e alguns trechos de ruas para carros, para passarem as ambulâncias e viaturas policiais"* (grifo meu).

Estes equipamentos, informa o mestre antes referido, *"são a cópia reduzida dos bairros modernos, e servem para tornar definitiva a coexistência dos dois estabelecimentos: protegem o resto da cidade dos perigos do contato com os bairros espontâneos e confirmam o caráter dependente destes últimos.* Os elementos da cidade regular – as casas modernas, as ruas para automóveis, *os serviços*

Em 2005, faltavam R$ 17 para o consumidor da classe D/E pagar as contas no fim do mês. No ano passado, sobraram R$ 22. Na classe C também houve ganho de renda. Em 2007, sobraram R$ 147, ante uma folga de R$ 122 em 2005. Já para a classe A/B a fôlego diminuiu de R$ 632 em 2005 para R$ 506 em 2007. A renda disponível é a que sobra após os gastos obrigatórios. A enquete mostra que o ritmo acelerado de consumo deve continuar este ano. Celular, computador, itens de decoração e a casa própria tiveram os maiores acréscimos na intenção de compra.

38 Em edições anteriores de nossa obra, a desigualdade entre os 176.000.000 de brasileiros continuava sendo a marca do País. Divulgada em junho de 2003 pelo Instituto Brasileiro de Geografia e Estatística (IBGE), a Síntese de Indicadores Sociais de 2002 (com dados relativos a 2001) mostrava que a *metade* dos trabalhadores brasileiros ganhava apenas de meio a dois salários mínimos (R$ 480,00), sendo que na região nordeste, a mais pobre do País, a proporção chegava a 60%. Os dados esclareciam ainda que a distância entre pobres e ricos, homens e mulheres, negros e brancos, do norte, nordeste e Sudeste, são *o retrato de um Brasil onde a redução da desigualdade tem sido uma ficção.* O IBGE mostrava que o percentual de 1% mais rico da população acumulava o mesmo volume de rendimentos dos 50% mais pobres, e os 10% mais ricos ganhavam 18 vezes mais que os 40% mais pobres. Por outro lado, o Centro de Políticas Sociais da Fundação Getulio Vargas divulgou, em 15-4-2004, que o Brasil tinha 56 milhões de miseráveis – 33% da população. Eram pessoas que viviam com menos de R$ 79,00, valor necessário para garantir a ingestão mínima de alimentos recomendada pela Organização Mundial de Saúde. O estudo demonstrou que a extrema pobreza estava tomando conta das cidades.

48 Estatuto da Cidade Comentado

públicos – são ao mesmo tempo reservados a uma minoria e impostos como modelo inalcançável a todos os outros. Portanto, *a divisão das duas cidades se torna um instrumento de discriminação e de domínio, indispensável* à *estabilidade do sistema social"* (grifos nossos).

Com a edição da Constituição Federal de 1988, fundamentada em sistema econômico capitalista, que necessariamente tem seus limites impostos pela dignidade da pessoa humana (art. 1.º, III e IV)[39 e 40], a cidade – e suas

---

39 A mídia divulgou em setembro de 2018 (matéria de Elisa Clavery, TV Globo – Brasília) que "O Brasil ficou estagnado no ranking do Índice de Desenvolvimento Humano (IDH) divulgado pelo Programa das Nações Unidas para o Desenvolvimento (Pnud) nesta sexta-feira (14)".

40 Em dezembro de 2008, o Programa das Nações Unidas para o Desenvolvimento divulgou que o IDH do Brasil cresce; País se mantém em 70.º no *ranking*. Educação *foi principal razão da melhora no Índice de Desenvolvimento Humano; Brasil está entre nações de alto padrão de desenvolvimento*. O Índice de Desenvolvimento Humano (IDH) do Brasil teria aumentado entre 2005 e 2006 e o País manteve a 70.ª posição em um *ranking* entre 179 nações (o maior número já considerado no índice, com dois territórios em relação ao ano anterior), de acordo com os dados inéditos divulgados pelo PNUD nesta quinta-feira. O fator mais relevante para a melhoria do País foi o crescimento no índice relativo à taxa de alfabetização; PIB *per capita* e longevidade, outros dois indicadores que compõem o índice, também apresentaram aumento. Os números (recalculados com nova metodologia, inclusive para anos anteriores) mostram que o Brasil atingiu IDH de 0,802 em 2005 e de 0,807 em 2006, ficando em 70.º em ambos os anos – o índice varia de 0 a 1. O resultado mantém o País entre as nações de alto desenvolvimento humano (IDH maior ou igual a 0,800), posição que passou a ocupar após a divulgação do Relatório de Desenvolvimento Humano do ano passado. No *ranking* atual, o Brasil aparece abaixo da Albânia e acima do Cazaquistão (ambos com 0,807, com pequena desvantagem ou vantagem no cálculo com cinco casas decimais). Em relação ao *ranking* passado, o Brasil foi ultrapassado pela Venezuela (61.º no *ranking*, IDH de 0,826), pela ilha de Santa Lúcia, nas Antilhas (66.º, IDH de 0,821) e pela entrada de duas novas nações na lista: Montenegro e Sérvia (64.º e 65.º, respectivamente). Em compensação, ultrapassou quatro nações: Rússia, Ilhas Maurício, Bósnia Hezergovina e Tonga.

Matéria na íntegra: http://www.pnud.org.br/pobreza_desigualdade/ reportagens/index.php.

O QUE É UMA CIDADE? **49**

duas realidades, a saber, os estabelecimentos regulares e os estabelecimentos irregulares (aglomerados subnormais ou favelas) – *passa a ter natureza jurídica ambiental, ou seja, a partir de 1988 a cidade deixa de ser observada a partir de regramentos adaptados tão somente aos bens privados ou públicos, e passa a ser disciplinada em face da estrutura jurídica dos bens ambientais (art. 225 da CF), de forma mediata e de forma imediata, em decorrência das determinações constitucionais emanadas dos arts. 182 e 183 da Carta Magna (meio ambiente artificial).*

Portanto, a cidade, a partir da Constituição Federal de 1988, passa a obedecer à denominada ordem urbanística, dentro de parâmetros jurídicos adaptados ao final do século XX e início do século XXI, a saber, passa a obedecer os parâmetros fixados pelo direito ambiental constitucional.

Além disso, a cidade, em decorrência de sua natureza jurídica ambiental, passa a ser observada não só em função de seu território, mas também em face de sua estrutura econômica como já tivemos oportunidade de afirmar anteriormente[41 e 42].

Destarte, todas as cidades no Brasil estão diretamente relacionadas à sua estrutura econômica[43 e 44], ou seja, existem em decorrência dos produtos

---

41 Matéria publicada em 10-10-2018 por Taís Laporta, do G1, informa que "O percentual de famílias que vivem em extrema pobreza aumentou em quase todos os estados do Brasil nos últimos quatro anos, em especial no Nordeste, apontou um estudo feito pela Tendências Consultoria".

42 Conforme noticiava em 2008 o jornal O Estado de S. Paulo, Jordão lidera *ranking* dos municípios mais pobres do País. Situado no Acre, o município de Jordão, de 6,3 mil habitantes, é um dos mais isolados do País. E também um dos dois mais pobres, segundo os índices do IDF (Jordão divide o título com Uiramutã, em Roraima). Uma das cidades mais próximas de Jordão (na fronteira com o Peru) é Taraucá, distante cinco dias de viagem de barco. O preço de um litro de gasolina é R$ 4,30. O botijão de gás chega a R$ 65. Ali, 70% dos habitantes estão na zona rural; e 40% do total são índios. O índice de analfabetismo chega a 61%. A rede de esgoto ainda está sendo construída. "Estamos aqui sentados guardando a riqueza da floresta e mergulhados na pobreza", diz o prefeito de Jordão, Hilário de Holanda Melo (PT). Para o governador do Acre, Antonio Alves, o IDF deveria rever seus critérios: "Falar em analfabetismo onde a maior parte da população se comunica por meio de línguas indígenas é complicado" (*OESP*, 23 nov., Nacional, p. A6).

43 Cerca de 25% de toda a geração de renda do Brasil está concentrada em cinco municípios: São Paulo (12%), Rio de Janeiro (5,4%), Brasília (4,1%),

50 ESTATUTO DA CIDADE COMENTADO

Curitiba (1,4%) e Belo Horizonte (1,4%). Juntos, eles representam 12,6% da população nacional.

As informações foram amplamente divulgadas pela mídia em 14-12-2011 pelo IBGE (Instituto Brasileiro de Geografia e Estatística). Fazem parte de uma pesquisa que avaliou o PIB (Produto Interno Bruto) dos municípios brasileiros em 2009. Os dados são de 2009, mas foram divulgados somente agora segundo a imprensa.

44 Conforme notícia publicada no jornal *O Estado de S. Paulo* em 16-12-2008, **Cinco cidades geravam 25% da renda do País em 2006, conforme informação do IBGE I.** A pesquisa mostrava ainda que, há 2 anos, 50 municípios respondiam por metade do Produto Interno Bruto nacional. A renda gerada por cinco municípios – São Paulo, Rio de Janeiro, Brasília, Belo Horizonte e Curitiba – em 2006 correspondeu a aproximadamente 25% de toda a geração de renda do País, enquanto 50 municípios respondiam por metade do PIB nacional, segundo revela a pesquisa sobre PIB municipal divulgada pelo Instituto Brasileiro de Geografia e Estatística (IBGE) nesta terça-feira, 16. Somente São Paulo tinha 11,9% do PIB nacional em 2006, mantendo sua participação no *ranking* inalterada no primeiro lugar desde o início da série, mas perdendo um pouco da sua fatia, que em 2002 era de 12,7%. Por outro lado, os cinco municípios de menor PIB em 2006 foram São Félix do Tocantins (Tocantins), Quixabá (Paraíba), Olho D'Água do Piauí (Piauí), São Miguel da Baixa Grande (Piauí) e Santo Antônio dos Milagres (Piauí). No que diz respeito à participação das capitais na economia brasileira, em 2006, São Paulo ocupou a primeira posição em termos de contribuição ao PIB do País, enquanto Palmas, no Tocantins, ocupou o último lugar.

Aumento de participação. Entre os municípios que mais ganharam participação relativa no PIB entre 2002 e 2006, o destaque foi Campos dos Goytacazes (RJ), que passou de 0,53% do PIB nacional em 2002 para 0,78% em 2005 e 0,98% em 2006. Houve aumentos significativos também em Betim (MG, de 0,62% em 2002 para 0,79% em 2006), Barueri (SP, de 0,80% para 1,08%), Manaus (1,20% para 1,35%) e Guarulhos (SP, de 0,98% para 1,08%). Segundo explicam os técnicos do IBGE no documento de divulgação da pesquisa, o ganho de participação relativa de Campos dos Goytacazes ocorreu devido ao aumento da produção de petróleo e gás natural em conjunto com a alta no preço do barril de petróleo no período analisado na pesquisa. Em Betim, a justificativa é a expansão na indústria de transformação nos segmentos automobilístico, de autopeças, metal-mecânico e, "especialmente, no setor de refino de derivados de petróleo". No que diz respeito a Barueri, localizado na Região Metropolitana de São Paulo, os técnicos explicam que, "além de intensa atividade industrial, vem ganhando relevância não só por concentrar

O QUE É UMA CIDADE? 51

e serviços que criam, destinados a satisfazer as necessidades do consumo interno (em seu território) e externo (fora de seu território), o que representa acrescentar ao novo conceito jurídico constitucional do que significa uma cidade as relações econômicas de consumo (arts. 170 a 192 da CF), assim como as relações sociais que fundamentam juridicamente o *Piso Vital Mínimo* (art. 6.º da CF), destacando-se as relações laborais (arts. 7.º e 8.º da CF) que ocorrem no território da mesma[45 e 46].

---

empresas voltadas aos serviços de informação como também por ser um grande centro comercial". Em Manaus, segundo o documento, está concentrado o polo industrial do Estado do Amazonas, enquanto Guarulhos "possui indústria diversificada", com destaque para segmentos de máquinas e equipamentos, metal-mecânico e material elétrico.

PIB *per capita*. O município mineiro de Araporã, com cerca 6 mil habitantes, localizado no Triângulo Mineiro, apresentava em 2006 o maior PIB *per capita* do País, com R$ 261.005, resultado muito superior à média nacional (R$ 12.688) apurada no mesmo ano. Os técnicos do IBGE explicam que esse município possui a maior hidrelétrica de Minas Gerais e, em relação ao ano anterior, ocorreu aumento na geração de energia no local. O segundo maior PIB entre os municípios foi registrado em São Francisco do Conde (BA), com R$ 217.750. Essa cidade de 217 mil habitantes abriga, segundo o IBGE, a segunda maior refinaria de petróleo em capacidade instalada do País. Já o município de Triunfo (RS), o terceiro maior PIB *per capita* do Brasil, com R$ 25.302 em 2006, é sede de um polo petroquímico importante e pertence à Região Metropolitana de Porto Alegre. O menor PIB *per capita* entre os 5.564 municípios brasileiros estava em Guaribas, no Piauí, com R$ 1.368,35. Entre as capitais, o maior PIB *per capita* em 2006 foi registrado em Vitória, no Espírito Santo, com R$ 51.377. Em seguida estavam Brasília (R$ 37.600), São Paulo (R$ 25.675), Porto Alegre (R$ 20.900) e Rio de Janeiro (R$ 20.851). Segundo o IBGE, a pesquisa do PIB dos municípios traz indicadores que "permitem identificar as áreas segundo o grau de desenvolvimento econômico, produzindo informações que captam as especificidades do País, estabelecem objetivos e definem prioridades". Além disso, segundo o IBGE, as informações do PIB municipal, levantamento que abrange 5.564 municípios, permitem também avaliar a concentração econômica no Brasil.

45 Do consumo depende o crescimento sustentado da economia. Estudo realizado por empresa de informação e pesquisa, resumido pelo jornal *Gazeta Mercantil* em dezembro de 2003, demonstra a realidade do mercado de consumo no Brasil, a saber: 30 milhões de brasileiros estão excluí-

52 ESTATUTO DA CIDADE COMENTADO

É, portanto, adaptado ao novo conceito jurídico constitucional brasileiro do que significa uma cidade, que não se confunde com o conceito jurídico de município[47 a 49], o conceito de ordem urbanística associado à ordem econômica e social dentro de parâmetros estabelecidos pelo direito ambiental constitucional, que o legislador infraconstitucional, depois de mais de

---

dos do mercado formal e informal de trabalho, não tendo acesso à moradia digna e aos serviços de educação e saúde, possuindo renda de até R$ 60,00 mensais; 100 milhões de pessoas têm baixa renda e participam apenas marginalmente do mercado de consumo, sustentando o comércio varejista nas periferias das cidades; 40 milhões de pessoas (23,5% da população do País) têm renda média e alta, participando "plenamente" do denominado mercado consumidor. Destarte, a afirmação, repetida por vários autores, de que o Brasil é um mercado constituído por 170 milhões de consumidores é uma falácia.

46 Conforme notícia publicada pelo jornal *O Estado de S. Paulo* em 27-11-2011, Barcarena (PA) tem 99 mil habitantes, 12.463 veículos, 942 empresas e um único prédio residencial, em construção. Menos de 30% dos domicílios são abastecidos por rede de água e, em 88% deles, o esgoto não é tratado. No quesito investimentos, no entanto, Barcarena tem números de cidade grande. No primeiro semestre deste ano, a cidade paraense se tornou o principal destino do investimento estrangeiro no Brasil. O município recebeu US$ 5,69 bilhões no período, ou 13% de todo capital externo que entrou no País. A explicação está no polo industrial da cidade, cuja principal vocação é a industrialização da alumina e transformação do produto em alumínio primário.

47 *O conceito jurídico de cidade não se confunde com o conceito jurídico de município.* Observados em decorrência do que estabelece a Constituição Federal de 1988, os Municípios passaram a ter enorme importância no âmbito da República Federativa do Brasil, regendo-se por lei orgânica (art. 29 da Carta Magna), legislando não só sobre assuntos de interesse local (art. 30), como passando a ter competência (competência comum, art. 23) para proteger o meio ambiente, assim como combater a poluição em qualquer de suas formas (art. 23, VI). O Poder Público municipal, a partir do que determina o art. 182 da Carta Magna, passa a ser o responsável pela execução da política de desenvolvimento urbano (terra urbana, moradia, saneamento ambiental, infraestrutura urbana, transporte, serviços públicos, trabalho e lazer) destinada a garantir o bem-estar dos habitantes, visando o pleno desenvolvimento das denominadas funções sociais da cidade; o Poder Público municipal passa a ser, a partir de 1988, em síntese, o *gerente das cidades* no Brasil.

O QUE É UMA CIDADE? **53**

48   Recente decisão da 2.ª Turma do Tribunal Superior do Trabalho (RR 689526/2000, vinculado a ação civil pública promovida pelo Ministério Público do Trabalho), noticiada amplamente em dezembro de 2003 pela imprensa brasileira, revela a complexidade do tema que envolve a análise jurídica do conceito jurídico de cidade em face do conceito jurídico de município. Embora o Tribunal Regional do Trabalho da Paraíba (13.ª Região) tivesse eximido a Prefeitura de Aroeiras de pagamento de salário mínimo aos funcionários que ganhavam abaixo do piso determinado pelo art. 7.º, IV, da Carta Magna, argumentando que não podia obrigar a Prefeitura ao pagamento de salário mínimo futuro ou vincendo porque isso dependeria da existência ou não de trabalho na cidade, ocorreu a reforma da decisão regional por parte do TST exatamente por não admitir a Corte Superior, com sede em Brasília, que se pudesse conceber pagamento a menor, principalmente em se tratando de Prefeitura Municipal. O Ministro relator José Luciano de Castilho Pereira salientou, na oportunidade: "Verifica-se, portanto, que a Constituição Federal vedou expressamente qualquer tipo de remuneração que seja inferior ao mínimo legal, o que consiste em uma verdadeira proteção ao trabalhador, já que este salário deve garantir as necessidades vitais estabelecidas pela segunda parte do inciso". Acrescentou ser importante lembrar que "o próprio Regional ressalta que o pagamento do salário mínimo já é uma obrigação legal. Portanto, não há falar em prestações vindouras, já que o que se postula é o pagamento imediato de salário mínimo aos servidores da Prefeitura, pagamento este que tem sido por ela negligenciado". Não se discutem no caso em tela, evidentemente, os direitos constitucionais que são assegurados aos trabalhadores no Brasil. O que se pergunta é o seguinte: a decisão do TST possibilitará que a Prefeitura de Aroeiras, por força de coisa julgada, tenha efetivas condições financeiras de cumprir o julgado?

49   **Piso salarial dos professores.** O Plenário do STF julgou em dezembro o pedido de liminar na Ação Direta de Inconstitucionalidade (ADI) 4.167, ajuizada na Corte por cinco governadores contra a Lei 11.738/2008, que instituiu o piso nacional dos professores de ensino básico das escolas públicas brasileiras. Os ministros definiram que o termo "piso" deve ser entendido como remuneração mínima a ser recebida pelos professores. Assim, até que o Supremo analise a constitucionalidade da norma, na decisão de mérito, os professores das escolas públicas terão a garantia de não ganhar abaixo de R$ 950,00, somados aí o vencimento básico (salário) e as gratificações e vantagens. O § 4.º do art. 2.º da lei, que determina o cumprimento de, no máximo, 2/3 da carga horária dos magistrados para desempenho de atividades em sala de aula, foi suspenso. Por fim, os ministros reconheceram que o piso instituído pela lei passa a valer já em 1.º de janeiro de 2009. Cabe indagar novamente: a decisão do

54 Estatuto da Cidade Comentado

dez anos, entendeu por bem estabelecer um moderno Estatuto no sentido de adequar a legislação à realidade de nosso País[50].

Dividido em cinco capítulos (Capítulo I – Diretrizes gerais; Capítulo II – Dos instrumentos de política urbana; Capítulo III – Do plano diretor; Ca-

---

STF possibilitará que as Prefeituras de 5.564 cidades no Brasil, por força de coisa julgada, tenham efetivas condições financeiras de cumprir o julgado mencionado?

50 Conforme notícia, em maio de 2009, da Coordenadoria de Editoria e Imprensa do STJ, o "crescimento desordenado de cidades causa danos ao meio ambiente", a saber: "O crescimento desordenado dos centros urbanos também gera problemas jurídicos que deságuam no Tribunal da Cidadania. Três processos mostram como o desrespeito ao plano urbanístico das cidades vem causando danos ao meio ambiente e à qualidade de vida da população, que precisam ser contidos. No primeiro deles, analisado no último mês de abril, o presidente do STJ, Ministro Cesar Asfor Rocha, deferiu pedido do MPF e suspendeu a decisão que permitia o prosseguimento das obras de um empreendimento imobiliário na praia São Marcos, no litoral do Maranhão. De acordo com a denúncia do MP, a construção de dois prédios destruirá a vegetação em área de preservação permanente, na qual há características de ecossistema de dunas e restingas. Com efeito, após concluída a edificação de duas torres residenciais, nada, ou pouco, será possível fazer em relação às dunas e à formação vegetal nativa que devam, eventualmente, ser preservadas hoje. A incerteza em relação aos riscos ambientais da obra impõe a adoção de medida que venha a evitar dano maior futuro e resguardar o interesse da coletividade", concluiu Asfor Rocha. No segundo processo, o STJ manteve uma decisão do Tribunal de Justiça fluminense (TJRJ) que isentou o município do Rio de Janeiro do pagamento de indenização por obra irregular demolida pela administração municipal. Conforme o entendimento do TJRJ, a pessoa que ergue prédio em área proibida afronta o ordenamento jurídico e assume o risco de sua conduta e do próprio prejuízo. E, em 1998, o STJ determinou a interdição de um depósito de lixo na cidade de Bagé-RS. A prefeitura do município estava utilizando uma pedreira como aterro sanitário sem proceder à compactação adequada do lixo. Também não havia barreiras de contenção e cobertura dos dejetos com terra para evitar a contaminação dos lençóis freáticos. Moradores, inconformados, recorreram ao Tribunal da Cidadania, e os ministros da 2.ª Turma entenderam que a prefeitura não poderia utilizar como depósito de lixo lugares onde a segurança, o bem-estar e a saúde da vizinhança poderiam ser comprometidos".

O QUE É UMA CIDADE? 55

pítulo IV – Da gestão democrática da cidade; Capítulo V – Disposições gerais), o Estatuto da Cidade se caracteriza como sendo um microssistema cuja tendência, a exemplo de outros diplomas atuais[51], é ganhar claros contornos constitucionais vinculados ao direito ambiental constitucional brasileiro.

Passaremos, portanto, a desenvolver breves comentários, artigo por artigo, da Lei do Meio Ambiente Artificial – Lei 10.257/2001, o Estatuto da Cidade.

---

51 *Vide* Nelson Nery Jr., Ada Pellegrini Grinover e Kazuo Watanabe, *Código Brasileiro de Defesa do Consumidor comentado pelos autores do anteprojeto*, p. 344.

Lei 10.257, de 10 de julho de 2001

Regulamenta os arts. 182 e 183 da Constituição Federal, estabelece diretrizes gerais da política urbana e dá outras providências.

Capítulo I
Diretrizes Gerais

Art. 1.º *Na execução da política urbana[1], de que tratam os arts. 182 e 183 da Constituição Federal, será aplicado o previsto nesta Lei.*

Parágrafo único. *Para todos os efeitos, esta Lei, denominada Estatuto da Cidade, estabelece normas de ordem pública e interesse social que regulam o uso da*

---

1 "Derivado do adjetivo originado de pólis (*politikós*), que significa tudo o que se refere à cidade e, consequentemente, o que é urbano, civil, público, e até mesmo sociável e social", como ensina Norberto Bobbio, o termo "Política" se expandiu graças à influência da grande obra de Aristóteles, intitulada *Política*, que deve ser considerada o primeiro tratado sobre a natureza, as funções e a divisão do Estado, e sobre as várias formas de Governo, com a significação mais comum de arte ou ciência do Governo, isto é, de reflexão, não importa se com intenções meramente descritivas ou também normativas, dois aspectos dificilmente discrimináveis, sobre as coisas da cidade.

Vide BOBBIO, Norberto. *Dicionário de política* I. Norberto Bobbio, Nicola Matteucci e Gianfranco Pasquino; trad. Carmen C, Varriale et al.; coord. trad. João Ferreira; rev. geral João Ferreira e Luis Guerreiro Pinto Cacais. Brasília: Editora Universidade de Brasília, 1998.

58   Estatuto da Cidade Comentado

propriedade urbana em prol do bem coletivo, da segurança e do bem-estar dos cidadãos, bem como do equilíbrio ambiental[2].

Comentário

Depois de 11 anos de tramitação, o Senado aprovou o Estatuto da Cidade (Lei 10.257/2001), norma jurídica que passou a disciplinar no plano infraconstitucional, em obediência às determinações constitucionais, mais que o uso puro e simples da propriedade urbana, mas fundamentalmente as principais diretrizes do *meio ambiente artificial, bem como o uso do espaço urbano*[3] (espaço territorial das cidades) fundado no equilíbrio ambiental (art. 1.º, parágrafo único) e em face do tratamento jurídico descrito nos arts. 182 e 183 da Constituição Federal.

Os arts. 1.º e 2.º do Estatuto da Cidade são indiscutivelmente os *mais importantes dispositivos* da norma jurídica que estamos comentando, uma vez

---

2   Equilíbrio ambiental em face do "conceito amplo e abrangente das noções de meio ambiente natural, de meio ambiente cultural, de meio ambiente artificial (espaço urbano) e de meio ambiente laboral. Doutrina. Os instrumentos jurídicos de caráter legal e de natureza constitucional objetivam viabilizar a tutela efetiva do meio ambiente, para que não se alterem as propriedades e os atributos que lhe são inerentes, o que provocaria inaceitável comprometimento da saúde, segurança, cultura, trabalho e bem-estar da população, além de causar graves danos ecológicos ao patrimônio ambiental, considerado este em seu aspecto físico ou natural" (ADI 3.540 MC-DF, rel. Min. Celso de Mello, j. 1.º-9-2005, Tribunal Pleno, *DJ* 3-2-2006, p. 00014, *Ement* vol. 02219-03, p. 00528).

3   Expressões desenvolvidas pela doutrina especializada e acolhidas explicitamente pelo Supremo Tribunal Federal ao interpretar o conceito amplo e abrangente das noções de meio ambiente na ADI 3.540, a saber: "A incolumidade do meio ambiente não pode ser comprometida por interesses empresariais nem ficar dependente de motivações de índole meramente econômica, ainda mais se se tiver presente que a atividade econômica, considerada a disciplina constitucional que a rege, está subordinada, dentre outros princípios gerais, àquele que privilegia a 'defesa do meio ambiente' (CF, art. 170, VI), que traduz conceito amplo e abrangente das noções de meio ambiente natural, de meio ambiente cultural, de **meio ambiente artificial (espaço urbano)** e de meio ambiente laboral. Doutrina" (grifos nossos) (ADI 3.540 MC-DF, rel. Min. Celso de Mello, j. 1.º-9-2005, Tribunal Pleno, *DJ* 3-2-2006).

CAPÍTULO I – DIRETRIZES GERAIS   59

que, ao estabelecer os *contornos constitucionais* destinados a interpretar integralmente o Estatuto e fixar os objetivos e as diretrizes gerais da Lei 10.257/2001, organizam a maneira pela qual *todos os artigos da lei devem ser* aplicados.

Com efeito.

O objetivo do legislador, em obediência ao superior comando constitucional, foi o de estabelecer regras destinadas ao balizamento normativo da forma de governar as cidades brasileiras, tratando o meio ambiente artificial não só em face de política de desenvolvimento urbana delimitada a partir dos princípios fundamentais constitucionais estabelecidos nos arts. 1.º e 3.º de nossa Carta Magna e dentro dos princípios gerais da atividade econômica indicados em nossa Lei Maior (arts. 170 e s.[4]), como também observando particularmente o que estabelecem constitucionalmente os arts. 225, 182 e 183 da Constituição Federal, tudo com a finalidade de estabelecer aos operadores do direito facilidade maior no manejo da matéria, inclusive com a utilização dos instrumentos jurídicos trazidos fundamentalmente pelo direito ambiental constitucional brasileiro.

Tratou, portanto, o Estatuto da Cidade, conforme ensinamento do Ministro Edson Fachin, de aplicar concretamente a "constitucionalização de uma ordem ambiental voltada ao dever estatal de proteção do meio ambiente, bem como seu deslocamento para o rol de direitos fundamentais", consagrando o modelo de Estado que considera a proteção ambiental e o fenômeno do desenvolvimento "um objetivo comum, pressupondo a convergência de objetivos das políticas de desenvolvimento econômico, social e cultural e de proteção ambiental"[5], conforme indicado na ADI 4.269-DF[6].

Destarte, na execução da política urbana, torna-se verdadeiro afirmar que o meio ambiente artificial passa a receber uma tutela mediata (revelada pelo art. 225 da CF, em que encontramos uma proteção geral ao meio ambiente como tutela da vida em todas as suas formas, centrada na dignidade

---

4   Os arts. 182 e 183 da Constituição Federal estão vinculados ao Capítulo II – Da Política Urbana – do Título VII – Da Ordem Econômica e Financeira.

5   FIORILLO, Celso Antonio Pacheco. *Curso de direito ambiental brasileiro*. 4. ed. São Paulo: Saraiva, 2003, p. 25.

6   Rel. Min. Edson Fachin, j. 18-10-2017, Tribunal Pleno, *DJe-019* divulg. 31-1-2019, public. 1.º-2-2019.

60 ESTATUTO DA CIDADE COMENTADO

da pessoa humana) e uma tutela imediata (que passa a receber tratamento jurídico aprofundado em decorrência da regulamentação dos arts. 182 e 183 da CF), relacionando-se diretamente às cidades, sendo, portanto, impossível desvincular da execução da política urbana o conceito de direito à sadia qualidade de vida, assim como do direito à satisfação dos valores da dignidade da pessoa humana e da própria vida, tudo dentro da ordem econômica imposta por nossa Lei Maior (arts. 1.º, IV, e 170 e s. da CF).

Daí restar bem posicionada a concepção de que a execução da política urbana determinada pela Lei 10.257/2001 deverá ser orientada em decorrência dos principais objetivos do direito ambiental constitucional e especificamente pela realização dos valores estabelecidos pelo art. 1.º da Carta Magna em harmonia com a ordem econômica do capitalismo, interpretação que foi inclusive acolhida pelo Supremo Tribunal Federal conforme didaticamente fixado pela ADI 3.540, ao tratar da tutela jurídica do *meio ambiente artificial*, a saber:

"Todos têm direito ao meio ambiente ecologicamente equilibrado. Trata-se de um típico direito de terceira geração (ou de novíssima dimensão), que assiste a todo o gênero humano (*RTJ* 158/205-206). Incumbe, ao Estado e à própria coletividade, a especial obrigação de defender e preservar, em benefício das presentes e futuras gerações, esse direito de titularidade coletiva e de caráter transindividual (*RTJ* 164/158-161). O adimplemento desse encargo, que é irrenunciável, representa a garantia de que não se instaurarão, no seio da coletividade, os graves conflitos intergeneracionais marcados pelo desrespeito ao dever de solidariedade, que a todos se impõe, na proteção desse bem essencial de uso comum das pessoas em geral. Doutrina. A ATIVIDADE ECONÔMICA NÃO PODE SER EXERCIDA EM DESARMONIA COM OS PRINCÍPIOS DESTINADOS A TORNAR EFETIVA A PROTEÇÃO AO MEIO AMBIENTE. – A incolumidade do meio ambiente não pode ser comprometida por interesses empresariais nem ficar dependente de motivações de índole meramente econômica, ainda mais se se tiver presente que a atividade econômica, considerada a disciplina constitucional que a rege, está subordinada, dentre outros princípios gerais, àquele que privilegia a 'defesa do meio ambiente' (CF, art. 170, VI), que traduz conceito amplo e abrangente das noções de meio ambiente natural, de meio ambiente cultural, de meio ambiente artificial (espaço urbano) e de meio ambiente laboral. Doutrina. Os instrumentos jurídicos de caráter legal e de natureza constitucional objetivam viabilizar a tutela efetiva do meio ambiente, para que não

CAPÍTULO I – DIRETRIZES GERAIS   61

se alterem as propriedades e os atributos que lhe são inerentes, o que provocaria inaceitável comprometimento da saúde, segurança, cultura, trabalho e bem-estar da população, além de causar graves danos ecológicos ao patrimônio ambiental, considerado este em seu aspecto físico ou natural"[7].

No âmbito da ADI 4.066, a tutela do meio ambiente artificial, uma vez mais abordada pelo voto do Ministro Celso de Mello[8], passou a ser também interpretada no plano da denominada cláusula constitucional proclamadora do direito fundamental ao meio ambiente ecologicamente equilibrado como essencial à sadia qualidade de vida, oportunidade em que a Ministra Rosa Weber, adotando nossa interpretação e em face da didática manifestação, estabeleceu o seguinte[9]:

"Direta e necessariamente extraídos da cláusula constitucional do direito à saúde tomada como princípio, somente podem ser afirmados, sem necessidade de intermediação política, os conteúdos desde já decididos pelo Poder Constituinte: aquilo que o Poder Constituinte, representante primário do povo soberano, textualmente decidiu retirar da esfera de avaliação e arbítrio do Poder Legislativo, representante secundário do povo soberano. Adotar essa postura frente às cláusulas constitucionais fundamentais não significa outra coisa senão levar a sério os direitos, como bem lembra o re-

---

7   ADI 3.540 MC-DF, rel. Min. Celso de Mello, j. 1.º-9-2005, Tribunal Pleno, *DJ* 3-2-2006.

8   "A atividade econômica não pode ser exercida em desarmonia com os princípios destinados a tornar efetiva a proteção ao meio ambiente. – A incolumidade do meio ambiente não pode ser comprometida por interesses empresariais nem ficar dependente de motivações de índole meramente econômica, ainda mais se se tiver presente que a atividade econômica, considerada a disciplina constitucional que a rege, está subordinada, entre outros princípios gerais, àquele que privilegia a 'defesa do meio ambiente' (CF, art. 170, VI), que traduz conceito amplo e abrangente das noções de meio ambiente natural, de meio ambiente cultural, de meio ambiente artificial (espaço urbano) e de meio ambiente laboral. Doutrina)" (ADI 3.540-MC-DF, rel. Min. Celso de Mello, Pleno). ADI 4.066, rel. Min. Rosa Weber, j. 24-8-2017, Tribunal Pleno, *DJe*-043 divulg. 6-3-2018, public. 7-3-2018.

9   O Supremo Tribunal Federal *ratificou* referido entendimento conforme a ADI 3.470-RJ, rel. Min. Rosa Weber, j. 29-11-2017, Tribunal Pleno, *DJe-019* divulg. 31-1-2019, public. 1.º-2-2019.

62 ESTATUTO DA CIDADE COMENTADO

nomado professor da Escola de Direito da Universidade de Nova Iorque, Jeremy Waldron:

'Nós discordamos sobre direitos e é compreensível que seja assim. Não deveríamos temer nem ter vergonha de tal desacordo, nem abafá-lo e empurrá-lo para longe dos fóruns nos quais importantes decisões de princípios são tomadas em nossa sociedade. Nós devemos acolhê-lo. Tal desacordo é um sinal – o melhor sinal possível em circunstâncias modernas – de que as pessoas levam os direitos a sério. Evidentemente, (...) uma pessoa que se encontra em desacordo com outras não é por essa razão desqualificada de considerar sua própria visão como correta. Nós devemos, cada um de nós, manter a fé nas nossas próprias convicções. Mas levar os direitos a sério é também uma questão de como responder à oposição de outros, até mesmo em uma questão de direitos. (...) Levar os direitos a sério, então, é responder respeitosamente a esse aspecto de alteridade e então estar disposto a participar vigorosamente – mas como um igual – na determinação de como devemos viver juntos nas circunstâncias e na sociedade que compartilhamos'.

Esse mesmo cuidado deve ser adotado pela Corte no que se refere à cláusula constitucional proclamadora do direito fundamental ao meio ambiente ecologicamente equilibrado como essencial à sadia qualidade de vida (art. 225), sobre a qual registro a análise minuciosa de Celso Antonio Pacheco Fiorillo, para quem a Constituição da República conclui pela presença de quatro concepções fundamentais no âmbito do direito ambiental: a) de que todos têm direito ao meio ambiente ecologicamente equilibrado; b) de que o direito ao meio ambiente ecologicamente equilibrado diz respeito à existência de um bem de uso comum do povo e essencial à sadia qualidade de vida, criando em nosso ordenamento o bem ambiental; c) de que a Carta Magna determina tanto ao Poder Público como à coletividade o dever de defender o bem ambiental, assim como o dever de preservá-lo; d) de que a defesa e a preservação do bem ambiental estão vinculadas não só às presentes como também às futuras gerações.

A Constituição Federal de 1988, ao incluir entre seus princípios fundamentais a dignidade da pessoa humana (art. 1.º, III), como fundamento destinado a interpretar todo o sistema constitucional, adotou visão explicitamente antropocêntrica, que reflete em toda a legislação infraconstitucional – o que abarca também a legislação ambiental. O Constituinte originário atribuiu aos brasileiros e estrangeiros residentes no País (arts. 12, I, e 52 da Carta Magna) posição de centralidade em relação ao nosso sistema de direi-

CAPÍTULO I – DIRETRIZES GERAIS **63**

to positivo. Nesse sentido o Princípio n. 1 da Declaração do Rio de Janeiro sobre Meio Ambiente e Desenvolvimento de 1992: 'Os seres humanos estão no centro das preocupações com o desenvolvimento sustentável. Têm direito a uma vida saudável e produtiva, em harmonia com a natureza'".

Destarte, as normas de ordem pública e interesse social, que passam a regular o espaço urbano assim como o uso da propriedade[10] nas cidades,

---

10 Conforme explica Gilissen, "nas Instituições (2,4,4) da época de Justiniano, o proprietário tem uma *plena potestas* sobre a coisa". Os glosadores dirão que a propriedade é o *ius utendi et abutendi*, o direito de usar e abusar da coisa. Pothier vai buscar à doutrina romanista a fórmula: *usus, fructus, abusus*. A Declaração dos Direitos do Homem do século XVIII considera a propriedade como "inviolável e sagrada". Fonte de riqueza, e, daí, de poder, *a propriedade, tanto mobiliária como imobiliária, está na base do capitalismo*. O Código de Napoleão (Code Civil de 1804) entendeu por bem estabelecer em seu art. 544 a definição de propriedade como "o direito de gozar e de dispor das coisas da forma mais absoluta, desde que delas não se faça um uso proibido pelas leis ou regulamentos". O direito constitucional brasileiro, como produto cultural que é, entendeu por bem, ao longo de mais de um século (Constituições de 1824, 1891, 1934, 1937, 1946, 1967 e 1969), não estabelecer em seu texto a definição ou mesmo conteúdo do instituto da propriedade, deixando ao legislador infraconstitucional a missão de explicar bem como delimitar o direito de propriedade caso a caso. *Nossa atual Constituição Federal (1988) se utiliza do termo "propriedade" em várias oportunidades, a saber:* 1) art. 5.º, XXII – é garantido o direito de propriedade; 2) art. 5.º, XXIII – a propriedade atenderá a sua função social; 3) art. 5.º, XXV – propriedade particular; 4) art. 5.º, XXVI – pequena propriedade rural; 5) art. 5.º, XXIX – propriedade das marcas, nomes de empresas e outros signos distintivos; 6) art. 43, § 3.º – pequenos e médios proprietários rurais; 7) art. 153, § 4.º – competência da união para instituir imposto sobre propriedade territorial rural, com alíquotas fixadas de forma a desestimular a manutenção de propriedades improdutivas; 8) art. 156, I – competência do Município para instituir impostos sobre propriedade predial; 9) art. 170, II – propriedade privada; 10) art. 170, III – função social da propriedade; 11) art. 176 e parágrafos – jazidas como propriedade distinta da do solo, garantia ao concessionário da propriedade do produto da lavra e participação do proprietário do solo nos resultados da lavra; 12) art. 182, § 2.º – propriedade urbana; 13) art. 182, § 4.º – propriedade do solo urbano; 14) art. 183 – propriedade de outro imóvel urbano ou rural; 15) art. 185, I – pequena e média propriedade rural; 16) art. 185, II – propriedade produti-

64 ESTATUTO DA CIDADE COMENTADO

deixam de ter caráter única e exclusivamente individual[11 e 12], assumindo

---

va; 17) art. 186 – propriedade rural; 18) art. 190 – propriedade rural; 19) art. 222 – propriedade de empresa jornalística e de radiodifusão sonora e de sons e imagens; 20) art. 68 do ADCT – propriedade definitiva aos remanescentes das comunidades dos quilombos. *Podemos concluir que a propriedade, no âmbito de nossa Carta Magna em vigor, é um instrumento jurídico de controle da economia capitalista.*

11 A história do sistema de ocupação de terras no Brasil revela as verdadeiras raízes de nosso reconhecido atraso. Entendendo que a única maneira de preservar o Brasil das constantes ameaças francesas no século XVI seria povoando o novo território, o rei D. João III entendeu por bem empregar em nosso País o mesmo sistema de colonização que já havia dado certo nos Açores e na Ilha da Madeira. Destarte, optou por *dividir as terras brasileiras em 14 capitanias hereditárias, totalizando 15 lotes.* Referidos lotes foram doados a figuras consideradas importantes da Corte portuguesa, a saber, *12 donatários* – iniciando uma prática que para alguns historiadores já revelava a origem do favoritismo cartorário oficial que adentrou pela história da República, sendo uma das mais marcantes fontes de nosso arraigado vício patrimonialista –, que receberam vastas porções de terra (*cada lote tinha, em média, 250 quilômetros de largura*, estendendo-se até o limite do Tratado de Tordesilhas – "limite" na verdade ainda não demarcado), assim como poderes verdadeiramente majestáticos. Do atual Maranhão às proximidades de Laguna em Santa Catarina, o litoral brasileiro foi repartido da seguinte maneira, conforme explica o historiador Eduardo Bueno: 1) Primeira Capitania do Maranhão – doada a João de Barros e a Aires da Cunha: tinha 50 léguas (ou 300 quilômetros) de extensão, desde a Abra de Diogo Leite (nas alturas do rio Gurupi, atual fronteira do Pará e Maranhão) até o cabo de Todos os Santos (hoje Baía de Cumã, Maranhão) – a tentativa de colonização falhou; 2) Segunda Capitania do Maranhão – doada a Fernando Alvares de Andrade: tinha 75 léguas, desde o cabo até a foz do rio Paraíba – a tentativa de colonização falhou; 3) Ceará – doada a Antônio Cardoso de Barros: tinha 40 léguas, da foz do Paraíba à ponta do Mucuripe (hoje, parte de Fortaleza) – o lote nunca foi ocupado; 4) Rio Grande – doada também a João de Barros (era seu segundo lote): tinha 100 léguas, desde Mucuripe até a baía da Traição, na Paraíba (cerca de 50 quilômetros ao norte de João Pessoa) – permaneceu inteiramente despovoado; 5) Itamaracá – doada a Pero Lopes de Souza (era seu terceiro lote): com 30 léguas de costa, ia desde a baía da Traição até a foz do rio Igaraçu, na ponta sul da ilha de Itamaracá – embora tenha ocorrido ocupação, os nativos destruíram tudo; 6) Pernambuco ou nova Lusitânia – doada a Duarte Coelho, foi a

CAPÍTULO I – DIRETRIZES GERAIS 65

mais bem-sucedida das capitanias – tinha 60 léguas de extensão, desde o rio Igaraçu (ao lado da ilha de Itamaracá) até a foz do São Francisco; 7) Bahia de Todos os Santos – doada a Francisco Pereira Coutinho: com 50 léguas de litoral, ia da foz do São Francisco à foz do Jaguaripe, na ponta sul da ilha de Itaparica – os estabelecimentos inicialmente organizados foram destruídos pelos nativos; 8) Ilhéus – doada a Jorge de Figueiredo Correia: tinha 50 léguas, desde o rio Jaguaripe (no Recôncavo Baiano) até a foz do rio Coxim (hoje Poxim), 20 quilômetros ao sul da ilha de Comandatuba – o lote nunca foi ocupado; 9) Porto Seguro – doada a Pedro de Campo Tourinho: estabelecida onde o Brasil fora descoberto, tinha 50 léguas desde a foz do Poxim até a foz do Mucuri, na fronteira com o Espírito Santo – os estabelecimentos organizados também foram destruídos pelos nativos; 10) Espírito Santo – doada a Vasco Fernandes Coutinho: tinha 50 léguas de litoral – os estabelecimentos foram destruí-dos pelos nativos; 11) São Tomé – doada a Pero de Gois: tinha 30 léguas, indo do Itapemirim à foz do Macaé, no atual Estado do Rio de Janeiro – os estabelecimentos iniciais foram devastados pelos nativos; 12) Rio de Janeiro – foi o segundo lote doado a Martim Afonso de Sousa: tinha 55 léguas, indo da foz do Macaé até a foz do rio Juqueriquerê, que nasce na serra do mesmo nome e deságua na baía de Caraguatatuba (São Paulo) – o lote ficou abandonado, praticamente entregue aos franceses, que o ocuparam de 1555 a 1565; 13) Santo Amaro – doada a Pero Lopes de Souza (seu primeiro lote): tinha 55 léguas, indo do Juqueriquerê até Bertioga – não foi devidamente ocupado; 14) São Vicente – doada a Martim Afonso de Sousa (seu primeiro lote): primeiro núcleo efetivo e oficial de colonização portuguesa no Brasil, tinha 45 léguas de costa, desde Bertioga até a ilha do Mel (Paraná) – a capitania não só floresceu e expandiu-se como determinou, nos dois séculos seguintes, a conquista de todo o sul do Brasil, rompendo a barreira de Tordesilhas; 15) Santana – doada a Pero Lopes (seu segundo lote): tinha 40 léguas de litoral, indo da Ilha do Mel até Laguna (Santa Catarina). Cabe destacar que a partir do início de nossa "colonização" a ocupação fundiária, conforme pude-mos demonstrar, acabou se "desenvolvendo" a partir de uma verdadei-ra mistura de posse legítima, que, pelo ordenamento da época e no de-correr de nossa história, sempre pôde ser defendida, muitas vezes com instrumentos jurídicos, até com o desforço pessoal, com o chamado "direito adquirido", com as várias circunstâncias de fatos consumados (ocupação de terreno de marinha por quem detém o alodial, usucapião, "grilo", comodato, exploração de terra devoluta etc.) e demais institutos e situações que acabaram por vincular as pessoas humanas à terra no Brasil. Ao contrário da política de terras desenvolvida pelos Estados Unidos da América (que começou sua política logo depois da Guerra da Independência, com a Ordenança de 1787, reservando inicialmente para a União os territórios "vazios" do Oeste, nascendo a *public domain* para posteriormente criar, em 1862 e, portanto, no século XIX, o instituto do *homestead*, que estabelecia a possibilidade de chefes de família, acima de 21 anos e que nunca tivessem pego em armas contra a União, se apossarem de no máximo um quarto – 160 acres – de terras públicas e, após cinco anos de ocupação produtiva, reclamarem o título de propriedade, ou ainda, mediante quitação em dinheiro, recebê-lo antes desse período), explica a historiadora Ligia Osório Silva que no Brasil o vasto estoque de terras livres e aproveitáveis revestia "o caráter de um pesado fardo para a sociedade litoral, encarregada de levar a civilização ao sertão". Ensina a professora da Unicamp que "somente em 1850, forçado a competir pelo fluxo internacional de emigrantes, e com os títulos de propriedade em completa balbúrdia, o Império adotou uma lei de terras e de colonização. Apesar de detalhista, a lei falhava no essencial. Dentre as falhas mais graves estava a inoperante definição das terras públicas (termo cuidadosamente evitado nas discussões parlamentares). Em vez de definir claramente quais as terras reservadas para a colonização, a lei brasileira de 1850 chamou indiscriminadamente de 'terras devolutas' tanto as que estavam na posse de particulares sem os devidos títulos, quanto as que estavam vagas. Na mesma linha, o regulamento de 1854 deixou a iniciativa do processo de discriminação de terras nas mãos dos particulares. Assim, o governo dependia da informação sobre a existência ou não de terras devolutas em determinado termo, comarca ou município para que os organismos competentes iniciassem a devida medição e demarcação, com o objetivo de vender lotes para os imigrantes. Entretanto, a informação que deveria chegar aos órgãos competentes ficava na dependência da demarcação das terras sob o domínio dos particulares, as quais, para efeitos da lei, seriam legitimadas ou revalidadas. Uma vez informados sobre a situação das terras particulares, esses órgãos mediriam e demarcariam as áreas reservadas para a colonização. Dando início a todo o processo, portanto, estava o requerimento do posseiro ou sesmeiro para medir e demarcar suas terras. Como relutaram em fazê-lo, toda a iniciativa ficou emperrada". Conclui a autora que, "sem conseguir medir e demarcar as terras públicas, a lei perdeu muito de sua efetividade como lei de colonização e imigração. Restou-lhe o papel de delimitar o relacionamento entre o Poder Público e os proprietários de terras". De fato, a Lei de Terras, como ficou conhecida a Lei 601, de 18 de setembro de 1850, não só atendia à necessidade de organizar a situação dos registros de terras que foram doadas desde o período colonial, legalizando as ocupadas sem autorização para depois reconhecer as denominadas terras devolutas que viriam a "pertencer" ao Estado, como procurou cumprir outros objetivos, a saber, a suspensão do tráfico de escravos, no mesmo ano anunciando a abolição; a busca de imigrantes europeus, que seriam atraídos para o trabalho agrícola nos grandes latifúndios/propriedades; a inequívoca intenção do

CAPÍTULO I – DIRETRIZES GERAIS   67

valores metaindividuais na medida em que o uso da propriedade, em decorrência do que determina o art. 1.º, parágrafo único, do Estatuto da Cidade, passa a ser regulado em prol do bem coletivo, da segurança e do bem-estar dos cidadãos, assim como do equilíbrio ambiental em absoluta obediência ao que estabelece nossa Lei Maior.

Diante do critério antes mencionado, a denominada propriedade urbana assume feição ambiental, ou seja, deixa de ser considerada como simplesmente imóvel localizado dentro de limites impostos, burocraticamente,

---

Império de dispor das terras devolutas para poder financiar o processo de imigração e colonização. *No território do Brasil contemporâneo,* com um total de 850 milhões de hectares, existem 418 milhões de hectares devidamente registrados, segundo informa o jornal *O Estado de S. Paulo,* em sua edição de 5 de janeiro de 2004, sendo que do restante, descontadas as áreas ocupadas por cidades, rios, lagos, estradas, sobram ainda 200 milhões de hectares de terras que o Instituto de Colonização e Reforma Agrária (Incra) quer identificar, utilizando tecnologia avançada por meio de satélites, conforme iniciado pelo Governo Fernando Henrique Cardoso. *Vide* o artigo da Professora Ligia Osório Silva, Na terra as raízes do atraso, e o livro do Professor Eduardo Bueno, *Brasil: uma história* – A incrível saga de um país.

12 O Código Civil (Lei 10.406/2002), ao tratar da propriedade em geral, reconhece em suas disposições preliminares a necessidade de compatibilizar a faculdade de usar, gozar e dispor da coisa, assim como o direito de reavê-la (art. 1.228), com suas *finalidades econômicas e sociais,* de forma que seja preservado, de conformidade com o estabelecido em lei especial, o *equilíbrio ecológico* (§ 1.º do art. 1.228), ou seja, o equilíbrio destinado a resguardar o patrimônio genético, o meio ambiente cultural, o meio ambiente artificial, o meio ambiente do trabalho e o meio ambiente natural (arts. 225, 215 e 216, 182 e 183 e 196 a 200 da Carta Magna). Destarte, não só por determinação maior (CF, arts. 5.º, XXIII, e 170, III), mas também em decorrência de interpretação sistemática (Leis 10.257/2001 e 10.406/2002), a propriedade no âmbito individual (Código Civil) ou coletivo (Estatuto da Cidade) deverá observar necessariamente sua *função social,* sendo este, como ensina Nery Jr., "princípio de ordem pública, que não pode ser derrogado por vontade das partes". Os autores são didáticos ao informar que "o CC, art. 2.035, parágrafo único, é expresso nesse sentido, ao dizer que nenhuma convenção pode prevalecer se contrariar preceitos de ordem pública, como é o caso da função social da propriedade e dos contratos (CC 421)". *Vide,* do autor citado, *Código Civil anotado e legislação extravagante.*

68 ESTATUTO DA CIDADE COMENTADO

pelo legislador infraconstitucional ou mesmo situado em zona determinada por ele visando a incidência de impostos, na forma do que estabelecia superada doutrina no plano das Constituições pretéritas, e passa a se destinar fundamentalmente à moradia[13], visando assegurar, originariamente, a dignidade da pessoa humana.

Assim, a partir do Estatuto da Cidade, o uso da propriedade só pode ser entendido à luz do que estabelecem os incisos III e IV do art. 1.º da CF (dignidade da pessoa humana em face da ordem jurídica do capitalismo). Por via de consequência, a cidade, a partir da Carta Magna em vigor, como bem ensinava Milton Santos[14], tem de ser considerada dentro daquilo que o saudoso mestre chamava de *dinâmica territorial*, o que implica a análise do território a partir da dinâmica social. "Num território", ensinava o geógrafo, "quando ele é analisado a partir da dinâmica social, ele é perceptível pelas coisas que são fixas e pelas que se movimentam. As coisas que se movimentam é que dão valor às que são fixas. Para entender a vida no território ou a vida nacional, é preciso jogar com os dois. Essa geografia do movimento é indispensável se eu pretendo produzir um retrato dinâmico. E aí se inclui o dinheiro: um dos grandes elementos da vida nacional é a mobilidade do dinheiro, nas suas diversas formas".

O bem coletivo apontado no parágrafo único reafirma a visão constitucional criada a partir de 1988 de superar a tradicional e superada dicotomia bens públicos *x* bens privados, atrelada a toda e qualquer relação jurídica possível em nosso sistema constitucional até a edição da Carta Magna. Com acepção clara, o uso da propriedade passa a ser estabelecido em prol do bem ambiental[15] (art. 225 da CF), com todas as consequências jurídicas dele derivadas.

Por outro lado, a segurança e o bem-estar, como direitos materiais constitucionais sempre apontados nas normas ambientais[16], deixam de ser

---

13 Evidentemente que destinações outras também são admitidas em face de nosso sistema constitucional, por exemplo, imóveis destinados às atividades econômicas.

14 *O Brasil*: território e sociedade no século XXI, *passim*.

15 Para definição de bem ambiental *vide* nosso *O direito de antena em face do direito ambiental no Brasil*, p. 81-120 bem como nosso *Curso de direito ambiental brasileiro*, 19. ed., São Paulo: Saraiva, 2019.

16 *Vide* a Lei 6.938/1981 – Política Nacional do Meio ambiente, que já reconhecia a segurança e o bem-estar como direitos materiais ambientais

CAPÍTULO I – DIRETRIZES GERAIS   69

observados juridicamente tão somente em decorrência de reflexos criminais ou penais[17], passando a ter sua verdadeira importância, que é a de garantir a incolumidade físico-psíquica dos cidadãos no que diz respeito às suas principais atividades na ordem jurídica do capitalismo, ou seja, a segurança e o bem-estar passam a orientar o uso do espaço urbano e da propriedade no que toca aos direitos fundamentais adaptados à dignidade da pessoa humana, sem desconsiderar as necessidades que decorrem dos sistemas econômicos capitalistas.

O equilíbrio ambiental define efetivamente a diferença entre o direito pretérito (antes da Constituição Federal de 1988) e o direito atual. O uso do espaço urbano e da propriedade está condicionado ao meio ambiente cultural, ao meio ambiente do trabalho e ao meio ambiente natural, da mesma maneira que, diretamente, por força do Estatuto da Cidade, ao meio ambiente artificial, fundamento direto da presente lei[18].

Cabe ainda estabelecer que as normas do Estatuto da Cidade são de ordem pública, de maneira que o magistrado deve apreciar de ofício qualquer questão relativa às relações jurídicas disciplinadas na Lei 10.257/2001, já que não incide nessa matéria o princípio dispositivo. Sobre elas, como muito bem observa Nery Jr.[19], não se opera a preclusão, e as questões que dela surgem podem ser decididas e revistas a qualquer tempo e grau de jurisdição.

Destarte, resta bem estabelecida a concepção constitucional no sentido de delimitar juridicamente a cidade como um bem ambiental, balizada no plano da tutela jurídica do meio ambiente artificial (espaço urbano) e particularmente pela presente Lei 10.257/2001. Por via de consequência, a execução da política urbana definida no âmbito da Lei Maior e, no plano infraconstitucional, pelo Estatuto da Cidade, será executada pelo Poder Público municipal, observando obrigatoriamente as normas constitucionais balizadoras da tutela jurídica do meio ambiente artificial.

---

fundamentais que podem ser lesados ou ameaçados por poluição (art. 3.º, III, *a*).

17 *Vide* nosso *Crimes ambientais*. São Paulo: Saraiva, 2012.

18 *Vide* nosso *Curso de direito ambiental brasileiro*, 19. ed., São Paulo: Saraiva, 2019.

19 *Código de Processo Civil comentado e legislação processual civil extravagante em vigor*, p. 1878.

70 ESTATUTO DA CIDADE COMENTADO

Art. 2.º A política urbana tem por objetivo ordenar o pleno desenvolvimento das funções sociais da cidade e da propriedade urbana, mediante as seguintes diretrizes gerais:

I – garantia do direito a cidades sustentáveis, entendido como o direito à terra urbana, à moradia, ao saneamento ambiental, à infraestrutura urbana, ao transporte e aos serviços públicos, ao trabalho e ao lazer, para as presentes e futuras gerações;

II – gestão democrática por meio da participação da população[20 e 21] e de associações representativas dos vários segmentos da comunidade na formulação, execução e acompanhamento de planos, programas e projetos de desenvolvimento urbano;

III – cooperação entre os governos, a iniciativa privada e os demais setores da sociedade no processo de urbanização, em atendimento ao interesse social;

IV – planejamento do desenvolvimento das cidades, da distribuição espacial da população e das atividades econômicas do Município e do território sob sua área

---

20 "Administrativo e processual civil. Recurso especial. Estatuto da Cidade. Projeto de Lei do Plano Diretor de Florianópolis. Ação civil pública movida pelo Ministério Público Federal contra o município e contra a União. Alegação autoral da falta de asseguramento da efetiva participação popular no processo legislativo do Plano Diretor da capital catarinense. Matéria de interesse local. Atribuição típica do Ministério Público Estadual. Exegese do art. 27 da Lei n. 8.625/93 (Lei Orgânica do Ministério Público dos Estados). Reconhecimento da ilegitimidade ativa do *parquet* federal. Carência de ação. Extinção do processo sem resolução de mérito" (REsp 1.687.821-SC, Recurso Especial 2015/0308903-7, rel. Min. Sérgio Kukina, 1.ª Turma, j. 7-11-2017, *DJe* 21-11-2017).

21 **Em São Gabriel da Cachoeira, índio vota em índio.** Matéria publicada pelo jornal *Valor Econômico* destaca que São Gabriel da Cachoeira, o terceiro maior município do País, no extremo norte do Estado do Amazonas, tem 109 mil km² onde vivem espalhadas 700 comunidades indígenas de 23 etnias diferentes. O município mais indígena do Brasil elegeu no primeiro turno um prefeito e um vice índios: Pedro Garcia, do PT, é tariana e seu vice, André Baniwa, do PV, pertence aos baniwa. Eles irão comandar um território de 45 mil habitantes e terão como desafios: melhorar o sistema de saúde, dar sentido à educação e atender à demanda por saneamento. Pedro Garcia é o quarto índio que chega a prefeito no Brasil. Mas esta é a primeira vez que se elegem titular e vice indígenas. Eles derrubaram a crença de que "índio não vota em índio" (*Valor Econômico*, 23 out. 2008, Política, p. A10).

CAPÍTULO I – DIRETRIZES GERAIS **71**

de influência, de modo a evitar e corrigir as distorções do crescimento urbano e seus efeitos negativos sobre o meio ambiente[22];

V – oferta de equipamentos urbanos e comunitários, transporte e serviços públicos adequados aos interesses e necessidades da população e às características locais[23];

---

22 O crescimento desordenado dos centros urbanos também gera problemas jurídicos que deságuam no STJ. Três processos mostram como o desrespeito ao plano urbanístico das cidades vem causando danos ao meio ambiente e à qualidade de vida da população, que precisam ser contidos. No primeiro deles, analisado no último mês de abril, o presidente do STJ, Ministro Cesar Asfor Rocha, deferiu pedido do MPF e suspendeu a decisão que permitia o prosseguimento das obras de um empreendimento imobiliário na praia São Marcos, no litoral do Maranhão. De acordo com a denúncia do MP, a construção de dois prédios destruirá a vegetação em área de preservação permanente na qual há características de ecossistema de dunas e restingas. "Com efeito, após concluída a edificação de duas torres residenciais, nada, ou pouco, será possível fazer em relação às dunas e à formação vegetal nativa que devam, eventualmente, ser preservadas hoje. A incerteza em relação aos riscos ambientais da obra impõe a adoção de medida que venha a evitar dano maior futuro e resguardar o interesse da coletividade", concluiu Asfor Rocha. No segundo processo, o STJ manteve uma decisão do Tribunal de Justiça fluminense (TJRJ) que isentou o município do Rio de Janeiro do pagamento de indenização por obra irregular demolida pela administração municipal. Conforme o entendimento do TJRJ, a pessoa que ergue prédio em área proibida afronta o ordenamento jurídico e assume o risco de sua conduta e do próprio prejuízo. E, em 1998, o STJ determinou a interdição de um depósito de lixo na cidade de Bagé-RS. A prefeitura do município estava utilizando uma pedreira como aterro sanitário sem proceder com a compactação adequada do lixo. Também não havia barreiras de contenção e cobertura dos dejetos com terra para evitar a contaminação dos lençóis freáticos. Moradores inconformados recorreram ao Tribunal da Cidadania, e os ministros da Segunda Turma entenderam que a prefeitura não poderia utilizar como depósito de lixo lugares onde a segurança, o bem-estar e a saúde da vizinhança poderiam ser comprometidos (Coordenadoria de Editoria e Imprensa do STJ, 3-5-2009).

23 **Amazônia: Moradores defendem asfalto para a BR-319.** Não importa o que dizem cientistas, engenheiros, políticos ou ambientalistas – quem mora no entorno da BR-319 quer ver a estrada repavimentada. "Essa

72 ESTATUTO DA CIDADE COMENTADO

VI – ordenação e controle do uso do solo[24 e 25], de forma a evitar:

---

conversa de que o asfalto vai destruir a floresta é a maior balela", diz o taxista manauara Inácio Rodrigues Paiva. "A estrada já está feita. O que tinha de ser desmatado já foi. Só precisa repavimentar." A BR-319, que liga Manaus (AM) a Porto Velho (RO), foi construída no início da década de 70, ao mesmo tempo que a Transamazônica. Funcionou bem durante uma década, até ser oficialmente desativada – ou propositalmente destruída, segundo os locais –, no fim dos anos 1980. Todos reclamam do Ibama e do Ministro Carlos Minc, do Meio Ambiente, que faz oposição ao projeto de reconstrução do Ministério dos Transportes (*OESP*, 15 jul. 2009, Vida, p. A17).

24 A história da formação de São Paulo revela como as desigualdades sociais funcionam como vetor de um dos grandes problemas ambientais dos municípios brasileiros: o descontrole no uso e na ocupação do solo, com expansão da área urbana sobre áreas ecologicamente frágeis, como as de manancial.

É o que demonstra uma tese de doutoramento defendida na Faculdade de Arquitetura e Urbanismo da Universidade de São Paulo (2008) por Rosane Segantin Keppke, que trabalhava na oportunidade em uma subprefeitura da periferia, em Itaim Paulista, na área de uso e de ocupação do solo. Inconformada com o que chama de "descolamento entre a cidade real e cidade legal", Rosane coloca em xeque o sistema regulador e mergulha na história desde o Brasil Colônia para entender como as cidades se formam – e se deformam – nas ocupações desordenadas.

No estudo, propõe investigar como as leis podem ser modificadas e melhoradas a fim de se encontrar um ponto ótimo entre a cidade legal e a cidade real. Em um recorte sobre a cidade de São Paulo, a pesquisadora constata que se trata de uma cidade "fora da lei": dos 2,9 milhões de domicílios paulistanos, 400 mil são cortiços ou favelas. Do restante, 600 mil registram algum tipo de irregularidade no cadastro da prefeitura. Segundo ela, este cadastro está desatualizado, mas técnicos municipais estimam que 90% dos domicílios contribuintes apresentam algum tipo de infração ao Zoneamento e ao Código de Obras e Edificações, as leis maiores que regem a matéria.

Ao mesmo tempo, a prefeitura não dá conta de fiscalizar todas as 756 leis e posturas municipais que tratam da ocupação e do uso do solo. Para cobrir um território de 1.525 km², cada fiscal, em média, deve controlar cerca de cinco mil domicílios. Junte-se a isso uma herança cultural na qual há desvios de conduta, tanto por parte do governo como do cidadão, e o mercado imobiliário encontra um terreno fértil para buscar sua lucratividade, em detrimento de uma ocupação ordenada.

Da favela ao condomínio de luxo, a lei de mercado determina a forma como a cidade irá crescer. Da mesma forma que o pobre faz seu puxadinho para abrigar a família que cresceu ou tirar renda de um aluguel, a classe média constrói o salão de festas, não respeita recuos e impermeabiliza mais o solo do que pode.

Para a pesquisadora, as "vistas grossas" dos fiscais para loteamentos e ocupações populares, sob um argumento de "justiça social" para com os excluídos, abriram precedentes para as classes média e alta buscarem brechas nas leis ou burlá-las. Segundo Rosane, toda lei de anistia foi precedida pela justificativa de inclusão social dos assentamentos, que eram e continuam sendo infratores urbanístico-ambientais por falta de opção de moradia formal. "Porém, sob pretexto da universalidade das leis, a anistia contemplou também os infratores ricos, que se aproveitaram da impunidade para aumentar sua mais-valia fundiária. Assim, pobres e ricos formaram uma 'estranha aliança' para pressionar o Poder Público em direção ao mercado selvagem, onde cada um ganha individualmente, gerando como externalidade a perda coletiva de qualidade urbanística". Em consequência, o poder municipal perde a autoridade regulatória, cai a produtividade dos fiscais e aumenta a corrupção.

Diante de um problema estrutural, com raízes históricas reforçadas pelo quadro de desigualdade social, algumas experiências mostram-se capazes de ao menos remediar a questão. Rosane conta que no Itaim Paulista, por exemplo, um parque linear começou a ser construído em área de favela ao longo do córrego Itaim. A população que habitava a Área de Proteção Permanente foi removida pacificamente para outro terreno. "a coisa funcionou porque foi feita na base do entendimento entre a prefeitura, os moradores, e a atuação de uma ONG, a Habitat for Humanity", diz.

25 STJ, 2.ª Turma, REsp 1042714-SC, TVA Sul Paraná Ltda. x Município de Florianópolis, rel. Min. Eliana Calmon, j. 23-6-2009: "Serviço de TV a cabo gera cobrança para a permissão de uso do solo".

A utilização de espaços públicos para o serviço de distribuição de sinais de TV a cabo não afasta a possibilidade de cobrança para a permissão de uso do solo. A decisão é da 2.ª Turma do Superior Tribunal de Justiça (STJ), que negou recurso da TVA Sul Paraná Ltda.

A empresa impetrou mandado de segurança preventivo com pedido de liminar contra o ato do diretor da Secretaria Municipal de Urbanismo e Serviços Públicos consubstanciado na cobrança de retribuição pecuniária mensal pelo uso de vias públicas, inclusive do subsolo do município de Florianópolis (SC), para a instalação de equipamentos necessários à implantação do sistema de TV a cabo. A cobrança foi instituída pelo Decreto Municipal 746/00.

Em primeira instância, a segurança foi negada. O Tribunal de Justiça de Santa Catarina (TJSC) manteve a sentença por entender que a utilização

74 ESTATUTO DA CIDADE COMENTADO

a) *a utilização inadequada dos imóveis urbanos;*

b) *a proximidade de usos incompatíveis ou inconvenientes;*

c) *o parcelamento do solo, a edificação ou o uso excessivos ou inadequados em relação à infraestrutura urbana;*

d) *a instalação de empreendimentos ou atividades que possam funcionar como polos geradores de tráfego, sem a previsão da infraestrutura correspondente;*

e) *a retenção especulativa de imóvel urbano, que resulte na sua subutilização ou não utilização;*

f) *a deterioração das áreas urbanizadas;*

g) *a poluição e a degradação ambiental[26];*

---

econômica de bens públicos por particulares pode, e às vezes até deve, ser cobrada, excetuados os casos em que a exigência venha onerar ainda mais um serviço essencial, como ocorre nos serviços de energia elétrica, telefonia, esgoto e distribuição de água. Nestes, seria cobrar de toda a coletividade um valor para a viabilização de um serviço endereçado a ela mesma. Para o TJ, a exigência por parte do Poder Público tem natureza administrativa, não tributária. Trata-se, portanto, de contraprestação que, segundo a sua finalidade, amolda-se ao conceito de preço público.

Inconformada, a defesa da empresa recorreu ao STJ alegando contrariedade aos arts. 77, 78 e 97 do CTN e 73 e 74 da Lei 9.472/1997. Para isso, argumentou que o conjunto de equipamentos e instalações que possibilitam a recepção dos sinais por sistema de TV a cabo não configura critério material da hipótese de incidência que possa sujeitar-se à competência municipal para instituição de taxa, sendo certo também que nada a respeito da remuneração desses serviços poderia vir a configurar hipótese de incidência tributária, imprescritível condição para o nascimento de qualquer pretensão pecuniária com a natureza de taxa.

Segundo ela, mesmo que o serviço de TV a cabo não seja considerado um serviço essencial, não se pode olvidar o caráter de utilidade pública inerente a tais serviços de comunicação, o que afasta a cobrança de permissão de uso do solo.

Em sua decisão, a relatora, Min. Eliana Calmon, destacou que os arts. 73 e 74 da Lei 9.472/1997 se destinam às empresas de telecomunicações e possibilitam expressamente a cobrança de preços justos e razoáveis, além de determinarem que se observem as leis municipais relativas à instalação de cabos e equipamentos em lugares públicos.

26 *A Lei paulista 13.577, de 8-7-2009, dispõe sobre diretrizes e procedimentos para a proteção da qualidade do solo e gerenciamento de áreas contaminadas, e dá*

Capítulo I – Diretrizes Gerais 75

h) *a exposição da população a riscos de desastres*[27].

VII – integração e complementaridade entre as atividades urbanas e rurais, tendo em vista o desenvolvimento socioeconômico do Município e do território sob sua área de influência;

VIII – adoção de padrões de produção e consumo de bens e serviços e de expansão urbana compatíveis com os limites de sustentabilidade ambiental, social e econômica do Município e do território sob sua área de influência;

IX – justa distribuição dos benefícios e ônus decorrentes do processo de urbanização;

X – adequação dos instrumentos de política econômica, tributária e financeira e dos gastos públicos aos objetivos do desenvolvimento urbano, de modo a privi-

---

outras providências correlatas. O art. 2.º estabelece que constitui objetivo desta lei garantir o uso sustentável do solo, protegendo-o de contaminações e prevenindo alterações nas suas características e funções, por meio de: I – medidas para proteção da qualidade do solo e das águas subterrâneas; II – medidas preventivas à geração de áreas contaminadas; III – procedimentos para identificação de áreas contaminadas; IV – garantia à saúde e à segurança da população exposta à contaminação; V – promoção da remediação de áreas contaminadas e das águas subterrâneas por elas afetadas; VI – incentivo à reutilização de áreas remediadas; VII – promoção da articulação entre as instituições; VIII – garantia à informação e à participação da população afetada nas decisões relacionadas com as áreas contaminadas.

27 O art. 3.º da MP 547, de 22 de novembro de 2011, alterou o Estatuto da Cidade, Lei Federal 10.257, de 10 de julho de 2001, em seu art. 2.º, incluindo a proteção da população aos riscos naturais como uma das diretrizes da política urbana, no que se refere à ordenação e ao controle do uso do solo. Cabe observar que a MP 547 foi convertida na Lei 12.608/2012, estabelecendo esta redação diferente à letra h, inciso VI, do art. 2.º do Estatuto. Em vez de "a exposição da população a riscos de desastres naturais" (MP 547), restou estabelecido "a exposição da população a riscos de desastres".

Destarte, a nova lei passou a determinar que a política urbana deve ter por objetivo ordenar o pleno desenvolvimento das funções sociais da cidade e da propriedade urbana, mediante ordenação e controle do uso do solo de forma a evitar a exposição da população a riscos de qualquer desastre, e não mais tão somente a "desastres naturais"; assim, ficam inclusos também os desastres gerados pelas ações ou omissões humanas.

76 ESTATUTO DA CIDADE COMENTADO

legiar os investimentos geradores de bem-estar geral e a fruição dos bens pelos diferentes segmentos sociais;

XI – recuperação dos investimentos do Poder Público de que tenha resultado a valorização de imóveis urbanos;

XII – proteção, preservação e recuperação do meio ambiente natural[28] e cons-

---

28 Conforme amplamente veiculado pela imprensa no início do ano de 2008, o governo federal informou que 36 municípios, das 603 cidades que fazem parte do bioma amazônico, são responsáveis por 50% do desmatamento da Amazônia. No Estado de Mato Grosso são 19 municípios, no Pará, 12, em Rondônia, 4 cidades, e no Amazonas, 1."O presidente Lula pediu que fizéssemos uma reunião com os governadores (desses Estados) e prefeitos desses municípios", disse na oportunidade a ministra do Meio Ambiente, Marina Silva.

O diretor do Instituto nacional de Pesquisas espaciais (Inpe), Gilberto Câmara, afirmou na época que a estimativa baseada no Sistema Detecção do Desmatamento em Tempo Real (Deter), do Inpe, apontava que o desmatamento na Amazônia pode ter atingido 7 mil km². A maior parte dos desmatamentos se concentra nos estados de Mato Grosso (53,7%), Pará (17,8%) e Rondônia (16%). Os novos desmatamentos detectados pelo Deter entre agosto e dezembro de 2007 somaram 3.235 km². Nos anos recentes, a área mapeada pelo Deter representou entre 40% a 60% do que é registrado pelo Prodes, nosso sistema que faz o cálculo anual detalhado da área desmatada. Deste modo, o Inpe considera que entre agosto e dezembro de 2007 o desmatamento é da ordem de 7 000 km², com uma variação para mais ou para menos de 1.400 km², disse hoje Dalton de Morrison Valeriano, coordenador do Programa Amazônia do Inpe, que opera os sistemas Prodes e Deter. A lista dos municípios apontados pelo governo como responsáveis por 50% do desmatamento na Amazônia: Alta Floresta (MT), Altamira (PA), Aripuanã (MT), Brasil Novo (PA), Brasnorte (MT), Colniza (MT), Confresa (MT), Cotriguaçu (MT), Cumaru do Norte (PA), Dom Eliseu (PA), Gaúcha do Norte (MT), Juara (MT), Juína (MT), Lábrea (AM), Machadinho D'Oeste (RO), Marcelândia (MT), Nova Bandeirantes (MT), Nova Mamoré (RO), Nova Maringá (MT), Nova Ubiratã (MT), Novo Progresso (PA), Novo Repartimento (PA), Paragominas (PA), Paranaíta (MT), Peixoto Azevedo (MT), Pimenta Bueno (RO), Porto dos Gaúchos (MT), Porto Velho (RO), Querência (MT), Rondon do Pará (PA), Santa Maria das Barreiras (PA), Santana do Araguaia (MT), São Félix de Araguaia (MT), São Félix do Xingu (PA), Ulianópolis (PA), Vila Rica (MT).

CAPÍTULO I – DIRETRIZES GERAIS   77

truído, do patrimônio cultural[29 e 30], histórico[31], artístico, paisagístico[32] e arqueológico[33];

---

29   Existem 15 Patrimônios Históricos e Culturais da Humanidade brasileiros que foram tombados pela Organização das Nações Unidas para a Educação, a Ciência e a Cultura (Unesco), a saber: 1) 1980 – A Cidade Histórica de Ouro Preto, Minas Gerais; 2) 1982 – O Centro Histórico de Olinda, Pernambuco; 3) 1983 – As Missões Jesuíticas Guarani, Ruínas de São Miguel das Missões, Rio Grande de Sul e Argentina; 4) 1985 – O Centro Histórico de Salvador, Bahia; 5) 1985 – O Santuário do Senhor Bom Jesus de Matosinhos, em Congonhas do Campo, Minas Gerais; 6) 1987 – O Plano Piloto de Brasília, Distrito Federal; 7) 1991 – O Parque Nacional Serra da Capivara, em São Raimundo Nonato, Piauí; 8) 1997 – O Centro Histórico de São Luís do Maranhão; 9) 1999 – Centro Histórico da Cidade de Diamantina, Minas Gerais; 10) 2001 – Centro Histórico da Cidade de Goiás; 11) 2010 – Praça de São Francisco, na cidade de São Cristóvão, Sergipe; 12) 2012 – Rio de Janeiro, paisagens cariocas entre a montanha e o mar; 13) 2016 – Conjunto Moderno da Pampulha; 14) 2017 – Sítio Arqueológico Cais do Valongo; e 15) 2019 – Paraty e Ilha Grande – Cultura e Diversidade.

30   A Constituição estabelece que cabe ao Poder Público, com o apoio da comunidade, a proteção, preservação e gestão do patrimônio histórico e artístico do País. E, exatamente neste ponto, o papel do Superior Tribunal de Justiça (STJ), aliado ao trabalho dos Ministérios Públicos federais e estaduais, das universidades, das organizações não governamentais e de entidades como o Instituto de Patrimônio Histórico e Artístico Nacional (Iphan), torna-se fundamental na garantia da legalidade no que tange à proteção do nosso imenso e constantemente ameaçado conjunto de preciosidades históricas e culturais.

Três casos que ilustram a realidade conflituosa de permitir o crescimento de uma cidade tombada, sem que se desvirtue seu plano original, ou seja, o fruto do tombamento, chegaram ao STJ nos últimos anos e envolvem Brasília, o único núcleo urbano construído no século XX a fazer parte dos patrimônios culturais e ambientais da humanidade.

No primeiro deles, o STJ acolheu a denúncia do Ministério Público Federal (MPF) para determinar a retirada de grades de segurança dos edifícios residenciais do bairro Cruzeiro novo porque feriam uma das características primordiais do projeto urbanístico de Lúcio Costa: a livre circulação sob os prédios erguidos em pilotis nas áreas residenciais.

De acordo com o MPF, o tombamento de Brasília não se limita à preservação dos aspectos estéticos e arquitetônicos da cidade, mas engloba também elementos de sua concepção urbanística, orientada para a criação de espaços abertos que facilitem o ir e vir das pessoas. Desse modo, o governo do Distrito Federal (GDF), ao permitir o gradeamento dos prédios, teria violado o art. 17 do Dec.-lei 25/1937, que proíbe a destruição, demolição ou mutilação de coisa tombada.

78 ESTATUTO DA CIDADE COMENTADO

Os ministros da 2.ª Turma do STJ, por maioria, acolheram os argumentos do Iphan e do MPF, entendendo que as grades enquadram-se no conceito de mutilação, por constituírem um acréscimo indevido e não previsto no projeto original da cidade. O processo foi julgado em outubro passado e ainda cabe recurso das partes envolvidas.

Em outro processo analisado pela 2.ª Turma, o alvo da discórdia era um prédio construído no Plano Piloto. O MPF, juntamente com o Iphan, recorreu ao STJ para pedir a demolição parcial de um edifício comercial que não teria obedecido ao espaço mínimo de 10 metros livres a partir do meio-fio da avenida L-2 sul.

Na ação, julgada em 2003, o Iphan alegava não ter sido consultado sobre o projeto de construção em uma área tombada. Entretanto, os ministros da 2.ª Turma decidiram que a prévia oitiva e autorização da entidade acerca do projeto não são obrigatórias, uma vez que a edificação foi erguida em conformidade com as determinações legais da época. Portanto, não haveria respaldo legal para exigir a demolição da obra se não ocorreu nenhuma modificação no traçado arquitetônico do bem tombado, no caso a avenida L-2 sul.

O terceiro julgamento tratava da ocupação desordenada de áreas públicas tombadas no Plano Piloto. O Ministério Público do Distrito Federal e Territórios (MPDFT) entrou com uma ação contra o Distrito Federal e mais 38 comerciantes da quadra 705 norte sob a alegação de que os comércios daquele endereço estariam invadindo área pública por meio da construção de "puxadinhos", desrespeitando, assim, o Código de Posturas do DF e as regras do tombamento do conjunto urbanístico da capital.

Os ministros da 1.ª Turma, por maioria, concederam o pedido do MPDFT para suspender a concessão de alvarás de construção, termos de ocupação e de funcionamento naquela área por parte do governo local. Segundo o relator do processo, Min. Luiz Fux, o MP é parte legítima em qualquer demanda que vise à defesa do patrimônio público, uma vez que a o art. 129 da Carta Magna habilitou a instituição para atuar nessa seara.

Vide os seguintes processos: REsp 934.630, REsp 163.483, SLS 1033, REsp 489.225, REsp 196.456, REsp 173.158, RHC 19.119, REsp 290.460, RMS 8.252, REsp 276.794, REsp 220.983, REsp 840.918 (Coordenadoria de Editoria e Imprensa).

Para uma análise detalhada, *vide* FIORILLO, Celso Antonio Pacheco; FERREIRA, Renata Marques. *Tutela jurídica do patrimônio cultural brasileiro em face do direito ambiental constitucional*. Rio de Janeiro: Lumen Juris, 2018.

31 O impedimento de destruir, demolir ou mutilar ou mesmo reparar, pintar ou restaurar bens tombados sem prévia autorização do Serviço do Patrimônio Histórico e Artístico Nacional se aplica a todos os bens nessa condição. O entendimento da 2.ª Turma do Superior Tribunal de Justiça

CAPÍTULO I – DIRETRIZES GERAIS   79

é que essa restrição é válida independentemente de individualização do bem no tombamento geral. A decisão mantém a condenação de uma proprietária a restabelecer o estado anterior de um imóvel na cidade histórica de T., em Minas Gerais.

A dona do imóvel recorreu ao STJ após a decisão do Tribunal Regional Federal da 1.ª Região (TRF), que, em ação civil pública ajuizada pelo Instituto do Patrimônio Histórico e Artístico Nacional (Iphan), entendeu que o conjunto arquitetônico e urbanístico da cidade de T., tendo sido tombado como patrimônio histórico e artístico nacional, encontra-se amparado por regime especial de proteção, submetendo-se à legislação de regência qualquer alteração nas suas características originárias, condicionando-se qualquer mudança no imóvel, público ou particular, que o integra à apresentação e aprovação de projeto arquitetônico junto ao Iphan.

Para o TRF, demonstrada, por meio de prova documental e fotográfica, a agressão às obras realizada sem a devida autorização do órgão competente, devem ser demolidos todos os acréscimos promovidos irregularmente, excetuando-se o resultado da reforma cujo projeto foi aprovado pelo Iphan, de modo a recompor as feições do bem tombado, de acordo com os critérios e recomendações estabelecidos pelo próprio instituto.

Em sua defesa, a proprietária alegou que, ao aplicar o art. 17 do Dec.-lei 25/1937, o Tribunal se equivocou quanto ao conceito de tombamento geral, uma vez que é da essência a individualização do bem, de forma que a norma não poderia ter eficácia para alcançar todos que não foram submetidos a esse procedimento legal, que é, a seu ver, indispensável. Além disso, argumenta que, como o imóvel não está tombado individualmente, cabendo ao proprietário apenas respeitar as limitações administrativas, pode, por essa razão, realizar reforma, pintura ou construção do imóvel.

O Min. Humberto Martins, relator do recurso no STJ, entendeu ser incongruente o argumento da proprietária da falta de individualização no tombamento, se ela sabia claramente haver as restrições impostas pelo Dec.-lei 25/1937, já que solicitou autorização ao Iphan para a realização da obra e desrespeitou os limites estabelecidos pelo órgão.

O relator rejeitou, ainda, a divergência de jurisprudência alegada por não haver semelhança com os fatos tratados na decisão apresentada como referência – na qual não houve demolição, destruição ou mutilação do bem tombado – diante do reconhecimento pelo tribunal mineiro do caráter agressor das obras realizadas no imóvel de T. (REsp 1098640).

32 *Vide* Lei 14.223, de 26-9-2006 (Dispõe sobre a ordenação dos elementos que compõem a paisagem urbana do Município de São Paulo). O art. 2.º, para fins de aplicação desta lei, considera paisagem urbana o espaço aéreo e a superfície externa de qualquer elemento natural ou construído, tais como água, fauna, flora, construções, edifícios, anteparos, superfí-

80 ESTATUTO DA CIDADE COMENTADO

XIII – audiência do Poder Público municipal e da população interessada nos processos de implantação de empreendimentos ou atividades com efeitos potencialmente negativos sobre o meio ambiente natural ou construído, o conforto ou a segurança da população;

XIV – regularização fundiária e urbanização de áreas ocupadas por população de baixa renda mediante o estabelecimento de normas especiais de urbanização, uso e ocupação do solo e edificação, consideradas a situação socioeconômica da população e as normas ambientais;

XV – simplificação da legislação de parcelamento, uso e ocupação do solo e das normas edilícias, com vistas a permitir a redução dos custos e o aumento da oferta dos lotes e unidades habitacionais;

XVI – isonomia de condições para os agentes públicos e privados na promoção de empreendimentos e atividades relativos ao processo de urbanização, atendido o interesse social;

---

cies aparentes de equipamentos de infraestrutura, de segurança e de veículos automotores, anúncios de qualquer natureza, elementos de sinalização urbana, equipamentos de informação e comodidade pública e logradouros públicos, visíveis por qualquer observador situado em áreas de uso comum do povo.

33 A Pesquisa de Informações Municipais (Munic) de 2008, do Instituto Brasileiro de Geografia e Estatística (IBGE), indica que 90,6 % dos municípios do País sofrem com alguma alteração ambiental frequente e impactante. A Munic foi divulgada em 12-12-2008 e investiga temas da gestão pública, meio ambiente, transporte e habitação.

Os problemas mais citados pelos municípios são queimadas, desmatamento e assoreamento de corpos d'água. Ainda de acordo com o instituto, pouco mais de um terço dos municípios dispõe de recursos disponíveis para ações ambientais e menos de um quinto das prefeituras tem estrutura adequada para lidar com esses problemas.

Segundo a pesquisa, os municípios de menor população, principalmente aqueles com menos de 5 mil habitantes, são os que apresentam menos problemas ambientais, sendo que 17,5% destes municípios indicaram problemas. Das cidades com mais de 500 mil habitantes, apenas Porto Alegre (RS) informou que não sofre ocorrência de um problema ambiental. Os Estados que mais sofrem com esses problemas são Minas Gerais, com 99 municípios, São Paulo, com 97, Paraná, com 59, e Rio Grande do Sul, com 49.

CAPÍTULO I – DIRETRIZES GERAIS   81

XVII – *estímulo à utilização, nos parcelamentos do solo e nas edificações urbanas, de sistemas operacionais, padrões construtivos e aportes tecnológicos que objetivem a redução de impactos ambientais e a economia de recursos naturais;*

* *Inciso XVII acrescentado pela Lei 12.836/2013.*

XVIII – *tratamento prioritário às obras e edificações de infraestrutura de energia, telecomunicações[34], abastecimento de água[35] e saneamento[36];*

* *Incluído pela Lei 13.116/2015.*

XIX – *garantia de condições condignas de acessibilidade, utilização e conforto nas dependências internas das edificações urbanas, inclusive nas destinadas à moradia e ao serviço dos trabalhadores domésticos, observados requisitos mínimos de dimensionamento, ventilação, iluminação, ergonomia, privacidade e qualidade dos materiais empregados.*

* *Incluído pela Lei 13.699/2018.*

Comentário

A política urbana[37] descrita no art. 2.º do Estatuto da Cidade foi inserida em face da "constitucionalização de uma ordem ambiental voltada ao

---

34   "É pacífica a jurisprudência do STF no sentido de que as normas relativas à instalação de antenas de telefonia dizem respeito ao uso e ao ordenamento territorial urbano, bem como às limitações do direito de construir. Interesse eminentemente local" (RE 925.994 AgR-ED/PR, rel. Min. Dias Toffoli, j. 7-5-2018, 2.ª Turma, *DJe-103* divulg. 25-5-2018, public. 28-5-2018).

35   A competência para legislar sobre assuntos locais que a Carta Magna atribui aos municípios, no art. 30, I, inclui a distribuição de água potável. *Vide* ADI 2.337 MC-SC, rel. Min. Celso de Mello, j. 20-2-2002, Tribunal Pleno; ADI 2.340-SC, rel. Min. Ricardo Lewandowski, j. 6-3-2013, Tribunal Pleno.

36   Conforme matéria publicada em 11 de abril de 2019 pelo *Senado Notícias*, "o Brasil precisa duplicar o investimento em água e esgoto nos próximos anos para atender às necessidades de universalização do serviço de saneamento. E, para isso, precisará criar novas formas de financiamento para o setor, com a inclusão da iniciativa privada e o aumento das tarifas".

37   É possível ao Judiciário, em situações excepcionais, determinar ao Poder Executivo a implementação de políticas públicas a fim de garantir direitos constitucionalmente assegurados, sem que isso implique ofensa ao princípio da separação dos Poderes. Nesse sentido, vejam-se precedentes de ambas as Turmas do Supremo Tribunal Federal: "Agravo regi-

82 ESTATUTO DA CIDADE COMENTADO

dever estatal de proteção do meio ambiente" em razão de seu "deslocamento para o rol de direitos fundamentais", que " consagrou modelo de Estado que considera a proteção ambiental e o fenômeno do desenvolvimento "um objetivo comum, pressupondo a convergência de objetivos das políticas de desenvolvimento econômico, social e cultural e de proteção ambiental"[38], conforme advertência do Ministro Edson Fachin[39], tendo como um de seus

> mental no recurso extraordinário. Constitucional. Ação civil pública. Defesa do meio ambiente. Implementação de políticas públicas. Possibilidade. Violação do princípio da separação dos poderes. Não ocorrência. Insuficiência orçamentária. Invocação. Impossibilidade. Precedentes. 1. A Corte Suprema já firmou a orientação de que é dever do Poder Público e da sociedade a defesa de um meio ambiente ecologicamente equilibrado para as presentes e futuras gerações. 2. Assim, pode o Poder Judiciário, em situações excepcionais, determinar que a Administração pública adote medidas assecuratórias desse direito, reputado essencial pela Constituição Federal, sem que isso configure violação do princípio da separação de poderes. 3. A Administração não pode justificar a frustração de direitos previstos na Constituição da República sob o fundamento da insuficiência orçamentária. 4. Agravo regimental não provido" (RE 658.171-AgR, rel. Min. Dias Toffoli, 1.ª Turma).

> "Ação civil pública. Meio ambiente. Esgoto. Lançamento em rio. Viabilidade. Mostra-se consentâneo com a ordem jurídica vir o Ministério Público a ajuizar ação civil pública visando ao tratamento de esgoto a ser jogado em rio. Nesse caso, não cabe cogitar da impossibilidade jurídica do pedido e da extinção do processo sem julgamento do mérito" (RE 254.764-SP, 1.ª Turma, rel. Min. Marco Aurélio).

> "Recurso extraordinário. Ação civil pública. Abrigos para moradores de rua. Reexame de fatos e provas. Súmula 279 do STF. Ofensa ao princípio da separação dos poderes. Inexistência. Agravo regimental desprovido. Incabível o recurso extraordinário quando as alegações de violação a dispositivos constitucionais exigem o reexame de fatos e provas (Súmula 279/STF). Esta Corte já firmou entendimento no sentido de que não ofende o princípio da separação de poderes a determinação, pelo Poder Judiciário, em situações excepcionais, de realização de políticas públicas indispensáveis para a garantia de relevantes direitos constitucionais. Precedentes. Agravo regimental desprovido" (RE 634.643-AgR, 2.ª Turma, rel. Min. Joaquim Barbosa).

38 FIORILLO, Celso Antonio Pacheco. *Curso de direito ambiental brasileiro*. 4. ed. São Paulo: Saraiva: 2003, p. 25.

39 No Brasil, a constitucionalização de uma ordem ambiental voltada ao dever estatal de proteção do meio ambiente, bem como seu deslocamen-

CAPÍTULO I – DIRETRIZES GERAIS **83**

objetivos específicos ordenar o pleno desenvolvimento das funções sociais da cidade fixadas por determinação constitucional (art. 182 da CF), ou seja, a política urbana descrita na Lei 10.257/2001 estabelece como objetivo o pleno desenvolvimento das funções sociais da cidade.

A *plenitude* apontada pela norma, como já tivemos oportunidade de afirmar[40], encontra-se satisfeita quando do efetivo respeito aos preceitos de **direito ambiental constitucional em vigor, bem como especificamente pelas normas trazidas pelos arts. 5.º e 6.º da Constituição Federal, agora detalhados pelo Estatuto da Cidade.**

Isso significa dizer que a função social[41] da cidade é cumprida quando esta proporciona a seus habitantes o direito à vida[42], à liberdade, à igualdade, à segurança e à propriedade (art. 5.º, *caput*, da CF), bem como

---

to para o rol de direitos fundamentais, consagrou modelo de Estado que considera a proteção ambiental e o fenômeno do desenvolvimento "um objetivo comum, pressupondo a convergência de objetivos das políticas de desenvolvimento econômico, social e cultural e de proteção ambiental" (FIORILLO, Celso Antonio Pacheco. *Curso de direito ambiental brasileiro*. 4. ed. São Paulo: Saraiva, 2003, p. 25).

ADI 4.269-DF, rel. Min. Edson Fachin, j. 18-10-2017, Tribunal Pleno, *DJe-019* divulg. 31-1-2019, public. 1.º-2-2019.

40 FIORILLO, Celso Antonio Pacheco. *Curso de direito ambiental brasileiro.* São Paulo: Saraiva, 2019.

41 "Constitucional. Administrativo. Civil. Direito de construir. Limitação administrativa. I. – O direito de edificar é relativo, dado que condicionado à função social da propriedade: C.F., art. 5.º, XXII e XXIII. Inocorrência de direito adquirido: no caso, quando foi requerido o alvará de construção, já existia a lei que impedia o tipo de imóvel no local. II. – Inocorrência de ofensa aos §§ 1.º e 2.º do art. 182, C.F. III. – Inocorrência de ofensa ao princípio isonômico, mesmo porque o seu exame, no caso, demandaria a comprovação de questões, o que não ocorreu. Ademais, o fato de ter sido construído no local um prédio em desacordo com a lei municipal não confere ao recorrente o direito de, também ele, infringir a citada lei. IV. – R.E. não conhecido" (RE 178.836-SP, 2.ª Turma, rel. Min. Carlos Velloso, j. 8-6-1999, *DJ* 20-8-1999).

42 Daí a nova determinação estabelecida pelo art. 24 da Lei 12.608/2012 no sentido de impor ORDEM DESTINADA AO PODER PÚBLICO MUNI-CIPAL observando-se evidentemente a aplicação da Lei Complementar 140/2011 no que couber o pleno desenvolvimento das funções sociais da cidade e da propriedade urbana mediante a diretriz geral de ordenação

84 Estatuto da Cidade Comentado

quando garante a todos um *piso vital mínimo*, compreendido pelos direitos sociais à educação, à saúde, à alimentação, ao trabalho, à moradia, ao lazer, à segurança, à previdência social, à proteção à maternidade e à infância, à assistência aos desamparados, direitos materiais constitucionais fixados no art. 6.º da CF[43].

Com efeito.

Conforme já tivemos oportunidade de aduzir[44], em face do que estabeleceu a doutrina especializada, o denominado princípio da função social, vinculado que está historicamente ao direito social desenvolvido pela doutrina alemã, tem sua gênese claramente associada à ordem econômica e particularmente "às associações econômicas e profissionais de empresários e dos trabalhadores e à sua influência sobre o mercado", conforme ensinamentos de Franz Wieacker. Devendo ser interpretado como tendência de evolução do direito privado bem como compreendido "à luz destas mutações da constituição econômica alemã (e, em grande parte, também europeia e

---

e controle do uso do solo urbano de forma a evitar a exposição da população a riscos de desastres.

43 "A cláusula da reserva do possível – que não pode ser invocada, pelo Poder Público, com o propósito de fraudar, de frustrar e de inviabilizar a implementação de políticas públicas definidas na própria Constituição – encontra insuperável limitação na garantia constitucional do mínimo existencial, que representa, no contexto de nosso ordenamento positivo, emanação direta do postulado da essencial dignidade da pessoa humana. (...) a noção de 'mínimo existencial', que resulta, por implicitude, de determinados preceitos constitucionais (CF, art. 1.º, III, e art. 3.º, III), compreende um complexo de prerrogativas cuja concretização revela-se capaz de garantir condições adequadas de existência digna, em ordem a assegurar, à pessoa, acesso efetivo ao direito geral de liberdade e, também, a prestações positivas originárias do Estado, viabilizadoras da plena fruição de direitos sociais básicos, tais como o direito à educação, o direito à proteção integral da criança e do adolescente, o direito à saúde, o direito à assistência social, o direito à **moradia**, o direito à alimentação e o direito à segurança. Declaração universal dos Direitos da Pessoa Humana, de 1948 (artigo XXV)" (ARE 639.337-agR, 2.ª Turma, j. 23-8-2011, rel. Min. Celso de Mello, *DJe* 15-9-2011).

44 *Vide* FIORILLO, Celso Antonio Pacheco; FERREIRA, Renata Marques. Atividades econômicas sustentáveis e função social da empresa em face do direito ambiental constitucional brasileiro. *Revista Jurídica Luso-Brasileira*, Lisboa, ano 5, n. 2, 2019.

CAPÍTULO I – DIRETRIZES GERAIS   85

norte-americana)", o referido princípio teria influenciado a doutrina brasileira particularmente em face da recepção do direito civil alemão. Destarte, ao recordar que o substantivo *functio* na língua matriz seria derivado do verbo depoente *fungor* (*functus sum, fungi*), "cujo significado primigênio é de cumprir algo, ou desempenhar-se de um dever ou uma tarefa", observa Fábio Comparato que, na "análise institucional do direito, que corresponde de certa forma ao funcionalismo sociológico de E. Durkheim, Bronislaw Malinovski e A. R. Radcliffe-Brown, usa-se do termo função para designar a finalidade legal de um instituto jurídico, ou seja, o bem ou o valor em razão do qual existe, segundo a lei, esse conjunto estruturado de normas", podendo também a função jurídica "ser tomada, num sentido mais abstrato, como atividade dirigida a um fim e comportando, de parte do sujeito agente, um poder ou competência". Ao aduzir referido autor que, "se analisarmos mais de perto esse conceito abstrato de função, em suas múltiplas espécies, veremos que o escopo perseguido pelo agente é sempre o interesse alheio, e não o próprio do titular do poder", conclui que "há funções exercidas no interesse de uma pessoa ou de pessoas determinadas – como o pátrio poder, a tutela e a curatela – e funções que devem ser desempenhadas em benefício da coletividade. Na última hipótese, e somente nela, parece-me mais apropriado falar em função social".

Daí, dentro de sua finalidade legal constitucional, estar a função social associada não só de forma direta ao instituto jurídico da propriedade (arts. 5.º, XXIII, 170, III, 182, § 2.º, e 186) como instrumento normativo fundamental destinado a organizar desde o século XIX a ordem econômica que sempre imperou em nosso País e se estabeleceu no plano jurídico por meio de nossas Constituições (de 1824, 1891, 1934, 1937, 1946, 1967, 1969 e 1988), como já tivemos oportunidade de sublinhar, mas também de forma infinitamente mais ampla e via de regra vinculada à ordem econômica, no plano da política urbana quando então está vinculada às cidades do Brasil (art. 182, *caput*) e aos imóveis rurais (arts. 183 a 191). Trata-se, por via de consequência, de interpretar a função social da propriedade urbana como objetivo claro destinado a "dificultar a especulação imobiliária, impedir que os imóveis que possam ser utilizados para habitação/moradia estejam vagos ou, ainda, impedir que grandes áreas urbanas sejam pouco utilizadas"[45].

---

45 *Vide* OLIVEIRA, Fernanda Paula; HOLZ, Sheila. Parcelamento e edificação compulsórios como instrumento de implementação e de consolida-

86 ESTATUTO DA CIDADE COMENTADO

Destarte, o pleno desenvolvimento das funções sociais da cidade apontado no art. 2.º da presente lei exige ainda uma clara participação municipal não só em decorrência do que determina o art. 30, VIII, da CF, que estabelece competência aos Municípios no sentido de "promover, no que couber, adequado ordenamento territorial, mediante planejamento e controle do uso, do parcelamento e da ocupação do solo urbano" (art. 30, VIII), como em face dos incisos I e II do mesmo artigo.

Outrossim a Lei Complementar 140, de 8-12-2011, fixou normas[46], nos termos dos incisos III, VI e VII do *caput* e do parágrafo único do art. 23 da

---

ção da função social da propriedade. O caso português (com algumas incursões no direito brasileiro). *RADU – Revista Americana de Urbanismo*, Madrid, n. 1, enero-marzo 2019.

46 Em face da matéria abordada na presente obra cabe destacar:

Lei Complementar 140 de 8-12-2011

Capítulo I

DISPOSIÇÕES GERAIS

(...)

Art. 2.º Para os fins desta Lei Complementar, consideram-se:

I – **licenciamento ambiental**: o procedimento administrativo destinado a licenciar atividades ou empreendimentos utilizadores de recursos ambientais, efetiva ou potencialmente poluidores ou capazes, sob qualquer forma, de causar degradação ambiental;

II – **atuação supletiva**: ação do ente da Federação que se substitui ao ente federativo originariamente detentor das atribuições, nas hipóteses definidas nesta Lei Complementar;

III – **atuação subsidiária**: ação do ente da Federação que visa a auxiliar no desempenho das atribuições decorrentes das competências comuns, quando solicitado pelo ente federativo originariamente detentor das atribuições definidas nesta lei Complementar.

Art. 3.º Constituem objetivos fundamentais da União, dos Estados, do Distrito Federal e dos **Municípios**, no exercício da competência comum a que se refere esta lei Complementar:

I – proteger, defender e conservar o meio ambiente ecologicamente equilibrado, promovendo gestão descentralizada, democrática e eficiente;

II – garantir o equilíbrio do desenvolvimento socioeconômico com a proteção do meio ambiente, observando a dignidade da pessoa hu-

Capítulo I – Diretrizes Gerais **87**

mana, a erradicação da pobreza e a redução das desigualdades sociais e regionais;

III – harmonizar as políticas e ações administrativas para evitar a sobreposição de atuação entre os entes federativos, de forma a evitar conflitos de atribuições e garantir uma atuação administrativa eficiente;

IV – garantir a uniformidade da política ambiental para todo o País, respeitadas as peculiaridades regionais e locais.

(...)

CAPÍTULO III
DAS AÇÕES DE COOPERAÇÃO

Art. 6.º As ações de cooperação entre a União, os Estados, o Distrito Federal e os Municípios deverão ser desenvolvidas de modo a atingir os objetivos previstos no art. 3.º e a garantir o desenvolvimento sustentável, harmonizando e integrando todas as políticas governamentais.

(...)

Art. 9.º São ações administrativas dos Municípios:

I – executar e fazer cumprir, em âmbito municipal, as Políticas nacional e Estadual de Meio ambiente e demais políticas nacionais e estaduais relacionadas à proteção do meio ambiente;

II – exercer a gestão dos recursos ambientais no âmbito de suas atribuições;

III – formular, executar e fazer cumprir a Política Municipal de Meio Ambiente;

IV – promover, no Município, a integração de programas e ações de órgãos e entidades da administração pública federal, estadual e municipal, relacionados à proteção e à gestão ambiental;

V – articular a cooperação técnica, científica e financeira, em apoio às Políticas nacional, Estadual e Municipal de Meio ambiente;

VI – promover o desenvolvimento de estudos e pesquisas direcionados à proteção e à gestão ambiental, divulgando os resultados obtidos;

VII – organizar e manter o Sistema Municipal de Informações sobre Meio ambiente;

VIII – prestar informações aos Estados e à União para a formação e atualização dos Sistemas Estadual e nacional de Informações sobre Meio Ambiente;

IX – elaborar o Plano Diretor, observando os zoneamentos ambientais;

X – definir espaços territoriais e seus componentes a serem especialmente protegidos;

XI – promover e orientar a educação ambiental em todos os níveis de ensino e a conscientização pública para a proteção do meio ambiente;

88 ESTATUTO DA CIDADE COMENTADO

Constituição Federal, visando a cooperação entre a União, os Estados, o Distrito Federal e os Municípios nas ações administrativas decorrentes do exercício da competência comum relativas à proteção das paisagens naturais notáveis, à proteção do meio ambiente, ao combate à poluição em qualquer de suas formas e à preservação das florestas, da fauna e da flora. Em face de referida norma, fica claramente determinada, uma vez mais, ser objetivo fundamental dos Municípios no exercício da competência comum de que se trata referida Lei Complementar (art. 3.º):

1 – proteger, defender e conservar o meio ambiente ecologicamente equilibrado, promovendo gestão descentralizada, democrática e eficiente;

2 – garantir o equilíbrio do desenvolvimento socioeconômico com a proteção do meio ambiente, observando a dignidade da pessoa humana, a erradicação da pobreza e a redução das desigualdades sociais e regionais;

XII – controlar a produção, a comercialização e o emprego de técnicas, métodos e substâncias que comportem risco para a vida, a qualidade de vida e o meio ambiente, na forma da lei;

XIII – exercer o controle e fiscalizar as atividades e empreendimentos cuja atribuição para licenciar ou autorizar, ambientalmente, for cometida ao Município;

XIV – observadas as atribuições dos demais entes federativos previstas nesta Lei Complementar, promover o licenciamento ambiental das atividades ou empreendimentos:

a) que causem ou possam causar impacto ambiental de âmbito local, conforme tipologia definida pelos respectivos Conselhos Estaduais de Meio ambiente, considerados os critérios de porte, potencial poluidor e natureza da atividade; ou

b) localizados em unidades de conservação instituídas pelo Município, exceto em Áreas de Proteção Ambiental (APAs);

XV – observadas as atribuições dos demais entes federativos previstas nesta Lei Complementar, aprovar:

a) a supressão e o manejo de vegetação, de florestas e formações sucessoras em florestas públicas municipais e unidades de conservação instituídas pelo Município, exceto em Áreas de Proteção ambiental (APAs); e

b) a supressão e o manejo de vegetação, de florestas e formações sucessoras em empreendimentos licenciados ou autorizados, ambientalmente, pelo Município.

CAPÍTULO I – DIRETRIZES GERAIS   89

3 – harmonizar as políticas e ações administrativas para evitar a sobre-posição de atuação entre os entes federativos, de forma a evitar conflitos de atribuições e garantir uma atuação administrativa eficiente;

4 – garantir a uniformidade da política ambiental para todo o País, respeitadas as peculiaridades regionais e locais.

Não há dúvida, por via de consequência, que, a partir da Constituição Federal de 1988 e, agora, por força do Estatuto da Cidade em face de atuali-zações/modificações ocorridas, não só o Município ganha força fundamen-tal na ordem jurídica constitucional em face dos deveres constitucionais ambientais que lhe são atribuídos (vez que se identifica com a cidade, pas-sando a gerenciá-la, conforme já tivemos oportunidade de aduzir), como a própria função social da cidade e, portanto, do município só será cumprida quando proporcionar aos seus habitantes uma vida com qualidade, propi-ciando de fato e de direito o exercício dos direitos fundamentais em estrita consonância com o que o art. 225 da CF preceitua[47].

---

47 STJ, 2.ª Turma, REsp 1.113.789-SP, Ministério Público do Estado de São Paulo x Gildo Benicio dos Santos, rel. Min. Castro Meira, j. 19-6-2009: Município é responsável solidário por dano ambiental causado por lo-teamento clandestino.

Se o município não impede a consumação do dano ambiental e o prejuí-zo ao erário, deve ser responsabilizado conjuntamente com aqueles que promoveram loteamento clandestino, sendo parte legítima para figurar no polo passivo da ação civil pública. A conclusão é da 2.ª Turma do Superior Tribunal de Justiça, ao dar provimento ao recurso do Ministé-rio Público de São Paulo contra o município de São Paulo e espólio de G.B.S. na ação civil pública, o Ministério Público do Estado de São Paulo pediu a condenação do município e do espólio por improbidade admi-nistrativa e parcelamento do solo em desacordo com a legislação vigen-te. Em primeira instância, a ação foi julgada parcialmente procedente, tendo o juiz excluído o município do processo por entender que, se o Poder Público atua dentro dos limites da lei, não é possível imputar a ele responsabilidade.

Insatisfeito, o Ministério Público apelou, sustentando a legitimidade do município para responder pelos danos. Segundo o órgão ministerial, é responsabilidade do município a adequação de loteamento irregular às exigências legais, bem como a promoção das medidas que levem à recu-peração dos danos causados ao meio ambiente, devendo responder so-lidariamente com os responsáveis pelos loteamentos por quaisquer da-nos ao ambiente e prejuízo ao erário.

90 ESTATUTO DA CIDADE COMENTADO

Como já tivemos oportunidade de salientar em nosso *Curso de direito ambiental brasileiro*[48], podemos identificar algumas funções fundamentais no

Ao julgar a apelação, o Tribunal de Justiça de São Paulo (TJSP) manteve a sentença. "Não é possível atribuir ao município a responsabilidade, que é do loteador, obrigando-o a regularizar todo e qualquer loteamento, quando na verdade deve o loteamento ser embargado e despejados aqueles que ocupam a área urbana de forma ilegal", afirmou o desembargador.

Ainda segundo o magistrado, não foi o município que deu causa aos danos ambientais, mas sim todos aqueles que, de forma direta, promoveram o desmatamento, ou dele se aproveitaram para auferir lucro, ou, a pretexto de "exercer o direito de moradia", dilapidaram o patrimônio natural. "A responsabilidade por danos causados por loteamento clandestino é do loteador e dos compradores dos lotes ilegais e não do município, sendo isento o administrador que agiu dentro dos limites da lei", reiterou o TJSP.

O Ministério Público de São Paulo recorreu, então, ao STJ, com base nas alíneas *a* e *c* do inciso III do art. 105 da CF/1988, apontando violação do art. 40 da Lei 6.766/1979. "O 'poder' atribuído ao município pelo dispositivo de lei citado deveria ser compreendido como 'dever', dada a natureza vinculada da determinação", afirmou o MP.

Após examinar o caso, a 2.ª Turma deu provimento ao recurso especial, concordando com os argumentos do MP. "Para evitar lesão aos padrões de desenvolvimento urbano, o Município não pode eximir-se do dever de regularizar loteamentos irregulares, se os loteadores e responsáveis, devidamente notificados, deixam de proceder às obras e melhoramentos indicados pelo ente público", afirmou o relator do caso, Min. Castro Meira.

Segundo o relator, o fato de o município ter multado os loteadores e embargado as obras realizadas no loteamento em nada muda o panorama, devendo proceder, ele próprio e às expensas do loteador, nos termos da responsabilidade que lhe é atribuída pelo art. 40 da Lei 6.766/1979, à regularização do loteamento executado sem observância das determinações do ato administrativo de licença.

"Se o município de São Paulo, mesmo após a aplicação da multa e o embargo da obra, não avocou para si a responsabilidade pela regularização do loteamento às expensas do loteador, e dessa omissão resultou um dano ambiental, deve ser responsabilizado, conjuntamente com o loteador, pelos prejuízos daí advindos, podendo acioná-lo regressivamente", concluiu Castro Meira.

48 *Vide*, desde sua primeira edição, FIORILLO, Celso Antonio Pacheco. *Curso de direito ambiental brasileiro*. São Paulo: Saraiva (atualmente na 19.ª edição, 2019).

CAPÍTULO I – DIRETRIZES GERAIS 91

âmbito da cidade. Todavia, em pleno século XXI, e evidentemente em decorrência da realidade brasileira, caberia destacarmos três principais funções que, necessariamente, deverão se compatibilizar com a dignidade da pessoa humana (art. 1.º, III, da CF): a *moradia*, o *trabalho* e o *consumo*. Destarte, o direito à moradia, claramente associado à ideia de casa[49] como asilo fundamental e básico para o exercício elementar dos direitos fundamentais de qualquer brasileiro e estrangeiro que residam em nosso País (*vide* art. 5.º, X e XI, da CF), estabelece apenas um ponto de partida na estrutura das cidades na medida em que qualquer pessoa humana necessitará ter acesso aos bens fundamentais destinados à sua sobrevivência (produtos e serviços) colocados à disposição pelos fornecedores dentro da ordem econômica disciplinada juridicamente em nosso País (art. 170 da CF).

Por via de consequência, o acesso ao consumo[50] integra a estrutura das cidades (*vide* o inciso VIII do art. 2.º, que ratifica como diretriz geral a "ado-

---

49 Como explica Daniel Roche em sua obra *História das coisas banais* – Nascimento do consumo nas sociedades do século XVII ao XIX, "a casa está no centro da vida humana, tanto para os historiadores quanto para os antropólogos; ela é a marca mais visível da ocupação humana desde os tempos mais remotos". Todavia, lembra o autor que, "se a casa estava no centro da vida de todos os homens, devemos apesar disso distinguir a habitação, elemento significativo das sociedades humanas, e a moradia, que envolvia as práticas e as múltiplas utilizações da casa rural ou citadina, local da vida familiar e das relações sociais, símbolo do poder. Gaston Bachelar já convidava a decifrar essa complexidade das representações e das realidades da casa, do lar: O que há de mais real? A própria casa onde dormimos ou a casa onde, dormindo, iremos fielmente sonhar? Não sonho em Paris, nesse cubo geométrico, nesse alvéolo de cimento, nesse quarto de janelas de ferro tão hostis à maneira noturna. Quando os sonhos me são propícios, vou para uma casa de campo, ou para algumas casas onde se condensam os mistérios da felicidade".

50 Os ilustres mestres Milton Santos e Maria Laura Silveira destacam que "foi nos últimos vinte anos que o Brasil conheceu uma extraordinária expansão dos consumos materiais e imateriais" e que essa difusão não poderia ter sido realizada sem a cooperação do crédito. Os autores informam que "em 1999 havia 24 milhões de cartões de crédito no Brasil, detidos por pessoas que recebem mais de cinco salários mínimos". Todavia, explicam que amplas camadas da população, abaixo do referencial de cinco salários mínimos e não tendo acesso a cheques, vieram a constituir um alvo novo para determinado grupo de bancos, financeiras

92 ESTATUTO DA CIDADE COMENTADO

ção de padrões de produção e consumo de bens e serviços e de expansão urbana compatíveis com os limites da sustentabilidade ambiental, social e econômica do Município e do território sob sua área de influência"), restando evidente apontar algumas das necessidades adstritas ao tema que efetivamente deverão integrar uma série de reflexos de ordem jurídica: circulação, informação e, principalmente, opções destinadas a *disponibilizar* possibilidades de trabalho para que a pessoa humana, *vendendo* sua força física/psíquica, possa ter acesso aos produtos bem como aos serviços antes mencionados.

A estrutura jurídica do meio ambiente artificial, ora organizada pelo Estatuto da Cidade, conviverá, portanto, com dois outros subsistemas normativos, a saber, o laboral e o de consumo, indicando claramente os três grandes *campos* na área jurídica que o profissional de direito terá de enfrentar no sentido de bem compreender as diretrizes gerais adaptadas aos objetivos da política urbana: o direito ambiental, o direito do trabalho e o direito das relações de consumo.

---

e supermercados, que teriam decidido "financeirizar" aludida faixa da população, inclusive criando o cartão de crédito popular, que funciona como um crédito pré-aprovado, proporcional à renda, e que pode ser usado em redes comerciais credenciadas (em 1997 havia 15 redes de supermercados que, em parceria com a Fininvest, emitiram 140.000 cartões, conseguindo com isso não só clientes cativos como propiciando enormes lucros com os juros decorrentes do parcelamento das compras). Daí a afirmação dos professores no sentido de estabelecer que "todos esses mecanismos constituem verdadeiros impulsores do consumo. Se o número de cartões de crédito dobrou entre 1991 e 1996, o número de vezes em que os cartões foram utilizados em transações cresceu 2,5 vezes e o valor dessas transações aumentou mais de três vezes". Por outro lado, sublinham que "a mídia e as instituições financeiras, vetores de um processo de difusão da informação e de creditização da sociedade e do território, constituem bases insubstituíveis da criação e expansão do consumo". Acrescente-se ainda a importante expansão da indústria cultural, bem como do ramo de seguros, objeto de "formidável ampliação de consumidores" em conexão com interessante ideia afirmada pelos autores da obra *O Brasil*: território e sociedade no século XXI, de que "a vida moderna, sobretudo nas cidades maiores, alimenta medos ancestrais e cria medos inéditos, que levam à oferta de um vasto leque de seguros, cuja extensa classificação é alimentada pela necessidade de prever riscos cada vez mais diversificados" (p. 224).

Capítulo I – Diretrizes Gerais   **93**

Todos os incisos vinculados ao art. 2.º procuram, na verdade, tratar, com pormenores, da integração dos bens de uso comum do povo – os bens ambientais[51] – em face das necessidades concretas dos habitantes da cidade, pessoas humanas portadoras de dignidade que desenvolvem seus afazeres na ordem econômica capitalista. Cabe observar que, embora o capitalismo, como opção do sistema constitucional brasileiro, possa ter definição ampla[52], é certo que consiste tão somente em um dos elementos – muito importante, é verdade – da complexa sociedade brasileira e do Estado Democrático de Direito, em que a ordem econômica visa proteger, de forma clara e inequívoca, o direito à vida digna. O legislador é explícito ao reafirmar referida integração quando salienta diretriz de ordenação e controle do uso do solo de forma a evitar a poluição[53 a 55] e a degradação ambiental (art. 2.º, VI, *g*).

---

51   Para uma visão aprofundada da natureza jurídica dos bens ambientais, *vide* FIORILLO, Celso Antonio Pacheco. *Curso de direito ambiental brasileiro*. São Paulo: Saraiva, 2019.

52   *Vide* ensinamento de Gian Enrico Rusconi em nossa obra *O direito de antena...*, cit., p. 23.

53   Entre as hipóteses de poluição merecem destaque no meio ambiente artificial a poluição de recursos hídricos, a poluição sonora, a poluição visual, a poluição atmosférica e a poluição por resíduos sólidos (lixo). *Vide* FIORILLO, Celso Antonio Pacheco; FERREIRA, Renata Marques. *Tutela jurídica da saúde em face do direito ambiental brasileiro*: saúde ambiental e meio ambiente do trabalho. Rio de Janeiro: Lumen Juris, 2018.

54   Os 25 desembargadores do Órgão Especial do Tribunal de Justiça de São Paulo julgaram constitucional, em 30-7-2008, a Lei Cidade Limpa. As empresas de mídia externa da cidade de São Paulo contestaram a constitucionalidade nas ações contra a lei que entrou em vigor no dia 1.º de janeiro de 2007.

55   Rcl 2913-SP, L.E.C. *Outdoor* Comunicação Visual Ltda. *x* Órgão Especial do TJSP, rel. Min. Presidente do STJ (saída para o STF em 20-2-2009): STJ não acolhe pedido de suspensão da Lei Cidade Limpa de São Paulo. O Superior Tribunal de Justiça (STJ) não acatou reclamação de empresas de publicidade exterior da cidade de São Paulo contra dispositivos da lei municipal conhecida como Cidade limpa, que praticamente erradicou anúncios publicitários no mobiliário urbano da capital paulista. O presidente do STJ, Min. Cesar Rocha, negou seguimento à reclamação e a encaminhou ao Supremo Tribunal Federal, uma vez que os fundamentos da ação são de natureza constitucional. As empresas L&C *Outdoor*

94   ESTATUTO DA CIDADE COMENTADO

Destarte, a propriedade urbana deixa de ter natureza jurídica regrada única e exclusivamente pelos valores tradicionalmente situados pelos subsistemas do direito civil ou do direito administrativo e assume decididamente feição constitucional, ou seja, a propriedade urbana tem natureza jurídica constitucional e seus diferentes aspectos, a partir do Estatuto da Cidade, passam a ser regrados pela Lei 10.257/2001.

Devemos ainda observar que as regras constitucionais de tributação e orçamento, em decorrência das diretrizes gerais abordadas pelo art. 2.º, reve-

---

Comunicação Visual Ltda. e Publicidade Kilmes São Paulo Ltda. propuseram medida cautelar contra a Lei 14.223, de 26-9-2006, para garantir o exercício de suas atividades e impedir que a prefeitura lhes impusesse quaisquer das penalidades previstas pela lei aprovada para acabar com a poluição visual na cidade de São Paulo. O pedido de liminar foi indeferido pela 5.ª Vara da Fazenda Pública local. As empresas recorreram e tiveram o pedido concedido pela 4.ª Câmara de Direito Público do Tribunal de Justiça do Estado de São Paulo (TJSP). A Prefeitura interpôs recurso extraordinário, ao qual foi negado seguimento. A Prefeitura recorreu, então, ao presidente do TJSP, que determinou a suspensão apenas das ordens liminares concedidas pela primeira instância, ressaltando ser a presidência daquele tribunal incompetente para suspender ordens liminares prolatadas por desembargadores do próprio tribunal.um agravo regimental (espécie de recurso) apresentado em seguida pela Prefeitura, no entanto, foi provido pelo Órgão Especial do TJSP, por 12 votos a 11, determinando "suspender todas as liminares e tutelas antecipadas concedidas em segundo grau até o julgamento de mérito de cada ação".

As empresas, que pretendiam suspender os efeitos dos arts. 40 e 44 da Lei Cidade Limpa, exatamente aqueles que obrigam à retirada de todos os anúncios publicitários, inclusive estruturas de sustentação na cidade de São Paulo, entraram então com reclamação junto ao STJ, alegando que o TJSP e seu então presidente teriam usurpado competência da corte superior.

Informações solicitadas ao próprio TJSP, pareceres e antecedentes, assinalou o presidente do STJ em sua decisão, deixam claro que o acórdão que deferiu a liminar na ação cautelar em favor das empresas reclamantes está assentado em fundamento exclusivamente constitucional.

"Ainda que, em tese, tivesse havido usurpação de competência, esta não seria do Superior Tribunal de Justiça, porquanto a discussão envolve matéria nitidamente constitucional", consignou Cesar Rocha em sua decisão de negar seguimento à reclamação no âmbito do STJ e determinar a remessa do feito ao Supremo Tribunal Federal.

CAPÍTULO I – DIRETRIZES GERAIS **95**

lam claramente o intuito do legislador de estabelecer nova relação entre o fisco e o contribuinte adaptada à dignidade da pessoa humana[56]. A adequação dos instrumentos de política tributária e financeira, bem como dos gastos públicos, passa, portanto, a ter vinculação direta com os objetivos do desenvolvimento urbano (art. 2.º, X), de modo a privilegiar os investimentos geradores de bem-estar geral assim como fruição dos bens adaptada a cada um dos segmentos sociais, ou seja, tanto os segmentos que vivem nos denominados estabelecimentos regulares como os segmentos que vivem principalmente nos estabelecimentos irregulares[57]. Não foi outro o intuito da lei a não ser o de facilitar o acesso à cidade daqueles que vivem nos denominados estabelecimentos irregulares, inclusive adotando, também como diretriz, a proteção, preservação e recuperação do meio ambiente natural (terra, água, ar, flora, fauna e minerais) e construído (estrutura material dos equipamentos chamados urbanos) em face do meio ambiente cultural[58], principal valor do direito ambiental, responsável pela identidade do povo brasileiro (art. 2.º, XII).

Outrossim, assume extraordinário relevo, como diretriz geral vinculada aos objetivos da política urbana, o planejamento do desenvolvimento das cidades, da distribuição espacial da população e das atividades econômicas do município e do território sob sua área de influência de acordo com critérios que harmonizem os bens ambientais naturais em face do meio ambiente artificial (art. 2.º, IV), de molde a evitar bem como corrigir as distorções do crescimento urbano e seus efeitos negativos em face do meio ambiente natural.

Ressalte-se, por derradeiro, que, conforme tivemos a oportunidade de comentar, a política urbana fixada no art. 2.º da Lei 10.257, de 10-7-2001, tem como objetivo regrar a cidade de acordo com as necessidades da pessoa humana, no âmbito da ordem econômica capitalista, observando-se o Piso Vital Mínimo. Doravante, as regras de outros subsistemas jurídicos passarão a ter importância secundária, ampliando-se a atuação do sistema de direito

---

56 *Vide*, de forma aprofundada, FIORILLO, Celso Antonio Pacheco; FERREIRA, Renata Marques. *Direito ambiental tributário*. 4. ed. São Paulo: Saraiva, 2018.

57 *Vide*, na presente obra, nossa Introdução – O que é uma cidade?

58 Para compreender a estrutura jurídica do denominado meio ambiente cultural, *vide* nosso *Curso de direito ambiental brasileiro*, cit., p. 179 a 190.

96   Estatuto da Cidade Comentado

constitucional em sintonia com os subsistemas de direito ambiental, direito do trabalho e direito das relações de consumo.

Daí a necessidade de destacarmos a garantia do direito a *cidades sustentáveis* (art. 2.º, I), destinadas aos habitantes em decorrência de cada um dos deveres impostos ao Poder Público municipal e, por via de consequência, direitos assegurados aos cidadãos, a saber:

1. Direito à terra urbana

O direito à terra urbana[59], estabelecido no art. 2.º, I, do Estatuto da Cidade, assegura a brasileiros e estrangeiros residentes no País o uso de

---

59   A Constituição Federal menciona a existência de terras devolutas, de terras tradicionalmente ocupadas pelos índios, de terras públicas (art. 188), assim como de terras ocupadas pelos remanescentes das comunidades dos quilombos, merecendo destaque os seguintes dispositivos em decorrência da tutela constitucional ambiental:

1) art. 20, II (terras devolutas indispensáveis à preservação ambiental definidas em lei) – embora o conceito de terra devoluta – "como terra do Poder Público não titulada, ou, apesar de titulada, foi a este devolvida, em virtude de infração às disposições legais e contratuais", na lição de Octavio Mello Alvarenga – esteja adstrito originariamente à antiga visão de um direito hoje superado (a aquisição de bens por devolução já podia ser observada no Livro 31 do Digesto, Título 2.º, Tratado dos Legados e Fideicomissos, Lei 77, de Papiniano, parágrafo 29, a saber, *jure successinis ad duos ajusdem gradus possessione devoluta*, bem como o Livro 49, Título 14, do Direito do Erário, fragmento 30 de Marciano, a saber, *ne procuratores Caesaris, bonarum actores ad fiscum devoluta sunt alienent, Imperatores Sevrus et Antonius rescripserunt*), seguramente não estamos cuidando do instituto de reversão ao patrimônio público estruturado a partir das Ordenações, que se referiam, em geral, às datas de sesmaria concedida em Portugal ("E os que tiverem doações e privilégios para dar os Tabeliães per suas Contas, como fica declarado, havemos por bem, que lhes possam dar os Regimentos de seus Officios, assi como se lhes daria pelo Chanceler Mor em nossa Cancellaria, vindo a ella tirar as Cartas de seus Officios. E não dem outros Regimentos, senão os conteúdos em nossa Ordenações. E não cumprindo assi, perderão a data do ditto Officio, e dahi em diante ficará devoluta a nós") ou mesmo dos demais institutos existentes posteriormente até a edição da Lei de Terras de 1850. O que estabelece a Carta Magna em vigor é o controle de território destinado ao uso comum do povo (art. 225) a ser devidamente ge-

Capítulo I – Diretrizes Gerais   97

determinada porção territorial no âmbito das cidades (dentro de sua natureza jurídica de bem ambiental), para que possam realizar as atividades fundamentais vinculadas às suas necessidades de existência digna dentro da ordem econômica do capitalismo. Definida cientificamente como super-

renciado pela união. Daí a Constituição Federal ter também disciplinado o tema no âmbito do § 5.º do art. 225 ("São indisponíveis as terras devolutas ou arrecadadas pelos Estados, por ações discriminatórias, necessárias à proteção dos ecossistemas naturais").

2) art. 20, XI (terras tradicionalmente ocupadas pelos índios) – indicadas que estão no art. 20 de nossa Carta Magna, as terras tradicionalmente ocupadas pelos índios são juridicamente bens ambientais, consideradas de natureza difusa, geridas e protegidas pelo Poder Público, visando assegurar a plena manifestação da cultura indígena (arts. 215, § 1.º, e 216), particularmente em decorrência de suas especificidades (arts. 231 e 232).

Adotando nossa visão, o STF teve a oportunidade de apreciar o tema, conforme ADI 4.269-DF, rel. Min. Edson Fachin, j. 18-10-2017, Tribunal Pleno, *DJe-019* divulg. 31-1-2019, public. 1.º-2-2019.

3) art. 188 (terras públicas a ser compatibilizadas com a política agrícola e com o plano nacional de reforma agrária) – conforme orientação fixada pelo STF em face da ADI 4.269, a saber "a necessidade de regularização fundiária dessas áreas, em sua maioria ocupadas por pequenos e médios proprietários que retiram seu sustento dos recursos da região amazônica, e que produzem de forma sustentável sem agressões ao meio ambiente, é medida que representa o cumprimento da função social da propriedade, em especial quando se trata das comunidades tradicionais que ali habitam, nos termos do que dispõe o art. 188 da Lei Maior, que dispõe que as terras públicas federais, devolutas ou arrecadadas, devem ter sua destinação voltada, preferencialmente para o desenvolvimento da política agrícola e propiciar uma melhor distribuição de terras por meio da reforma agrária".

4) art. 68 do ADCT (aos remanescentes das comunidades dos quilombos que estejam ocupando suas terras é reconhecida a propriedade definitiva) – indicadas que estão no Ato das Disposições Constitucionais Transitórias, as terras que estejam ocupadas pelos remanescentes das comunidades dos quilombos são juridicamente bens ambientais, consideradas de natureza difusa e protegidas pelo Poder Público, visando assegurar a plena manifestação da cultura afro-brasileira (arts. 215, § 1.º, e 216). Ratificando nossa interpretação, *vide* orientação do Ministro Luiz Fux no âmbito da ADI 4.269.

98 ESTATUTO DA CIDADE COMENTADO

fície sólida da crosta terrestre, onde pisamos, construímos, vivemos, passou a terra a ser definida como urbana evidentemente sob os conceitos e as diretrizes gerais observados no Estatuto da Cidade e principalmente no âmbito imediato do que estabelecem os arts. 182 e 183 da Constituição Federal. Entendida, pois, como solo, é também observada no plano jurídico infraconstitucional como recurso ambiental, conforme definem os arts. 3.º, V, da Lei 6.938/1981 e 2.º, IV, da Lei 9.985/2000, sendo, portanto, um bem ambiental.

Além disso, a terra urbana, no plano das cidades sustentáveis, não deixa de ser um dos fatores de produção, ao lado do capital e do trabalho – arts. 1.º, IV, e 170 da Constituição Federal –, mas inserida no denominado processo social de século XXI, em que a mudança populacional do campo para as cidades – migração – informa de maneira clara a necessidade de distribuir a população em determinado espaço territorial. Por via de consequência, o relevante em nosso País, no que se refere ao tema ora enfrentado, não está mais associado única e exclusivamente ao número de habitantes existentes – aproximadamente 209 milhões de pessoas humanas –, mas à forma como eles estão distribuídos num determinado território, aspecto de enorme importância quando se constatam os impactos ambientais que a presença da pessoa humana pode provocar não só no meio ambiente natural, mas no meio ambiente globalmente considerado (meio ambiente artificial, meio ambiente do trabalho etc.).

O direito à terra urbana se caracteriza como fundamental à pessoa humana, na medida em que é a partir do território que todos os demais direitos fundamentais assegurados pela Constituição Federal poderão ser realizados/exercidos concretamente, em proveito dos brasileiros e estrangeiros residentes no País.

2. Direito à moradia

Como adverte o Ministro Edson Fachin, "diante da previsão constitucional expressa do direito à moradia (art. 6.º da CF) e do princípio da dignidade humana (art. 1.º, III, da CF), é consentâneo com a ordem normativa concluir não ser discricionário ao poder público a implementação de direitos fundamentais, mas apenas a forma de realizá-la"[60].

---

60 "Agravo regimental em recurso extraordinário com agravo. Direito fundamental à moradia. Imóvel público. Loteamento irregular. Inércia do

Com efeito.

O direito à moradia apontado no art. 2.º, I, do Estatuto da Cidade assegura a brasileiros e estrangeiros residentes no País o uso de determinada porção territorial no âmbito das cidades (dentro de sua natureza jurídica de bem ambiental), denominado *direito* à *casa* (art. 5.º, XI, da CF)[61], para que

---

poder público. Diretrizes e instrumentos da política urbana. Aplicabilidade. Agravo Regimental desprovido. 1. É firme o entendimento deste Tribunal de que o Poder Judiciário pode, sem que fique configurada violação ao princípio da separação dos Poderes, determinar a implementação de políticas públicas em defesa de direitos fundamentais. 2. O exercício do poder de polícia de ordenação territorial pode ser analisado a partir dos direitos fundamentais, que constituem a toda evidência, o fundamento e o fim da atividade estatal. 3. Na presença de instrumentos do Estatuto das Cidades (Lei n. 10.257/01) para efetivar as diretrizes constitucionais, é razoável exigir do poder público medidas para mitigar as consequências causadas pela demolição de construções familiares erigidas em terrenos irregulares. 4. Diante da previsão constitucional expressa do direito à moradia (art. 6.º, CF) e do princípio da dignidade humana (art. 1.º, III, CF), é consentâneo com a ordem normativa concluir não ser discricionário ao poder público a implementação de direitos fundamentais, mas apenas a forma de realizá-la. 5. Agravo regimental a que se nega provimento" (ARE 908.144 AgR-DF, 2.ª Turma, rel. Min. Edson Fachin, j. 17-8-2018, *DJe-175* divulg. 24-8-2018, public. 27-8-2018).

61 O particular que ocupa área pública não tem direito a indenização por benfeitorias que tenha construído, mesmo que a ocupação tenha ocorrido de boa-fé. Para a 2.ª Turma do Superior Tribunal de Justiça (STJ), as regras do direito civil não são aplicáveis aos imóveis públicos, já que as benfeitorias não só não beneficiam a administração Pública como geram custos ao erário em razão da demolição e recuperação das áreas. O caso trata de três "chácaras" da C.A. IAPI na região administrativa do Guará (DF). Os ocupantes afirmavam manter há mais de 20 anos a posse pacífica do local, tendo desenvolvido plantações diversas, casas, barracos, criadouros e outras obras. Possuíam também documento fornecido pelo Poder Público, chamado de "certificado para regularização fundiária". A T. argumentou que o certificado, além de não poder legitimar a ocupação ou provar propriedade, foi emitido por quem não detinha competência para o tema. O Tribunal de Justiça do Distrito Federal e Territórios (TJDFT) entendeu que, apesar de a área ser pública e não ser passível de usucapião ou posse, os ocupantes deveriam ser equiparados a possuidores de boa-fé para fins de indenização por benfeitorias. Mas, para o Min. Herman Benjamin, possuidor é aquele que tem, de fato, o exercício

100 ESTATUTO DA CIDADE COMENTADO

possam ter um local destinado a assegurar seu asilo inviolável com a finalidade de garantir fundamentalmente seu *direito à intimidade* (art. 5.º, XI), seu *direito à vida privada* (art. 5.º, X), assim como a *organização da sua família* (arts. 226 a 230).

O direito à moradia, no plano das cidades sustentáveis, deve ser compreendido, portanto, como um direito a espaço de conforto e intimidade

---

de algum dos direitos de propriedade, o que jamais ocorre em relação a áreas públicas. "O particular jamais exerce poderes de propriedade, já que o imóvel público não pode ser usucapido. O particular, portanto, nunca poderá ser considerado possuidor de área pública, senão mero detentor", explicou. O ministro ressaltou que, apesar de esse ponto já bastar para afastar o direito a compensação pelo Poder Público em razão de melhorias, o instituto da indenização pressupõe a existência de vantagem oriunda dessas obras para o real proprietário. E, no caso da administração, como esses imóveis são geralmente construídos com ilegalidades ambientais e urbanísticas, o Poder Público precisa demoli-los ou regularizá-los. "Seria incoerente impor à Administração a obrigação de indenizar por imóveis irregularmente construídos que, além de não terem utilidade para o Poder Público, ensejarão dispêndio de recursos do Erário para sua demolição", afirmou o relator. "Entender de modo diverso é atribuir à detenção efeitos próprios da posse, o que enfraquece a dominialidade pública, destrói as premissas básicas do princípio da boa-fé objetiva, estimula invasões e construções ilegais, e legitima, com a garantia de indenização, a apropriação privada do espaço público", completou. Segundo o ministro, a tolerância da administração não pode servir para afastar ou distorcer a aplicação da lei: "não fosse assim, os agentes públicos teriam, sob sua exclusiva vontade, o poder de afastar normas legais cogentes, instituídas em observância e como garantia do interesse da coletividade". Ainda segundo o relator, o entendimento da Turma não afasta o dever de o Estado amparar os que não possuem casa própria. Mas não seria razoável torcer as normas de posse e propriedade para atingir tais objetivos sociais e dar tratamento idêntico a ricos e pobres que ocupam ilegalmente bens que pertencem à comunidade e às gerações futuras. "Sim, porque, como é de conhecimento público, no Brasil, invasão de espaço público é prática corriqueira em todas as classes sociais: estão aí as praças e vias públicas ocupadas por construções ilegais de *shopping centers*, as Áreas de Preservação Permanente, inclusive no Pantanal e em dunas, tomadas por residências de lazer, às margens de rios e lagos abocanhadas por clubes, para citar alguns exemplos", concluiu (REsp 945.055).

CapÍtulo I – Diretrizes Gerais 101

destinado a brasileiros e estrangeiros residentes no País, adaptado a ser verdadeiro reduto de sua família. Assegurado no plano do Piso Vital Mínimo, por força do que estabeleceu a Emenda Constitucional 26, de 14-2-2000, ao modificar a redação do art. 6.º da CF, o direito à moradia tem previsão constitucionalmente estabelecida, traduzindo de forma didática a determinação constitucional, prevista no art. 225, de assegurar a todos o direito a um meio ambiente ecologicamente equilibrado, ou seja, um direito à vida da pessoa humana relacionada com o local onde vive.

O direito à moradia, por estar associado ao direito à casa e por ser a casa, como já afirmamos, o reduto da família, refletirá, de uma forma mais abrangente, como já tivemos oportunidade de aduzir[62], a sociedade da qual essa mesma família faz parte, ao mesmo tempo que é sua geradora. Daí ser fundamental considerar que o direito à moradia, no plano da legislação brasileira, deve necessariamente estar adaptado aos objetivos fundamentais da República Federativa do Brasil estabelecidos no art. 3.º da CF, em face das necessidades da família (observadas com fundamento constitucional fixado no art. 1.º, III), mas dentro dos parâmetros de possibilidade econômica de cada Poder Público municipal como executor da política de desenvolvimento urbano[63].

---

62 *Vide* nosso *Curso de direito ambiental brasileiro,* cit.

63 "A cláusula da reserva do possível – que não pode ser invocada pelo Poder Público, com o propósito de fraudar, de frustrar e de inviabilizar a implementação de políticas públicas definidas na própria Constituição – encontra insuperável limitação na garantia constitucional do mínimo existencial, que representa, no contexto de nosso ordenamento positivo, emanação direta do postulado da essencial dignidade da pessoa humana. (...) A noção de 'mínimo existencial', que resulta, por implicitude, de determinados preceitos constitucionais (CF, art. 1.º, III, e art. 3.º, III), compreende um complexo de prerrogativas cuja concretização revela-se capaz de garantir condições adequadas de existência digna, em ordem a assegurar, à pessoa, acesso efetivo ao direito geral de liberdade e, também, a prestações positivas originárias do Estado, viabilizadoras da plena fruição de direitos sociais básicos, tais como o direito à educação, o direito à proteção integral da criança e do adolescente, o direito à saúde, o direito à assistência social, o direito à **moradia**, o direito à alimentação e o direito à segurança. Declaração universal dos Direitos da Pessoa Humana, de 1948 (artigo XXV)" (ARE 639.337-AgR, rel. Min. Celso de Mello, j. 23-8-2011, 2.ª Turma, *DJe* 15-9-2011).

3. Direito ao saneamento ambiental

O direito ao saneamento ambiental[64 e 65], estabelecido no art. 2.º, I, do Estatuto da Cidade, assegura a brasileiros e estrangeiros residentes no País não só a preservação de sua incolumidade físico-psíquica (saúde) vinculada ao local onde vivem, espaço este em que o Poder Público municipal tem o dever de assegurar condições urbanas adequadas de saúde pública, inclusive relacionadas ao controle de águas, esgotos etc., como a preservação dos demais valores adaptados à tutela dos bens ambientais, adstritas a determinado meio em que referidas pessoas humanas se relacionam, obrigação também imposta ao Poder Público municipal no sentido de fazer cessar toda e qualquer poluição em face dos demais bens ambientais garantidos constitucionalmente (meio ambiente cultural, meio ambiente natural etc.).

Verifica-se que a tutela do saneamento ambiental pressupõe o dever do Poder Público municipal de assegurar condições necessárias no sentido

---

64 Matéria publicada pelo jornal *O Estado de São Paulo* em 27 de janeiro de 2019 informa que "oitava economia do mundo, o Brasil tem níveis de cobertura de água e esgoto bem piores que países como Iraque, Jordânia e Marrocos. Hoje, 100 milhões de brasileiros não têm acesso à coleta de esgoto e 35 milhões não são abastecidos com água potável – números que refletem a falta de prioridade que o setor teve nos últimos anos e explicam a proliferação de epidemias, como dengue e zika, além de doenças gastrointestinais no País".

65 Conforme matéria publicada em 11 de abril de 2019 pelo *Senado Notícias*, "o Brasil precisa duplicar o investimento em água e esgoto nos próximos anos para atender às necessidades de universalização do serviço de saneamento. E, para isso, precisará criar novas formas de financiamento para o setor, com a inclusão da iniciativa privada e o aumento das tarifas. A afirmação foi feita pelo especialista do Banco Mundial, Marcos Thadeu Abicalil, durante audiência pública que debateu a Medida Provisória 868/2018. Editada ainda durante o governo do ex-presidente Michel Temer, a MP altera o marco legal do saneamento básico no país. O debate foi realizado pela comissão mista que analisa o texto". Destaca a matéria que, "atualmente, o país investe 0,2% do Produto Interno Bruto (PIB) em água e esgoto. O especialista defendeu a entrada do setor privado para contornar a restrição fiscal de estados e municípios. Isso mudaria a realidade brasileira já que hoje 95% do serviço é prestado por empresas públicas. Sobre as tarifas, o representante do Banco Mundial declarou que, sem revisão do valor, o setor não será capaz de enfrentar o desafio de dobrar o investimento".

Capítulo I – Diretrizes Gerais 103

de restar garantida a saúde de mulheres e homens nas cidades, como componente do Piso Vital Mínimo fixado no art. 6.º da Constituição Federal, muito mais que pura e simplesmente organizar a denominada higiene pública (conceito hoje superado, em certa medida), para que a pessoa humana possa ter efetivado no plano jurídico seu bem-estar (bem-estar como estado de perfeita satisfação física e mental), como valor assegurado constitucionalmente, inclusive de forma imediata, no âmbito do meio ambiente artificial (art. 182 da CF)[66 e 67].

---

66   *Vide* ADI 1.842-RJ, rel. Min. Luiz Fux, rel. p/ acórdão Min. Gilmar Mendes, j. 6-3-2013, Tribunal Pleno, *DJe-181* divulg. 13-9-2013, public. 16-9-2013.

67   Conforme decidiu o Superior Tribunal de Justiça em 2007, qualquer cidadão brasileiro pode, individualmente, propor ação popular ambiental para tutelar o direito ao saneamento básico.

   Vide decisão abaixo do Superior Tribunal de Justiça, REsp 889.766-SP (2006/0211354-5), rel. Min. Castro Meira: "Administrativo. Ação popular. Interesse de agir. Prova pericial. Desnecessidade. Matéria constitucional. 1. O recurso especial não é a via adequada para análise da suscitada afronta ao art. 5.º, LXXIV e LV, da CF, cujo exame é da competência exclusiva da Suprema Corte, a teor do contido no art. 103 da Carta Magna. 2. As condições gerais da ação popular são as mesmas para qualquer ação: possibilidade jurídica do pedido, interesse de agir e legitimidade para a causa. 3. A ação popular pode ser ajuizada por qualquer cidadão que tenha por objetivo anular judicialmente atos lesivos ou ilegais aos interesses garantidos constitucionalmente, quais sejam ao patrimônio público ou de entidade de que o Estado participe, à moralidade administrativa, ao meio ambiente e ao patrimônio histórico e cultural. 4. A ação popular é o instrumento jurídico que deve ser utilizado para impugnar atos administrativos omissivos ou comissivos que possam causar danos ao meio ambiente. 5. Pode ser proposta ação popular ante a omissão do Estado em promover condições de melhoria na coleta do esgoto da Penitenciária Presidente Bernardes, de modo que cesse o despejo de elementos poluentes no córrego Guarucaia (obrigação de não fazer), a fim de evitar danos ao meio ambiente. 6. A prova pericial cumpre a função de suprir a falta ou insuficiência de conhecimento técnico do magistrado acerca de matéria extrajurídica; todavia, se o juiz entender suficientes as provas trazidas aos autos, pode dispensar a prova pericial, mesmo que requeridas pelas partes. 7. Recurso especial conhecido em parte e não provido. Acórdão: Vistos, relatados e discutidos os autos em que são partes as acima indicadas, acordam os Ministros da 2.ª Turma do Superior Tribunal de Justiça, por unanimidade, conhecer parcialmente do recurso e, nessa parte, negar-lhe provimento, nos termos do voto do Sr. Ministro Relator".

104 Estatuto da Cidade Comentado

A Lei 11.445/2007, ao estabelecer diretrizes nacionais para o saneamento básico, em nada alterou (nem poderia alterar) as orientações constitucionais aprofundadas pelo Estatuto da Cidade[68]. Reitera quais os princípios que deverão reger os serviços públicos de saneamento básico (art. 2.º), indicando a necessidade de realização do abastecimento de água, esgotamento sanitário, limpeza urbana e manejo de recursos sólidos de forma adequada à saúde pública e à proteção do meio ambiente (art. 2.º, III), *definindo juridicamente saneamento básico* como o conjunto de serviços, infraestruturas e instalações operacionais de abastecimento de água potável, esgotamento sanitário, limpeza urbana e manejo de resíduos sólidos, bem como drenagem e manejo de águas pluviais urbanas (art. 3.º, I, *a, b, c* e *d*). Estabelece, ainda, que o serviço público de limpeza urbana e de manejo de resíduos sólidos urbanos é composto pelas atividades de coleta, transbordo e transporte de resíduos (art. 7.º, I), de triagem para fins de reuso ou reciclagem, de tratamento, inclusive por compostagem, e de disposição final dos resíduos (art. 7.º, II) e de varrição, capina e poda de árvores em vias e logradouros públicos e outros eventuais serviços pertinentes à limpeza pública urbana (art. 7.º, III).

No plano do saneamento ambiental, alguns direitos materiais fundamentais vinculados à pessoa humana estruturam os valores de bem-estar e salubridade perseguidos pelo Estatuto da Cidade no que se refere às diretrizes que orientam seus objetivos, a saber:

3.1 – direito ao uso de águas[69 a 76]: (tanto as águas potáveis destinadas ao consumo da pessoa humana – o que deverá ser garantido em face de dis-

---

68 Informações fornecidas pela mídia no ano de 2011 indicavam que, embora continuasse muito distante a meta de universalização dos serviços, foram expressivos os avanços observados nos sistemas de abastecimento de água e de coleta e tratamento do esgoto sanitário no Brasil nos anos recentes. Investimentos que estiveram paralisados durante quase duas décadas foram retomados, segundo noticiado depois da aprovação da Lei Geral de Saneamento Básico em 2007, e os resultados têm sido animadores. As estatísticas do Ministério das Cidades mostravam que, entre 2008 e 2009, 1,6 milhão de domicílios foram ligados à rede de abastecimento de água. A rede de esgotamento sanitário recebeu 1,1 milhão de novas ligações.

69 O racionamento de água afetou quase um quarto (23%) dos municípios brasileiros em 2008, conforme revelado pelo *Atlas de Saneamento*, divul-

CAPÍTULO I – DIRETRIZES GERAIS 105

gado em 20-10-2011 pelo IBGE. Em 41% dessas cidades, o racionamento foi constante. Isso ocorreu em 528 municípios, dos quais 396 (75%) estão na Região Nordeste.

Outra informação do IBGE apontava que em 210 cidades brasileiras, vazamentos ou "gatos" (ligações clandestinas) fazem com que as operadoras percam no trajeto até o consumidor mais da metade da água captada para distribuição – grande parte dela tratada. Nesses municípios vivem 19 milhões de pessoas, ou 10% da população. A lista contém sete capitais: Boa Vista, Campo Grande, Maceió, Manaus, Porto Velho, Recife e Rio Branco.

Os resíduos de agrotóxicos são a segunda principal fonte de contaminação da água captada para distribuição para a população, atrás apenas do esgoto, mas à frente do lixo comum e dos rejeitos industriais. Dentre os municípios que fazem captação em mananciais superficiais, como rios e córregos, 6,24% registram contaminação por agrotóxico contra 8,47% que têm contaminação por esgoto, segundo o IBGE. Desde 2008, o Brasil é o principal consumidor mundial de agrotóxico.

70 "Princípio da subsidiariedade. Subtração. Água. O paciente foi denunciado porque se constatou, em imóvel de sua propriedade, suposta subtração de água mediante ligação direta com a rede da concessionária do serviço público. Anote-se que, à época dos fatos, ele não residia no imóvel, mas quitou o respectivo débito. Dessarte, é aplicável o princípio da subsidiariedade, pelo qual a intervenção penal só é admissível quando os outros ramos do Direito não conseguem bem solucionar os conflitos sociais. Daí que na hipótese em que o ilícito toma contornos meramente contratuais, e tem equacionamento no plano civil, não está justificada a persecução penal. Precedente citado: HC 14.337-GO, *DJ* 5-8-2002" (HC 197.601-RJ, j. 28-6-2011, rel. Min. Maria Thereza de Assis Moura).

71 Para um estudo completo sobre águas no atual Código Civil (Lei 10.406/2002), *vide* nosso *Curso de direito ambiental brasileiro*, cit.

72 STJ, SLS 1025-SC, Município de Barra Velha x Tribunal de Justiça de Santa Catarina, rel. Min. Presidente do STJ, j. 17-3-2009 (saída para o STF em 18-3-2009): STJ remete ao STF disputa judicial sobre concessão de 30 anos para serviços de abastecimento de água.

O presidente do Superior Tribunal de Justiça (STJ), Min. Cesar Asfor Rocha, negou seguimento ao pedido do município de Barra Velha (SC) contra a Companhia Catarinense de Águas e Saneamento (Casan) em ação que discute o fim do contrato de 30 anos de concessão dos serviços públicos de abastecimento de água na localidade. O ministro determinou, ainda, a remessa do pedido do município ao Supremo Tribunal Federal (STF) para decisão.

Segundo Cesar Rocha, como o pedido municipal apresenta dupla fundamentação, com questões de âmbito constitucional – que seriam da competência do STF – e infraconstitucional – referentes à legislação federal – da competência do STJ –, deve prevalecer a competência do STF. Por esse motivo e seguindo precedentes do Superior Tribunal sobre a mesma matéria, ordenou a remessa dos autos à Corte Constitucional.

Concessão por 30 anos. Em 1975, o município de Barra Velha firmou contrato de concessão com a Casan, "pelo prazo improrrogável de 30 anos", para exploração, ampliação e melhoramento dos serviços públicos de abastecimento de água e coleta e tratamento de esgoto sanitário no local. Em razão da proximidade do término do contrato de concessão (fim previsto para 2005), o município constituiu uma comissão especial para avaliar o sistema operacional de abastecimento de água e de coleta de esgoto.

O diagnóstico preliminar da comissão especial apurou a inexistência dos serviços de coleta e disposição de esgotos sanitários, além de deficiente prestação de serviços relativos à água. O grupo também avaliou preliminarmente como "lastimável estado de conservação dos equipamentos e edificações, constatando-se, inclusive, consideráveis danos ambientais ocasionados pela falta de esgoto e pela má exploração dos serviços hídricos por parte da concessionária (Casan)".

Diante do diagnóstico, o município editou o Decreto 3.045/2005, que extinguiu a concessão. A empresa foi notificada do decreto, mas se negou a devolver os serviços à Administração Pública. Por esse motivo, o município entrou com ação judicial para ter reconhecido seu direito de acesso aos bens utilizados para a prestação dos serviços referentes ao abastecimento de água na localidade e à posse deles, como as estações de tratamento, maquinários, instalações, entre outros.

Disputa judicial. O Juízo da Vara Única da Comarca de Barra Velha, onde tramita a ação, deferiu em decisão provisória o acesso do município aos bens, mas o julgado de primeiro grau foi modificado pelo Tribunal de Justiça de Santa Catarina (TJSC), que acolheu pedido da Casan. O TJSC determinou a permanência da concessão à Casan em caráter precário, até que seja efetivada indenização à concessionária pela transferência da posse dos bens ou a conclusão de que não é devido pagamento de indenização à empresa.

De acordo com o TJSC, o contrato de concessão deve perdurar até o fim dos levantamentos e avaliações efetivados pela comissão do município para que seja promovida a licitação para novo contrato de concessão dos serviços.

O município apresentou recursos especial e extraordinário (tipos de recursos judiciais) para tentar modificar a decisão do Tribunal de Justiça.

CAPÍTULO I – DIRETRIZES GERAIS 107

Os recursos foram admitidos e deverão subir ao STJ (recurso especial) e ao STF (recurso extraordinário). Além dos dois recursos, o município também encaminhou ao STJ pedido de suspensão de liminar e de sentença (tipo de ação judicial) para suspender de imediato a decisão do TJSC e retomar a posse dos bens relativos à prestação do serviço de abastecimento de água.

Para a defesa do município, a ordem do Tribunal de Justiça é ilegal e inconstitucional, revelando grave lesão à administração, à saúde, à economia e às finanças públicas. Segundo o município, o TJ prorrogou indefinidamente o convênio firmado entre a administração pública e a Casan. A defesa oficial afirma, ainda, haver sérios problemas de falta de água no local, além da péssima qualidade da água – questões que são objeto de ação civil pública proposta pelo Ministério Público para obrigar a administração a implantar a rede coletora e a estação de tratamento de esgoto no município.

Ao avaliar o pedido de suspensão de liminar e de sentença, o presidente do STJ, Min. Cesar Rocha, lembrou precedentes do Superior Tribunal no sentido de que, "havendo dupla fundamentação, constitucional e infraconstitucional, prevalece a competência do STF". Por isso, o pedido teve seguimento negado no STJ e será remetido ao Supremo Tribunal Federal.

73 A situação do abastecimento de água no Brasil, conforme revelou o *Atlas de Saneamento* lançado pelo IBGE em 22-3-2004, demonstra que a grande maioria dos brasileiros (76,1%) está ligada às redes de distribuição, chamando atenção os dados que informam que os vazamentos e ligações clandestinas fazem com que sejam perdidos 40% da água distribuída.

74 Rios poluídos, assim como terrenos onde a água da chuva se acumula, oferecem condições propícias para a disseminação de enfermidades, principalmente em reservas ambientais inseridas em centros urbanos. Estudo divulgado em novembro de 2003 e realizado por pesquisadores paulistas ligados ao Centro universitário Fundação Santo André e universidade de São Paulo revela que o Parque "Ecológico" do Tietê, localizado na periferia de Guarulhos na Grande São Paulo, se transformou em excelente hábitat para os culicídeos, insetos popularmente chamados de mosquitos, pernilongos, muriçocas ou carapanãs, que se adaptaram muito bem ao ambiente das cidades, passando a transmitir uma série de doenças às pessoas. O risco real de disseminação de doenças não só diz respeito às 4 mil pessoas que moram em bairros irregulares construídos ao redor do Parque "Ecológico", como aos 40 mil visitantes por mês que frequentam o local.

75 A Organização Mundial de Saúde (OMS) revelou, em abril de 2004, que o Brasil superou a Índia e hoje é o país com maior número de casos diagnosticados de lepra (hanseníase). Dos 122 países que registravam, em

108 ESTATUTO DA CIDADE COMENTADO

tribuição realizada por um fornecedor público, observada a possibilidade alternativa de atuação de fornecedor privado[77], conforme autoriza a legislação em vigor –, como aquelas destinadas à higiene)[78];

3.2 – direito a esgoto sanitário[79 a 86]: a saber, sistema destinado a receber

---

1990, altos índices de casos de lepra, apenas 10 ainda têm hoje a doença como um problema de saúde pública, 8 deles na África. A lepra é uma doença típica da miséria, da subnutrição e da falta de informação, sendo que seu controle depende, fundamentalmente, da fiscalização da autoridade sanitária.

76 O Tribunal de Justiça de São Paulo, exatamente no sentido de observar a importância da defesa da saúde em face da dignidade da pessoa humana, entendeu por bem ser pertinente o deferimento de tutela antecipada em face da Fazenda Pública em decorrência de ação de indenização por danos morais (consistente na internação para tratamento e recuperação de feridas) ajuizada por cidadão que ficou contaminado pela chamada *doença do rato* (leptospirose), quando ficou imerso até a cintura nas águas do rio Tietê que teriam inundado sua casa (4.ª Câmara de Direito Público, AI 139.235-5/0, rel. Des. Eduardo Braga, j. 2-12-1999).

77 Empresas privadas, embora possam comercializar água destinada ao consumo da população, estão submetidas à legislação em vigor, principalmente no que se refere às relações de consumo. Verifique-se julgado da 1.ª Turma do Superior Tribunal de Justiça (STJ), que, ao analisar recurso da União contra a empresa Águas Minerais Sarandi Ltda., de Barra Funda, Rio Grande do Sul (REsp 447.303, nov. 2003), entendeu que a fornecedora não poderia comercializar água mineral utilizando o *slogan "diet* por natureza" no rótulo da embalagem, na medida em que a empresa, embora possa fornecer água aos consumidores, não pode induzir os mesmos em erro fazendo publicidade considerada enganosa.

78 "Ação civil pública. Água e esgoto. Preço público. A Turma, em atenção à jurisprudência do STF, entendeu que a quantia recolhida a título de prestação de serviço de água e esgoto é preço público (tarifa) e não taxa. Consequentemente, é aplicável o CDC em casos de aumento de tarifa, inexistindo empecilho à defesa da usuária via ação civil pública, cuja legitimação é do MP, autorizada por lei. Precedentes citados: REsp 586.565-DF, *DJ* 7-2-2008; REsp 856.272-RS, *DJ* 29-11-2009; e REsp 417.804-PR, *DJ* 16-5-2005" (AgRg no REsp 856.378-MG, rel. Min. Mauro Campbell Marques, j. 17-3-2009).

79 O *Atlas de Saneamento 2011*, publicado pelo IBGE, visando uma adequada avaliação da Pesquisa de Saneamento Básico 2008, mostrou que somente 45,7% dos domicílios em todo o País têm acesso a redes de esgo-

Capítulo I – Diretrizes Gerais 109

tos sanitários. Frequentemente, são redes restritas a algumas áreas das metrópoles ou às sedes dos municípios menores. E 2.495 dos 5.564 municípios do País não contam com nenhum tipo de esgoto sanitário. O Estado de São Paulo, onde apenas um município não dispõe desse serviço, é a exceção.

80 Conforme divulgado pelo IBGE, em 21-12-2011, em estudo que integrou os resultados do Censo 2010, a rede de esgoto inadequada é o problema mais comum para quem mora em aglomerados subnormais no Brasil. aglomerados subnormais é o nome técnico dado pelo IBGE para designar locais como favelas, invasões e comunidades com, no mínimo, 51 domicílios.

Ao todo, a média de adequação é de 67,3% – índice considerado baixo pela OMS (Organização Mundial da Saúde). A OMS elenca abastecimento de água, coleta de lixo e rede coletora de esgoto como indicadores de saúde primordiais.

De acordo com o estudo, dos 67,3% de adequação do serviço em áreas com aglomerados subnormais, a maior parte, 56,3%, é composta por domicílios ligados à rede geral de esgoto, enquanto 11% referem-se aos que usam fossa séptica.

Segundo o IBGE, ocupações dos Estados do Amapá, de Roraima e do Tocantins não chegaram a atingir 8% de adequação dos domicílios. No Pará, que concentrou 70% dessas ocupações na região norte do país, a adequação atingiu 51,6% – abaixo ainda da média nacional.

81 **Coleta de esgoto é apontada como prioridade de serviços, diz estudo do instituto Trata Brasil/Ibope.** Contar com os serviços públicos de coleta de esgoto está entre as prioridades de uma base representativa de brasileiros, embora nem todos saibam que esta é uma questão de saneamento básico. Essa foi uma das conclusões constatadas em um estudo realizado em 2009 pelo Instituto Trata Brasil (organização que reúne grandes empresas), em parceria com o Instituto Brasileiro de Pesquisa e Opinião Pública e Estatística (Ibope).

A pesquisa foi feita em junho de 2009 com 1.008 pessoas de 79 cidades do País com mais de 300 mil habitantes. No levantamento, foi apurado que 31% dos brasileiros desconhecem o que significam, na prática, as ações de saneamento básico. Porém, quando solicitados a eleger as obras que consideram mais necessárias, os serviços de esgoto apareceram em primeiro lugar. Na avaliação de Raul Pinho, presidente do Instituto Trata Brasil, o resultado dessa pesquisa pode ajudar a definir políticas de aplicação dos recursos. Ele também defende que a população deve tomar conhecimento de projetos que vêm sendo desenvolvidos por meio do Programa de Aceleração do Crescimento (PAC).

Ele salienta que as cobranças devem se voltar para a administração pública municipal. "A população sabe que o responsável pela má qualida-

110 ESTATUTO DA CIDADE COMENTADO

de de vida ou problemas de saúde por não ter esgoto coletado e tratado é o prefeito. Não é um problema do Governo do Estado ou do Governo Federal – quem tem de resolver o problema na ponta é o prefeito", declarou Pinho.

Dos entrevistados, 54% apontaram a necessidade de esgoto, seguida de serviços de água (28%), coleta de lixo (15%), limpeza pública (14%) e pavimentação (8%). A maioria (77%) acredita que a casa onde mora conta com coleta de esgoto da rede pública. Mas dados do Sistema nacional de Informações sobre Saneamento, do Ministério das Cidades, indicam que metade da população brasileira não tem acesso aos serviços.

Outro aspecto detectado é que os moradores de áreas sem atendimento de coleta da rede pública têm interesse no serviço de escoamento, porém a metade não está disposta a pagar pelos serviços. Desse universo, 41% responderam que não gastariam nada e 28% estão indecisos.

Quanto à avaliação dos serviços prestados, o índice de satisfação é maior entre os moradores dos Estados da região Sul (61%). Já os insatisfeitos vivem em cidades da região Nordeste e são mais escolarizados (34%).

No *ranking* de áreas mais problemáticas, o esgoto obteve a sétima colocação e foi apontado por 10% dos entrevistados. Saúde obteve o primeiro lugar (49%), seguido de segurança (46%), drogas (40%), educação (28%), emprego (27%), calçamento e pavimentação (11%) e limpeza pública (11%) (Fonte: http://www.agenciabrasil.gov.br/noticias/2009/08/12/materia.2009-08-12.9497008023/view).

82 **Água – esgotos paulistas.** "Num anúncio publicado na revista *Foreign Policy*, a Sabesp e o governo de São Paulo informam que cuidam da boa qualidade da água que fornecem aos seus clientes e que esse serviço 'continua na estação de tratamento de esgotos, afinal, reciclar a água é uma questão de honra para a Sabesp, honra e respeito'. Lorota. A Sabesp despeja esgoto *in natura* em 6.670 pontos de rios e córregos de São Paulo. na mesma publicação o presidente da empresa, Gesner de Oliveira, reconhece que só trata 70% do material recolhido pelos esgotos. Talvez seja o caso de se criar uma estação de tratamento para a publicidade da Sabesp" (coluna de Elio Gaspari, *FSP*, 3 maio, Brasil, p. A11).

83 A Síntese de Indicadores Sociais 2002 do IBGE mostrou que 80% dos domicílios dos 10% mais ricos têm saneamento adequado, contra os 35,5% dos 40% mais pobres. O *Atlas de Saneamento* do IBGE, lançado em 22-3-2004, informa que chega a 102 milhões de pessoas, cerca de 60% da população, a parcela de brasileiros que não tem acesso à rede de esgotos.

84 Os números do esgoto, indicados pelo *Atlas de Saneamento* do IBGE de 2004, indicavam situações extremas. Na Região Norte, a quase totalidade (97,2%) dos moradores não é atendida. Dos Estados, Tocantins tem o pior serviço (98,7% dos habitantes não estão ligados à rede), sendo a

Região Sudeste de maior abrangência (73,6% da população contam com rede coletora). A Região Sul, uma das mais desenvolvidas do País, apresenta um índice ruim (só 26% da população atendidos), apesar de as principais cidades apresentarem uma rede geral, sendo grande o número de pequenos municípios nos Estados da região onde é muito difundido o uso de fossas sépticas.

85 A coleta de esgoto urbano é de responsabilidade inequívoca do Município, como gerente da cidade em decorrência do que podemos interpretar da análise da Carta Magna, sendo certo que a Lei 11.445/2007 em nada afeta (nem poderia afetar) a orientação da Constituição Federal. O Superior Tribunal de Justiça, em decisão relativamente recente, estabeleceu interpretação extremamente didática, conforme indicamos a seguir: "Direito administrativo e ambiental. Arts. 23, VI, e 225, ambos da Constituição Federal. Concessão de serviço público. Responsabilidade objetiva do Município. Solidariedade do poder concedente. Dano decorrente da execução do objeto do contrato de concessão firmado entre a recorrente e a companhia de saneamento básico do Estado de São Paulo – Sabesp (delegatária do serviço municipal). Ação civil pública. Dano ambiental. Impossibilidade de exclusão de responsabilidade do Município por ato de concessionário do qual é fiador da regularidade do serviço concedido. Omissão no dever de fiscalização da boa execução do contrato perante o povo. Recurso especial provido para reconhecer a legitimidade passiva do Município. I – O Município de Itapetininga é responsável, solidariamente, com o concessionário de serviço público municipal, com quem firmou 'convênio' para realização de serviço de coleta de esgoto urbano, pela poluição causada no ribeirão Carrito, ou ribeirão Taboãozinho. II – nas ações coletivas de proteção a direitos metaindividuais, como o direito ao meio ambiente ecologicamente equilibrado, a responsabilidade do poder concedente não é subsidiária, na forma da nova lei das concessões (Lei 8.987, de 13-2-1995), mas objetiva e, portanto, solidária com o concessionário de serviço público, contra quem possui direito de regresso, com espeque no art. 14, § 1.º, da Lei 6.938/1981. não se discute, portanto, a licitude das atividades exercidas pelo concessionário, ou a legalidade do contrato administrativo que concedeu a exploração de serviço público; o que importa é a potencialidade do dano ambiental e sua pronta reparação" (2.ª Turma, REsp 28.222-SP (1992/0026117-5), rel. Min. Eliana Calmon, rel. p/ acórdão Min. Nancy Andrighi, j. 15-2-2000).

86 Foi iniciada no ano de 2003 uma disputa entre o governo do Estado de São Paulo e a Prefeitura da cidade de São Paulo pelo controle do saneamento na maior cidade do Brasil. Desde os anos 70 a Sabesp (companhia de saneamento do Estado) vem operando o abastecimento de água assim como a coleta e o tratamento de esgoto na capital paulista, situação

112 ESTATUTO DA CIDADE COMENTADO

detritos/dejeções da pessoa humana[87]. Merece destaque que a maioria das 11,1 milhões de famílias brasileiras atendidas pelo programa denominado Bolsa-Família[88] (dados de 2007) mora em habitações sem água tratada, esgoto ou recolhimento de lixo;

que veio a ser enfrentada em decorrência da Lei Municipal 13.670, de 2003, que pretende passar referido serviço para a denominada ARSAE (Autoridade Reguladora dos Serviços de Água e Esgoto Sanitário de São Paulo). A lide, que deverá se desenvolver, ao que tudo indica, até o Supremo Tribunal Federal, já foi analisada pelo Presidente do Tribunal de Justiça do Estado de São Paulo, que concedeu, em dezembro de 2003, liminar favorável ao Estado de São Paulo vinculada a uma ação direta de inconstitucionalidade, por considerar que, pelo fato de a Sabesp prestar serviços para a capital paulista bem como para outras cidades (usando inclusive a água de outros locais), o interesse da questão do saneamento seria regional e não simplesmente local, o que levaria à necessidade de uma definição de políticas vinculadas ao saneamento para todo o Estado.

87 Conforme explica Mike Davis, "o excesso de excrementos é, realmente, a contradição urbana primordial. Na década de 1830 e início da de 1840, com a cólera e a febre tifoide avançando em Londres e nas cidades industriais da Europa, a ansiosa classe média britânica foi obrigada a enfrentar um tópico que não se costumava mencionar na sala de visitas. A 'consciência' burguesa, explica Steven Marcus, especialista na época vitoriana, 'foi repentinamente perturbada pela percepção de que milhões de homens, mulheres e crianças inglesas estavam praticamente vivendo na merda. Parece que a questão imediata seria se não estavam se afogando nela'... certamente o assunto é indelicado, mas um problema fundamental da vida da cidade do qual surpreendentemente há pouca escapatória. Durante 10 mil anos as sociedades urbanas lutaram contra o acúmulo mortal de seus próprios dejetos; até as cidades mais ricas simplesmente atiram seus excrementos nos cursos d'água ou lançam-nos em algum oceano próximo... os exemplos da impotência dos pobres diante da crise sanitária são incontáveis. Os moradores da Cidade do México, por exemplo, inalam merda: a poeira fecal que sopra do lago Texcoco durante a estação seca e quente provoca febre tifoide e hepatite". *Vide* a obra *Planeta favela*, Mike Davis, 2006, Boitempo Editorial.

88 O último levantamento do perfil da população atendida pelo programa do governo federal denominado Bolsa-Família, revela que o total de beneficiados chega a 45,8 milhões de pessoas (a população de Portugal em 2006 era de 10,5 milhões, a da Espanha 43,4 milhões, a da Austrália

Capítulo I – Diretrizes Gerais **113**

3.3 – direito ao ar atmosférico[89 a 93] e sua circulação, como bem ambiental essencial à sadia qualidade de vida, com particular relevo à saúde da

---

20,4 milhões, a da Argentina 39,1 milhões). Como o Brasil tinha em agosto de 2007 cerca de 190 milhões de habitantes, segundo estimativa do Instituto Brasileiro de Geografia e Estatística (IBGE), isso significa que praticamente 1 em cada 4 brasileiros recebe auxílio do Bolsa-Família (as famílias com direito ao benefício não podem ter renda superior a R$ 140,00 por mês e fazem jus a uma bolsa que varia de R$ 22,00 a R$ 200,00). O Nordeste, região mais pobre do País e segunda mais populosa, concentra a maior parte das pessoas atendidas: 22,6 milhões. O Ceará tinha o maior número de beneficiários, 5,8 milhões, seguido de Minas Gerais no Sudeste, com 4,8 milhões de pessoas.

89 São Paulo e Rio de Janeiro continuavam entre as cidades mais poluídas do mundo, conforme indicado por relatório da OMS (Organização Mundial de Saúde) publicado em 26-9-2011. Dos 1.100 locais avaliados pela organização, as duas maiores cidades do país estavam entre as 300 piores. A organização internacional avaliou dados gerados pelas próprias cidades. O índice médio anual de poeira no Rio, em 2009, atingiu 64 microgramas por metro cúbico. Em São Paulo, no mesmo período, as medições ficaram em 38 microgramas por metro cúbico. As duas cidades estão com níveis de poluição acima dos índices considerados aceitáveis pela OMS – mais do que 20 microgramas de poeira por metro cúbico. De 91 países avaliados, o Brasil era o 44.º com maior índice médio de poluição e o 9.º com maior número de mortes por problemas respiratórios: 23,7 mil por ano.

90 Os principais poluentes relacionados à deterioração da qualidade do ar são:

1) *monóxido de carbono* (CO), cujos efeitos estão associados, quando em altos níveis, a prejuízo dos reflexos, da capacidade de estimar intervalos de tempo, no aprendizado, de trabalho e visual; a fonte do monóxido de carbono são os *veículos* em decorrência da queima incompleta de combustíveis; 2) *partículas inaláveis* (MP 10), que penetram profundamente nas vias respiratórias, agravando doenças preexistentes; as fontes das partículas inaláveis são os *veículos* (principalmente a diesel), bem como as *poeiras* ressuspensas das ruas; 3) *fumaça preta*, que ocasiona problemas respiratórios; as fontes da fumaça preta são os *veículos* de grande porte (através da combustão que realizam) e as *indústrias*; 4) *ozônio* (O3), que ocasiona irritação nos olhos e vias respiratórias, assim como danos à vegetação; as fonte do ozônio estão vinculadas à reação dos *hidrocarbonetos e óxidos de nitrogênio em presença da luz solar*; 5) *dióxido de nitrogênio*

114 ESTATUTO DA CIDADE COMENTADO

(NO2), que ocasiona o aumento da sensibilidade à asma e bronquite, a redução da resistência a infecções respiratórias, podendo levar à formação de chuva ácida e causar danos à vegetação; suas fontes são os processos de combustão envolvendo os *veículos*, os processos *industriais*, as usinas térmicas que usam *óleo* ou *gás* e as *incinerações*. Cabe destacar que a maior ou menor quantidade de poluentes no ar resulta do balanço entre emissão e dispersão, sendo certo que os veículos são os principais responsáveis pela emissão de CO e MP 10 (respectivamente 98% e 52%).

91 Conforme explica Ana Paula Fernandes Nogueira da Cruz, "o ar atmosférico, como já visto, é um bem essencial à própria existência humana e de outros seres vivos. O uso biológico do ar atmosférico está revestido de tal essencialidade que não se precisaria sequer cogitar de sua integração ao conceito de vida com qualidade e dignidade (art. 5.º, *caput*, c/c os arts. 1.º, III, e o 6.º, além do disposto no art. 225, *caput*), sendo indispensável para a manutenção da vida pura e simplesmente enquanto fenômeno biológico. Trazendo à colação novamente os ensinamentos do professor Fiorillo, todo bem, ainda que não seja vivo (e, portanto, não seja forma de vida protegida nos termos da Lei da Política Nacional do Meio Ambiente), será ambiental, à medida que seja essencial à sadia qualidade de vida de outrem. Destarte, a natureza jurídica do ar atmosférico fica amplamente demonstrada enquanto bem difuso ambiental, sendo, portanto, a ele aplicável a disciplina jurídica própria ao meio ambiente, nos termos do que foi exposto no capítulo anterior". Para um estudo aprofundado a respeito do tema *vide A tutela criminal ambiental do ar atmosférico*.

92 A Lei 10.203/2001, ao instituir a faculdade de os Municípios implantarem programas destinados ao controle jurídico da poluição do ar vinculada aos veículos automotores, estabeleceu possibilidade, em função das características locais de tráfego e poluição do ar, de ser criado o "*rodízio de veículos*", destinado exatamente a incentivar o uso de transporte coletivo e, consequentemente, a menor circulação de veículos particulares, em proveito de um ar mais adequado às necessidades da pessoa humana. *Vide* o tema "Emissão de poluentes por veículos automotores e medidas preventivas de tutela jurídica em face da poluição atmosférica", em nossa obra *Curso de direito ambiental brasileiro*, cit.

93 O Superior Tribunal de Justiça vem interpretando a tutela do ar atmosférico no sentido de resguardar os valores ambientais, conforme indicamos a seguir:

1) "Administrativo. Poluição ambiental. Multa. Excesso de fumaça expelida por veículos coletivos. Competência legislativa dos Estados. Lei 6.938/1981, art. 8.º, VI. Resolução 618, de 22-8-1985, da Comissão Estadual de Controle ambiental – CECA. Firmou-se jurisprudência desta

CAPÍTULO I – DIRETRIZES GERAIS 115

pessoa humana, incluindo-se também o uso do ar atmosférico visando o exercício do direito de antena como direito de captação e transmissão da

---

Corte no sentido de que as normas regulamentadoras dos índices toleráveis de produção de fumaça causada por veículos automotores, editadas pelo Estado do Rio de Janeiro, não violam o art. 8.º, VI, da Lei 6.938/1981. Precedentes. Recurso especial não conhecido" (2.ª Turma, REsp 59.836-RJ 1995/0004211-8, rel. Min. Antonio de Pádua Ribeiro, j. 24-10-1996). 2) "Administrativo. Direito Ambiental. Regulamento. Padrões de qualidade ambiental. adoção de critérios inseguros. Decreto 8.468/1976 do Estado de São Paulo. Ilegalidade (Lei federal 6.938/1981). O Decreto 8.468/1976 do Estado de São Paulo, quando adotou como padrões de medida de poluição ambiental a extensão da propriedade e o olfato de pessoas credenciadas, incidiu em ilegalidade, contrariando o sistema erigido na Lei federal 6.938/1981" (1.ª Turma, REsp 35.887-SP 1993/0016383-3, rel. Min. Garcia Vieira, j. 22-11-1993). No mesmo sentido: REsp 399.355, rel. Min. Humberto Gomes de Barros, j. 11-11-2003. 3) "Administrativo. Meio ambiente. Poluição. Transporte coletivo. À Lei 6.938/1981 não se pode atribuir o efeito de retirar dos Estados a competência para legislar supletivamente sobre o meio ambiente, sua defesa, saúde e poluição ambiental. Recurso não conhecido" (2.ª Turma, REsp 8.312-RJ 1991/0002648-4, rel. Min. Hélio Mosimann, j. 26-5-1993). 4) "Processo civil. Cerceamento de defesa. Produção de prova pericial. Aferição dos níveis de fumaça de veículos automotores. Multa. 1. Verificado que as condições de realização do teste de aferição de nível de fumaça não poderiam ser reproduzidas, desnecessária a realização de prova pericial, não ocorrendo cerceamento de defesa. 2. Inócua a discussão sobre a falibilidade do método Ringelmann, quando este foi escolhido no exercício do poder discricionário do administrador, dentro da competência legislativa suplementar do Estado. 3. Recurso sem provimento" (1.ª Turma, REsp 125.018-RJ, rel. Min. Milton Luiz Pereira, j. 15-2-2001). 5) "Dano ecológico. Reparação. Rompimento de duto. Poluição ambiental. Art. 14, § 1.º, da Lei 6.938/1981. Cobrança das despesas feitas pela companhia de saneamento. Procedência. É o poluidor obrigado, independentemente de culpa, a indenizar ou reparar os danos causados ao meio ambiente e a terceiros afetados por sua atividade. Tendo a companhia de saneamento, encarregada de zelar pelo meio ambiente e guardiã de um interesse difuso da comunidade, tomado as medidas necessárias para o combate à poluição ocasionada pelo rompimento de um duto, deve ser ressarcida, como terceira, das despesas correspondentes" (2.ª Turma, REsp 20.401-SP, 1992/0006769-7, rel. Min. Hélio Mosimann, j. 10-12-1993).

I16 Estatuto da Cidade Comentado

comunicação (direito de se informar e ser informado) por meio do espectro eletromagnético outorgado a brasileiros e estrangeiros residentes no País[94];

3.4 – direito ao descarte de resíduos[95 a 101], como materiais resultantes da própria existência da pessoa humana e suas necessidades articuladas

---

94 Para um estudo completo a respeito do tema, *vide* nosso *O direito de antena...* cit.

95 O Brasil importou, oficialmente, mais de 223 mil toneladas de lixo desde janeiro de 2008, a um custo de US$ 257,9 milhões. No mesmo período, deixou de ganhar cerca de US$ 12 bilhões ao não reciclar 78% dos resíduos sólidos gerados em solo nacional e desperdiçados no lixo comum por falta de coleta seletiva – o País recicla apenas 22% do seu lixo. A indústria nacional, que reutiliza os reciclados como matéria-prima na fabricação de roupas, carros, embalagens e outros, absorve mais do que o País consegue coletar e reciclar. Daí a necessidade de importação (*OESP*, 26 jul. 2007, Metrópole, p. C1).

96 A Lei 11.445/2007 estabelece as diretrizes nacionais para o saneamento básico, conforme já foi comentado. Por outro lado, algumas iniciativas, como a Resolução Conama 257, procuram disciplinar o tema tratando das baterias e pilhas esgotadas e determinando aos produtores a responsabilidade pelo gerenciamento da coleta, classificação e transporte de produtos descartados, bem como seu tratamento prévio.

97 No Estado de São Paulo, um Plano Diretor de Resíduos Sólidos foi estabelecido pela Lei 11.387/2003, visando propor de maneira apropriada novas resoluções a respeito do gerenciamento de resíduos. No Paraná, a Lei 12.493/1999 definiu princípios e regras aplicados à geração, acondicionamento, armazenamento, coleta, transporte, tratamento e destinação final dos resíduos sólidos, determinando ainda, como prioridade, reduzir a geração de resíduos sólidos através da adoção de processos mais atualizados tecnologicamente e economicamente viáveis, dando-se prioridade à reutilização ou reciclagem de resíduos sólidos a despeito de outras formas de tratamento e disposição final. Pela norma paranaense, os produtores são responsáveis pelo armazenamento, coleta, transporte, tratamento e disposição final dos produtos descartados.

98 Cabe destacar que o descarte de resíduos também tem gerado no Brasil uma "fonte" de sustento para milhares de pessoas que vivem da "garimpagem" do lixo. Os 5.507 municípios brasileiros, segundo o IBGE anunciou em abril de 2004, despejam anualmente 50 milhões de toneladas de resíduos em lixões, cerca de 136 mil toneladas por dia.

99 No ano de 2006, a cidade de São Paulo jogou fora 3,3 milhões de lixo domiciliar – 10% da produção nacional. Conforme informava o Depar-

CAPÍTULO I – DIRETRIZES GERAIS 117

tamento de Limpeza urbana (Limpurb), no ano de 2007 a produção de detritos estaria crescendo cerca de 7% ao ano, sendo certo que os dois aterros sanitários da capital já teriam chegado ao limite (Bandeirante, na Rodovia dos Bandeirantes, e São João, na Estrada do Sapopemba). A situação em 2007 era particularmente grave na medida em que em São Paulo estimava-se que 2 mil crianças trabalhavam em lixões e pelo menos 50 mil catadores "garimpavam" em depósitos a céu aberto e nas ruas. Calculava que cada paulistano produzia 1 kg de lixo todo dia; 16 mil toneladas de lixo de detritos (inclui lixo industrial e entulho) estavam sendo gerados em São Paulo (89% recolhidos por caminhões de empresas que seguem para os aterros) diariamente, e apenas 1% estaria sendo reaproveitado, segundo a Prefeitura.

100 A Lei Paulista 13.576, de 6-7-2009, institui normas e procedimentos para a reciclagem, gerenciamento e destinação final de lixo tecnológico. O art. 2.º de referida norma esclarece que, para os efeitos desta lei, consideram-se lixo tecnológico os aparelhos eletrodomésticos e os equipamentos e componentes eletroeletrônicos de uso doméstico, industrial, comercial ou no setor de serviços que estejam em desuso e sujeitos à disposição final, tais como: I – componentes e periféricos de computadores; II – monitores e televisores; III – acumuladores de energia (baterias e pilhas); IV – produtos magnetizados.

101 A tutela jurídica vinculada ao descarte de resíduos também tem merecido interpretação por parte do Superior Tribunal de Justiça (STJ), a saber: 1) "Civil e processual civil. Mau uso da propriedade vizinha (depósito de lixo municipal). Ação cautelar e ação principal com preceito cominatório. Legitimidade ativa. Matéria reflexamente constitucional: competência do STJ. Recurso conhecido e provido. I – Vizinhos ajuizaram ação cautelar, seguida de ação principal com preceito cominatório, para que o Município se abstivesse de utilizar antiga pedreira como depósito de lixo. O juiz de primeiro grau julgou parcialmente procedente o pedido, sem interdição do depósito: 'O interesse de poucos não podia prevalecer sobre o interesse de muitos'. O Tribunal de Justiça, ao dar provimento parcial à apelação dos autores, manteve o funcionamento do depósito até que fosse concluída a usina de reciclagem do lixo. Levantou também a ilegitimidade passiva dos autores: a pendenga deveria ser resolvida através de ação civil pública. II – Os autores se acham ativamente legitimados para as ações, pouco interessando que o mesmo suporte fático também possa desencadear ação civil pública. No caso concreto, os autores se insurgem contra o mau uso da propriedade vizinha (CC, art. 554). III – Acórdão que fala *obiter dictum* em 'meio ambiente' dá ensanchas a recurso especial e não a recurso extraordinário. IV – Recurso conhecido e provido" (2.ª Turma, REsp 163.483 1998/0008167-4, j. 1.º-9-1998). Obs.: O art. 554 do CC/1916 corresponde ao art. 1.277, *caput*, do

118 Estatuto da Cidade Comentado

dentro da ordem econômica do capitalismo, cuja coleta se evidencia como dever do Poder Público municipal.

A efetividade dos direitos antes referidos é que deverá assegurar o direito ao saneamento ambiental dentro da tutela da saúde da pessoa humana adaptada ao local onde vive.

4. Direito à infraestrutura urbana

O direito à infraestrutura urbana, também fixado no art. 2.º, I, do Estatuto da Cidade, assegura a brasileiros e estrangeiros residentes no País a efetiva realização, por parte do Poder Público municipal, de obras ou mesmo atividades destinadas a tornar efetivo o pleno desenvolvimento das funções sociais da cidade, fixando, agora de maneira clara através da Lei 10.257/2001,

---

CC/2002. 2) O Ministro Nilson Naves, na condição de presidente do Superior Tribunal de Justiça (Processo SL 31, conforme notícia do STJ publicada em setembro de 2003), traz importante contribuição à questão da tutela jurídica vinculada ao descarte de resíduos em decorrência de ação popular movida pelo cidadão A.S.L. e outros em face do município paulista de Itapevi, onde foi pedida a suspensão das licenças estaduais assim como a paralisação de obras destinadas à instalação de aterro na Estrada Municipal Araçariguama, diante de supostas irregularidades em atos que teriam permitido a instalação de aterro operado pela Empresa de Saneamento e Tratamento de Resíduos (Estre), tendo sido deferida medida liminar em março de 2003 pela 10.ª Vara Cível da Justiça Federal, tornando o aterro inoperante. O Município teve pedido de suspensão de liminar rejeitado pelo Tribunal Regional Federal da 3.ª Região, o que motivou competente recurso ao Superior Tribunal de Justiça. O Min. Nilson Naves suspendeu referida liminar argumentando que, diante da inexistência de local devidamente aparelhado para o recebimento dos rejeitos, ocorreria, aí sim, evidentemente lesão não só à saúde das pessoas como ao meio ambiente natural, demonstrando que o tema do descarte de resíduos envolve análise conjunta do meio ambiente artificial com o meio ambiente natural e a tutela da incolumidade físico-psíquica da pessoa humana. 3) Diante de situações fáticas diferentes, embora envolvendo a mesma questão de instalação de aterro sanitário, o Min. Nilson Naves manteve liminar que rejeitou pedido do Município de Mandirituba, no Paraná, pela suspensão de liminar concedida em ação civil pública movida pela associação de Defesa do Meio Ambiente de Araucária, conforme noticiou o STJ em novembro de 2003 (Processo SL 44).

CAPÍTULO I – DIRETRIZES GERAIS 119

o direito ao espaço urbano construído, consistente tanto no chamado espaço urbano aberto como no espaço urbano fechado[102].

A infraestrutura urbana está associada não só ao art. 2.º, I, do Estatuto da Cidade, mas também aos incisos XII e XIII, que visam não só a proteção do meio ambiente construído como a participação da população interessada nos processos de implantação de empreendimentos ou atividades com efeitos potencialmente negativos sobre o meio ambiente construído. Daí restar evidente no plano normativo que o direito à infraestrutura urbana está associado ao estudo prévio de impacto ambiental (EIA), assim como ao estudo prévio de impacto de vizinhança (EIV), descritos como instrumentos de política urbana no Estatuto da Cidade, em harmonia com a exigência constitucional de que incumbe ao Poder Público (no caso, Poder Público municipal) assegurar a efetividade do direito constitucional ambiental, impor na forma da lei (no caso, na forma do que estabelece o Estatuto da Cidade), para a instalação de obra ou atividade potencialmente causadora de significativa degradação do meio ambiente, estudo prévio de impacto ambiental, a que se dará publicidade (art. 225, § 1.º, IV, da CF).

Compõe-se a infraestrutura de equipamentos destinados a fazer com que as cidades *funcionem* dentro do que estabelece o comando constitucional e o Estatuto da Cidade. Assim, é por força do direito à infraestrutura que o Poder Público municipal passa a ter o dever de implementar as verbas públicas, disponíveis e fixadas em orçamento próprio, necessárias a prover a cidade de artefatos, instalações e demais apetrechos destinados a assegurar o pleno desenvolvimento das funções sociais das cidades, em grande parte estabelecidas no art. 2.º, I, da Lei 10.257/2001.

---

102 Para Paulo Sandroni, infraestrutura é "o conjunto de instalações e equipamentos empregados na extração, transporte e processamento de matérias primas essenciais, nos meios de treinamento da força de trabalho e na fabricação dos bens de capital. abrange indústria extrativista mineral, ferrovias, rodovias, navegação, siderurgia, metalurgia de não ferrosos, indústria energética e mecânica. Na concepção marxista, infraestrutura designa a base econômica da sociedade, o modo de produção dominante e, mais especificamente, o conjunto das relações de produção. Essa infraestrutura econômica determina a superestrutura político-social historicamente correspondente" (*Dicionário de Economia do Século XXI*. Rio de Janeiro: Record, 2005, p. 429).

120 Estatuto da Cidade Comentado

Entre os equipamentos destinados a dar suporte às cidades, devemos destacar não só aqueles destinados a viabilizar grande parte dos serviços públicos e privados (rede de esgotos, rede de abastecimento de águas, energia elétrica, coleta de águas pluviais, rede telefônica, gás canalizado, televisão a cabo etc.), mas também aqueles destinados a viabilizar a circulação de pessoas humanas, bem como de produtos e serviços adaptados às necessidades econômicas (calçadas, praças, ruas, avenidas, pontes, viadutos, logradouros, caminhos, passagens, estradas, rodovias, ferrovias, aeroportos, portos etc.), integrando de forma harmônica a Lei 9.503/1997 (Código de Trânsito Brasileiro)[103] ao Estatuto da Cidade.

O direito à infraestrutura, como direito material metaindividual organizado a partir da tutela jurídica do meio ambiente artificial, revela a necessidade de uma *gerência* da cidade por parte do Poder Público municipal, vinculada a planejamentos previamente discutidos não só com o Poder Legislativo, mas com a população, com a utilização de instrumentos que possam garantir a gestão democrática das cidades, explicados de forma adequada nos arts. 43 a 45 do Estatuto da Cidade, exatamente no sentido de integrar juridicamente as cidades brasileiras ao Estado Democrático de Direito.

5. Direito ao transporte

O direito ao transporte, garantido no art. 2.º, I, do Estatuto da Cidade, propicia a brasileiros e estrangeiros residentes no País os meios necessários destinados a sua livre locomoção em face da necessidade de utilização das vias nas cidades, adaptadas não só à circulação da pessoa humana como a operações de carga ou descarga, fundamentais para as relações econômicas/de consumo, bem como para as necessidades fundamentais vinculadas à dignidade da pessoa humana[104 e 105].

---

103 Os conceitos e definições jurídicas constantes do anexo I do Código de Trânsito Brasileiro (Lei 9.503/1997) fazem parte do diploma legal, conforme determina o art. 4.º.

104 "A Constituição do Brasil estabelece, no que tange à repartição de competência entre os entes federados, que os assuntos de interesse local competem aos Municípios. Competência residual dos Estados-membros – matérias que não lhes foram vedadas pela Constituição, nem estiverem contidas entre as competências da União ou dos Municípios. A

CAPÍTULO I – DIRETRIZES GERAIS 121

Referidos meios estabelecem o dever do Poder Público municipal de assegurar veículos destinados a transportar fundamentalmente as pessoas nas cidades[106], assim como o de propiciar condições adequadas para a utilização das vias dentro de critérios orientados para um trânsito em condições

---

competência para organizar serviços públicos de interesse local é municipal, entre os quais o de transporte coletivo (...). O preceito da Constituição amapaense que garante o direito a 'meia passagem' aos estudantes, nos transportes coletivos municipais, avança sobre a competência legislativa local. A competência para legislar a propósito da prestação de serviços públicos de transporte intermunicipal é dos Estados-membros. Não há inconstitucionalidade no que toca ao benefício, concedido pela Constituição estadual, de 'meia passagem' aos estudantes nos transportes coletivos intermunicipais" (ADI 845, j. 22-11-2007, rel. Min. Eros Grau, Plenário, *DJe* 7-3-2008).

105 Algumas experiências adotadas pelas cidades de Londres e de Bogotá também merecem análise em decorrência do tema ora aduzido. O *pedágio urbano* de Londres, implantado em fevereiro de 2003, prevê um pagamento diário de 5 libras para quem quiser entrar de carro no centro, sendo que seu monitoramento se dá por meio de câmeras. A multa de 80 libras, em caso de violação das normas em vigor, seria destinada a arrecadar quantia em dinheiro (estimativa para 2003 no valor de R$ 493 milhões) a ser usada exclusivamente para pagar a implantação de projeto destinado a priorizar o transporte coletivo. A experiência colombiana diz respeito ao *rodízio de veículos*, que, por meio do sistema "Pico e Placa", tira das ruas 40% da frota de veículos particulares todos os dias durante duas horas pela manhã e à tarde. Além do rodízio, foram retirados espaços públicos de estacionamento para ampliação de calçadas e ciclovias, assim como taxada a gasolina em 20%.

106 "Ação direta de inconstitucionalidade. Art. 39 da Lei 10.741, de 1.º-10-2003 (Estatuto do Idoso), que assegura gratuidade dos transportes públicos urbanos e semiurbanos aos que têm mais de 65 (sessenta e cinco) anos. Direito constitucional. Norma constitucional de eficácia plena e aplicabilidade imediata. norma legal que repete a norma constitucional garantidora do direito. Improcedência da ação. O art. 39 da Lei 10.741/2003 (Estatuto do Idoso) apenas repete o que dispõe o § 2.º do art. 230 da Constituição do Brasil. A norma constitucional é de eficácia plena e aplicabilidade imediata, pelo que não há eiva de invalidade jurídica na norma legal que repete os seus termos e determina que se concretize o quanto constitucionalmente disposto. Ação direta de inconstitucionalidade julgada improcedente" (ADIn 3.768, rel. Min. Cármen Lúcia, j. 19-9-2007, *DJ* 26-10-2007).

122 ESTATUTO DA CIDADE COMENTADO

seguras, cumprindo determinação que lhe é atribuída em face da competência constitucional regrada pelo art. 30, V, da Carta Magna (organização e prestação de serviço público de transporte).

Daí o direito ao transporte previsto no Estatuto da Cidade também se harmonizar de forma inequívoca com a Lei 9.503/1997 (Código de Trânsito), posicionando tanto o aludido direito como o trânsito na esfera da tutela dos direitos materiais metaindividuais descritos na Lei 8.078/1990.

Dentro da perspectiva antes referida, e com fundamento no art. 5.º, XV, da Constituição Federal (que garante a brasileiros e estrangeiros residentes no País a liberdade de locomoção no território nacional em tempo de paz, assegurando a qualquer pessoa, nos termos da lei, entrar, permanecer ou sair do território com seus bens), caberia destacar alguns aspectos da Lei 9.503/1997, que estão claramente ligados à estrutura das cidades, a saber:

a) o *trânsito* de qualquer natureza nas vias terrestres[107] passou a ser definido como *direito de todos* (art. 1.º, § 2.º, da Lei 9.503/1997), de nítido

---

107 A Lei 9.503/1997 define como vias terrestres urbanas e rurais as ruas, as avenidas, os logradouros, os caminhos, as passagens, as estradas e as rodovias, que deverão ter seu *uso* regulamentado pelo órgão ou entidade com circunscrição sobre eles de acordo com as *peculiaridades locais* e circunstâncias especiais (art. 2.º). As vias são juridicamente conceituadas como superfície por onde transitam *veículos, pessoas e animais*, compreendendo a *pista*, a *calçada*, o *acostamento*, a *ilha* e o *canteiro central* (art. 4.º e anexo I). A *via urbana* compreende as *ruas, avenidas, vielas* ou *caminhos* e *similares* abertos à circulação pública, situados na área urbana, caracterizados principalmente por possuírem imóveis edificados ao longo de sua extensão; a *via rural* compreende as *estradas* e as *rodovias* (Anexo I). Daí as vias terrestres urbanas e rurais assumirem natureza jurídica de bem ambiental no âmbito das cidades (art. 2.º). Para efeitos legais, o Anexo I do Código de Trânsito conceitua assim como define as partes da via da seguinte forma: 1) *pista* – parte da via normalmente utilizada para a circulação de *veículos*, identificada por elementos separadores ou por diferença de nível em relação às calçadas, ilhas ou aos canteiros centrais; 2) *calçada* – parte da via, normalmente segregada e em nível diferente, *não destinada à circulação de veículos, reservada ao trânsito de pedestres e, quando possível, à implantação de mobiliário urbano, sinalização, vegetação e outros fins*; 3) *acostamento* – parte da via diferenciada da pista de rolamento destinada à parada ou estacionamento de *veículos*, em caso de emergên-

CAPÍTULO I – DIRETRIZES GERAIS 123

conteúdo jurídico de direito difuso, a ser gerenciado pelos órgãos e entidades executivas de trânsito dos Municípios (art. 24, II, VI, VII, IX e XVI, da Lei 9.503/1997), que respondem objetivamente por qualquer dano causado aos cidadãos em virtude de ação, omissão ou erro na execução e manutenção de programas, projetos e serviços que garantam o exercício do direito do trânsito seguro (art. 1.º, § 3.º, da Lei 9.503/1997);

b) a *finalidade do trânsito* diz respeito à utilização das vias por *pessoas, veículos* e *animais*, destinadas à *circulação, parada, estacionamento* e *operação de carga e descarga* (art. 1.º, § 1.º, da Lei 9.503/1997);

c) os órgãos e entidades de trânsito passam a ter o dever de dar prioridade em suas ações à defesa da vida, nela incluída a preservação da saúde e do meio ambiente (art. 1.º, § 5.º, da Lei 9.503/1997);

d) a lei cria um novo *personagem* tutelado em face das cidades, que faz parte do trinômio território-trabalho-consumo: o *veículo*[108 a 110];

---

cia, e à circulação de *pedestres* e *bicicletas*, quando não houver local apropriado para esse fim; 4) *ilha* – obstáculo físico, colocado na pista de rolamento, destinado à ordenação dos fluxos de trânsito em uma interseção, ou seja, ordena basicamente *pedestres* e *veículos*; 5) *canteiro central* – obstáculo físico construído como separador de duas pistas de rolamento, eventualmente substituído por marcas viárias (canteiro fictício), ou seja, ordena fundamentalmente *pedestres* e *veículos*.

108 No que se refere ao personagem veículo, o *automóvel* merece absoluto destaque na medida em que simboliza um dos exemplos típicos da sociedade de consumo, sendo elemento característico da denominada "democratização" de produtos e serviços que antes eram privilégio exclusivo das elites dominantes. A "democratização" do automóvel se deve a Henry Ford (1863-1947), um dos grandes promotores da sociedade de consumo, que se propôs a fazer um automóvel ao alcance do chamado "cidadão médio" (para os padrões norte-americanos), à custa da qualidade, ou de uma suposta qualidade do material: o ferro e o aço. O automóvel foi posto ao alcance de todos (ou quase todos...) pela colaboração da ciência e da técnica na criação de novos materiais, por um tipo de "racionalização" do trabalho, pela inversão do sentido de poupança (os créditos abundantes nos Estados Unidos), pela utilização maciça da publicidade e pela invasão dos mercados mundiais, provocando neles distorções até os tornar favoráveis, com desprezo das indústrias locais. Como explica de forma didática René Dumont, "todas as caracte-

124 Estatuto da Cidade Comentado

rísticas próprias da sociedade de consumo, mais a mitificação do objeto e a alienação de seu usuário, fundiram-se na criação do automóvel *Ford* e, em geral, dos modelos para o grande consumo". Daí a existência do *fordismo*, baseado em três princípios de administração descritos por Henry Ford em sua obra *My life and work*, analisados por Paulo Sandroni, a saber: 1) *princípio da intensificação* – consiste em reduzir o tempo de produção com o emprego imediato dos equipamentos e matérias-primas e a rápida colocação do produto no mercado; 2) *princípio da economicidade* – consiste em reduzir ao mínimo o estoque da matéria-prima em transformação, de tal forma que uma determinada quantidade de automóveis (a maior possível) já estivesse sendo vendida no mercado antes do pagamento das matérias-primas consumidas e dos salários dos empregados; 3) *princípio da produtividade* – consiste em aumentar a quantidade de produção por trabalhador na unidade de tempo mediante a especialização e a linha de montagem. O *toyotismo* também merece destaque como uma nova organização de trabalho implantada progressivamente nas duas décadas de 1950 a 1970 na Toyota. Trata-se, conforme explica Thomas Gounet, de "um sistema de organização da produção baseado em uma resposta imediata às variações da demanda e que exige, portanto, uma organização flexível do trabalho (inclusive dos trabalhadores) e integrada". *Vide Fordismo e toyotismo na civilização do automóvel, passim*.

109 Uma pesquisa divulgada pelo Laboratório de Poluição Atmosférica Experimental da USP realizada em 2007 analisou as condições do ar nas cidades de São Paulo, Rio de Janeiro, Belo Horizonte, Recife, Curitiba e Porto Alegre. Nenhuma delas atendia ao que é recomendado pela Organização Mundial de Saúde. Apenas na capital paulista, uma média de 870 veículos são emplacados todos os dias – 635 carros, 235 motos. A frota, que cresce em ritmo oito vezes maior que a população, responde por aumento de 5% ao ano em emissão de poluentes. Os problemas causados pelo excesso de carros não se resumem à poluição do ar. Além de entupirem as ruas, fazem barulho e provocam acidentes – no Brasil aproximadamente 35 mil mortes por ano, contando-se também os motociclistas; em São Paulo, 4 por dia (em média, um motoqueiro ou garupa, um ocupante de carro e duas vítimas de atropelamento).

110 Observando-se de forma sistemática o Estatuto da Cidade assim como o Código de Trânsito Brasileiro, fica evidente a opção do legislador pela utilização do ônibus (veículo automotor de transporte coletivo com capacidade para mais de 20 passageiros, ainda que, em virtude de adaptações com vistas à maior comodidade destes, transporte número menor) como veículo ideal destinado ao transporte de pessoas em cidades médias e grandes.

CAPÍTULO I – DIRETRIZES GERAIS **125**

e) as *praias*[111] abertas à circulação pública e as *vias internas pertencentes aos condomínios* constituídos por unidades autônomas passam a se integrar às vias terrestres descritas na Lei 9.503/1997 para todos os seus efeitos;

f) nenhuma obra ou evento que possa perturbar ou interromper a livre circulação de veículos e pedestres, ou colocar em risco sua segurança, será iniciada sem permissão prévia do órgão ou entidade de trânsito com circunscrição sobre a via (art. 95), criando o Código de Trânsito Brasileiro a exigência de um verdadeiro *estudo prévio de impacto ambiental* destinado a tutelar a vida das cidades sempre que algum brasileiro ou estrangeiro residente no País, de forma individual ou de forma organizada, pretenda realizar um evento qualquer e evidentemente viabilizar qualquer obra.

6. Direito aos serviços públicos

O direito aos serviços públicos[112 e 113], previsto na Lei 10.257/2001, assegura a brasileiros e estrangeiros residentes no País sua condição de consumidor em face do Poder Público municipal, que, na condição de fornecedor de serviços no âmbito das cidades (rede de esgotos, abastecimento de água, energia elétrica, coleta de águas pluviais, rede telefônica, gás canalizado etc.), está obrigado a garantir serviços adequados, eficientes, seguros e, quanto aos essenciais, contínuos[114 e 115]. O direito aos serviços públicos revela a essên-

---

111 No que se refere ao tema, estabelece o art. 285 da Constituição do Estado de São Paulo: "Fica assegurado a todos livre e amplo acesso às praias do litoral paulista".

112 *Vide* ADI 1.923-DF, rel. Min. Ayres Britto, rel. p/ acórdão Min. Luiz Fux, j. 16-4-2015, Tribunal Pleno, *DJe-254* divulg. 16-12-2015, public. 17-12-2015.

113 "Constitucional. Município. Serviço funerário. C.F., art. 30, V. I. – Os serviços funerários constituem serviços municipais, dado que dizem respeito com necessidades imediatas do Município. C.F., art. 30, V. II. – Ação direta de inconstitucionalidade julgada procedente" (ADI 1.221-RJ, rel. Min. Carlos Velloso, j. 9-10-2003, *DJ* 31-10-2003).

114 A Lei 7.783/1989, ao dispor a respeito do exercício do direito constitucional de greve, considera serviços ou atividades essenciais (art. 10):

I – tratamento e abastecimento de água; produção e distribuição de energia elétrica, gás e combustíveis;

II – assistência médica e hospitalar;

III – distribuição e comercialização de medicamentos e alimentos;

126 ESTATUTO DA CIDADE COMENTADO

cia das cidades como um produto das relações econômicas, relações fundamentais para a realização do trinômio vida-trabalho-consumo, sendo certo que para a maioria esmagadora da população brasileira os serviços mais importantes são realizados pelo Estado fornecedor[116 e 117].

O direito aos serviços públicos harmoniza o Estatuto da Cidade com o Código de Defesa do Consumidor (Lei 8.078/1990), reafirmando aludido direito à luz dos conceitos que hoje orientam o Estado (e, no caso do Estatuto da Cidade, do Poder Público municipal) como responsável na cadeia de consumo, particularmente em face de sua atuação, por si ou suas empresas, concessionárias, permissionárias ou sob qualquer outra forma de empreendimento, na condição inequívoca de fornecedor. É nessa condição que temos meios de compreender a competência do Município para organizar e prestar

---

IV – funerários;

V – transporte coletivo;

VI – captação e tratamento de esgoto e lixo;

VII – telecomunicações;

VIII – guarda, uso e controle de substâncias radioativas, equipamentos e materiais nucleares;

IX – processamento de dados ligados a serviços essenciais;

X – controle de tráfego aéreo;

XI – compensação bancária.

115 "Os serviços funerários constituem serviços municipais, dado que dizem respeito com necessidades imediatas do Município. CF, art. 30, V" (ADI 1.221, Plenário, j. 9-10-2003, rel. Min. Carlos Velloso, *DJ* 31-10-2003).

116 A 2.ª Turma do Superior Tribunal de Justiça, ao julgar recurso especial relacionado ao tema da prestação de energia por companhia paulista a determinado município em São Paulo (REsp 460.271, recorrente Companhia Paulista de Força e Luz – CPFL e recorrido Município de Santa Lúcia, rel. Min. Eliana Calmon, j. 6-5-2004), entendeu que, no caso de energia elétrica, do telefone e da água, existiriam tarifas ou preços públicos, sendo a relação entre o Poder Público e o usuário regida pelo Código de Defesa do Consumidor e não pelo direito administrativo.

117 Entendendo de outra forma, *vide* ADI 4.019-SP, rel. Min. Luiz Fux, j. 13-12-2018, Tribunal Pleno, *DJe-021* divulg. 4-2-2019, public. 5-2-2019.

CAPÍTULO I – DIRETRIZES GERAIS 127

os serviços públicos de interesse local estabelecida no art. 30 da Constituição Federal.

Evidentemente que, ao organizar e prestar os serviços públicos de interesse local antes referido, deverá o Município obedecer ao que estabelece o art. 175 da Carta Magna, observando a Lei 8.987/1995.

Daí ser importante destacar, associado aos serviços públicos, os seguintes direitos que estão claramente vinculados ao que estabelece o art. 2.º, I, da Lei do Meio ambiente artificial (como também é conhecido o Estatuto da Cidade):

6.1 – direito ao serviço público vinculado à educação[118 a 120], a saber, o direito do habitante da cidade não só de ter acesso à informação (art. 5.º,

---

118 A cláusula da reserva do possível – que não pode ser invocada, pelo Poder Público, com o propósito de fraudar, de frustrar e de inviabilizar a implementação de políticas públicas definidas na própria Constituição – encontra insuperável limitação na garantia constitucional do mínimo existencial, que representa, no contexto de nosso ordenamento positivo, emanação direta do postulado da essencial dignidade da pessoa humana. (...) a noção de 'mínimo existencial', que resulta, por implicitude, de determinados preceitos constitucionais (CF, art. 1.º, III, e art. 3.º, III), compreende um complexo de prerrogativas, cuja concretização revela-se capaz de garantir condições adequadas de existência digna, em ordem a assegurar, à pessoa, acesso efetivo ao direito geral de liberdade e, também, a prestações positivas originárias do Estado, viabilizadoras da plena fruição de direitos sociais básicos, tais como o direito à **educação**, o direito à proteção integral da criança e do adolescente, o direito à saúde, o direito à assistência social, o direito à moradia, o direito à alimentação e o direito à segurança. Declaração Universal dos Direitos da Pessoa Humana, de 1948 (Artigo XXV)" (ARE 639.337-AgR, rel. Min. Celso de Mello, j. 23-8-2011, 2.ª Turma, *DJe* 15-9-2011).

119 Os Municípios – que atuarão, prioritariamente, no ensino fundamental e na **educação** infantil (CF, art. 211, § 2.º) – não poderão demitir-se do mandato constitucional, juridicamente vinculante, que lhes foi outorgado pelo art. 208, IV, da Lei Fundamental da República, e que representa fator de limitação da discricionariedade político-administrativa dos entes municipais, cujas opções, tratando-se do atendimento das crianças em creche (CF, art. 208, IV), não podem ser exercidas de modo a comprometer, com apoio em juízo de simples conveniência ou de mera oportunidade, a eficácia desse direito básico de índole social" (RE 436.996-AgR,

128 ESTATUTO DA CIDADE COMENTADO

XIV, da CF), bem como de se desenvolver plenamente conforme determinação do art. 205 da Constituição Federal, visando seu preparo para o exercício da cidadania bem como sua qualificação para o trabalho. O direito à educação, como direito social (art. 6.º da CF), integra o Piso Vital Mínimo, destacando-se evidentemente no âmbito do direito constitucional ambiental brasileiro como direito constitucional metaindividual[121]. Destarte, o Poder

---

2.ª Turma, j. 22-11-2005, rel. Min. Celso de Mello, *DJ* 3-2-2006). No mesmo sentido: ARE 639.337-AgR, 2.ª Turma, j. 23-8-2011, rel. Min. Celso de Mello, *DJe* 15-9-2011; RE 594.018-AgR, 2.ª Turma, j. 23-6-2009, rel. Min. Eros Grau, *DJe* 7-8-2009.

120 Mais da metade das 5.564 prefeituras/cidades existentes no Brasil não possui sistema próprio de ensino, limitando-se pura e simplesmente em "aceitar" o sistema oferecido pelo Estado, conforme indica a pesquisa Informações Básicas Municipais de 2006 do IBGE, demonstrando que elas estão na ilegalidade vez que não seguem os preceitos constitucionais antes referidos. Em alguns Estados, a porcentagem de prefeituras que mantém sistema próprio de ensino é alta (Rio de Janeiro, 89,1%; Santa Catarina, 79,2%; Maranhão, 71,4%); mas em outros a dependência dos Municípios do sistema estadual é imensa (Rio Grande do Norte, 94,6%; Paraná, 87,7%; Espírito Santo, 79,5%).

121 O Supremo Tribunal Federal, ao interpretar o art. 205 da CF, apontou, de maneira clara, a natureza jurídica do direito à educação, conforme julgamento abaixo transcrito (RE 163.231-SP, rel. Min. Maurício Corrêa, j. 26-2-1997): "Recurso extraordinário. Constitucional. legitimidade do Ministério Público para promover ação civil pública em defesa dos interesses difusos, coletivos e homogêneos. Mensalidades escolares: capacidade postulatória do *parquet* para discuti-las em juízo. 1. A Constituição Federal confere relevo ao Ministério Público como instituição permanente, essencial à função jurisdicional do Estado, incumbindo-lhe a defesa da ordem jurídica, do regime democrático e dos interesses sociais e individuais indisponíveis (CF, art. 127). 2. Por isso mesmo, detém o Ministério Público capacidade postulatória não só para a abertura do inquérito civil, da ação penal pública e da ação civil pública para a proteção do patrimônio público e social, do meio ambiente, mas também de outros interesses difusos e coletivos (CF, art. 129, I e III). 3. Interesses difusos são aqueles que abrangem número indeterminado de pessoas unidas pelas mesmas circunstâncias de fato e coletivos aqueles pertencentes a grupos, categorias ou classes de pessoas determináveis, ligadas entre si ou com a parte contrária por uma relação jurídica base. 3.1 A indeterminidade é a característica fundamental dos interesses difusos e

Capítulo I – Diretrizes Gerais 129

Público municipal tem o dever, como fornecedor de serviços, de efetivar a educação destinada aos habitantes das cidades na forma do que determina o art. 208 da Carta Magna, obedecendo aos princípios impostos pelo art. 206, sendo certo que o regime de colaboração observado no art. 211 da Constituição Federal obedece a interpretação sistemática no sentido de apontar o Poder Público municipal como o responsável direto pelo dever antes referido[122]. O Poder Público municipal deve, por via de consequência, assegurar

---

a determinidade a daqueles interesses que envolvem os coletivos. 4. Direitos ou interesses homogêneos são os que têm a mesma origem comum (art. 81, III, da Lei 8.078/1990), constituindo-se em subespécie de direitos coletivos. 4.1 Quer se afirme interesses coletivos ou particularmente interesses homogêneos, *stricto sensu*, ambos estão cingidos a uma mesma base jurídica, sendo coletivos, explicitamente dizendo, porque são relativos a grupos, categorias ou classes de pessoas, que, conquanto digam respeito às pessoas isoladamente, não se classificam como direitos individuais para o fim de ser vedada a sua defesa em ação civil pública, porque sua concepção finalística destina-se à proteção desses grupos, categorias ou classe de pessoas. 5. As chamadas mensalidades escolares, quando abusivas ou ilegais, podem ser impugnadas por via de ação civil pública, a requerimento do Órgão do Ministério Público, pois, ainda que sejam interesses homogêneos de origem comum, são subespécies de interesses coletivos, tutelados pelo Estado por esse meio processual, como dispõe o art. 129, III, da CF. 5.1 Cuidando-se de tema ligado à educação, amparada constitucionalmente como dever do Estado e obrigação de todos (CF, art. 205), está o Ministério Público investido da capacidade postulatória, patente a legitimidade *ad causam*, quando o bem que se busca resguardar se insere na órbita dos interesses coletivos, em segmento de extrema delicadeza e de conteúdo social tal que, acima de tudo, recomenda-se o abrigo estatal. Recurso extraordinário conhecido e provido para, afastada a alegada ilegitimidade do Ministério Público, com vistas à defesa dos interesses de uma coletividade, determinar a remessa dos autos ao Tribunal de origem, para prosseguir no julgamento da ação".

122 "Os Municípios – que atuarão, prioritariamente, no ensino fundamental e na educação infantil (CF, art. 211, § 2.º) – não poderão demitir-se do mandato constitucional, juridicamente vinculante, que lhes foi outorgado pelo art. 208, IV, da Lei Fundamental da República, e que representa fator de limitação da discricionariedade político-administrativa dos entes municipais, cujas opções, tratando-se do atendimento das crianças em creche (CF, art. 208, IV), não podem ser exercidas de modo a comprometer, com apoio em juízo de simples conveniência ou de mera oportu-

130   Estatuto da Cidade Comentado

o direito dos habitantes das cidades, observando os arts. 205 a 214 da mesma norma em harmonia com seus arts. 182 e 183, com prestação de serviços adaptada ao comando da Lei 8.078/1990 e seguindo os preceitos da Lei 9.394/1996[123];

6.2 – direito ao serviço público vinculado à saúde[124 a 126], a saber, o direito do habitante da cidade ter garantido seu estado pleno de bem-estar físico, psíquico e social mediante o recebimento de prestação de serviços[127]

---

nidade, a eficácia desse direito básico de índole social" (RE 436.996 AgR, rel. Min. Celso de Mello, j. 22-11-2005, 2.ª Turma, *DJ* 3-2-2006). Igualmente: RE 582.825, rel. Min. Ayres Britto, dec. monocrática, j. 22-3-2012, *DJe* 17-4-2012.

123 O art. 211, §§ 1.º, 2.º e 3.º, deve ser analisado em face do art. 182 da CF.

124 A respeito do tema, *vide*, de forma detalhada, FIORILLO, Celso Antonio Pacheco; FERREIRA, Renata Marques. *Tutela jurídica da saúde em face do direito ambiental brasileiro*: saúde ambiental e meio ambiente do trabalho. Rio de Janeiro: Lumen Juris, 2018.

125 "A cláusula da reserva do possível – que não pode ser invocada, pelo Poder Público, com o propósito de fraudar, de frustrar e de inviabilizar a implementação de políticas públicas definidas na própria Constituição – encontra insuperável limitação na garantia constitucional do mínimo existencial, que representa, no contexto de nosso ordenamento positivo, emanação direta do postulado da essencial dignidade da pessoa humana. (...) A noção de 'mínimo existencial', que resulta, por implicitude, de determinados preceitos constitucionais (CF, art. 1.º, III, e art. 3.º, III), compreende um complexo de prerrogativas cuja concretização revela-se capaz de garantir condições adequadas de existência digna, em ordem a assegurar, à pessoa, acesso efetivo ao direito geral de liberdade e, também, a prestações positivas originárias do Estado, viabilizadoras da plena fruição de direitos sociais básicos, tais como o direito à educação, o direito à proteção integral da criança e do adolescente, o direito à **saúde**, o direito à assistência social, o direito à moradia, o direito à alimentação e o direito à segurança. Declaração Universal dos Direitos da Pessoa Humana, de 1948 (artigo XXV)" (ARE 639.337-AgR, 2.ª Turma, j. 23-8-2011, rel. Min. Celso de Mello, *DJe* 15-9-2011).

126 *Vide* ADI 3.470-RJ, rel. Min. Rosa Weber, j. 29-11-2017, Tribunal Pleno, *DJe-019* divulg. 31-1-2019, public. 1.º-2-2019.

127 No que se refere à saúde, o Poder Público municipal, na condição de Estado fornecedor, deverá obedecer não só ao que estabelece a Lei 8.080/1990, como a Lei 8.078/1990.

Capítulo I – Diretrizes Gerais 131

a serem realizados pelo Poder Público municipal, vinculados a políticas sociais e econômicas que visem à redução do risco de doenças e de outros agravos, assim como ao acesso universal e igualitário às ações e serviços para sua promoção, proteção e recuperação. Referido dever evidentemente deverá estar inserido na política de desenvolvimento urbano a ser executada pelo Poder Público municipal, observando o que estabelecem os arts. 182 e 196 a 200 da Constituição Federal. O direito à saúde, como direito social (art. 6.º da CF), também integra o Piso Vital Mínimo, assumindo feição de direito material constitucional metaindividual e estando apto a receber defesa jurídica com a utilização dos princípios do direito constitucional ambiental[128].

---

128 O Supremo Tribunal Federal interpreta de maneira clara o dever do Poder Público municipal de prestar serviços de saúde destinados aos habitantes das cidades, conforme podemos observar abaixo: "O direito público subjetivo à saúde representa prerrogativa jurídica indisponível assegurada à generalidade das pessoas pela própria Constituição da República (art. 196). Traduz bem jurídico constitucionalmente tutelado, por cuja integridade deve velar, de maneira responsável, o Poder Público, a quem incumbe formular – e implementar – políticas sociais e econômicas idôneas que visem garantir aos cidadãos, inclusive àqueles portadores do vírus HIV, o acesso universal e igualitário à assistência farmacêutica e médico-hospitalar. O direito à saúde – além de qualificar- -se como direito fundamental que assiste a todas as pessoas – representa consequência constitucional indissociável do direito à vida. O Poder Público, qualquer que seja a esfera institucional de sua atuação no plano da organização federativa brasileira, não pode mostrar-se indiferente ao problema da saúde da população, sob pena de incidir, ainda que por censurável omissão, em grave comportamento inconstitucional. A interpretação da norma programática não pode transformá-la em promessa constitucional inconsequente. O caráter programático da regra inscrita no art. 196 da Carta Política – que tem por destinatários todos os entes políticos que compõem, no plano institucional, a organização federativa do Estado brasileiro – não pode converter-se em promessa constitucional inconsequente, sob pena de o Poder Público, fraudando justas expectativas nele depositadas pela coletividade, substituir, de maneira ilegítima, o cumprimento de seu impostergável dever, por um gesto irresponsável de infidelidade governamental ao que determina a própria Lei Fundamental do Estado. (...) O reconhecimento judicial da validade jurídica de programas de distribuição gratuita de medicamentos a pessoas carentes, inclusive àquelas portadoras do vírus HIV/AIDS, dá efe-

132 Estatuto da Cidade Comentado

7. Direito ao trabalho

O direito ao trabalho, observado no art. 2.º, I, do Estatuto da Cidade, entendido como toda e qualquer atividade humana vinculada à transformação dos recursos ambientais (basicamente meio ambiente natural), visando satisfazer determinadas necessidades da pessoa humana, passa a ser integrado à ordem econômica do capitalismo, no âmbito da lei, dentro da garantia do direito às cidades sustentáveis e, portanto, como diretriz geral a ser observada no plano da política urbana em nosso País.

Componente do Piso Vital Mínimo, garantido no art. 6.º da Constituição Federal, o direito ao trabalho estabelece as condições econômicas elementares para que a cidade possa *viver*, ou seja, por meio do direito antes referido é que a ordem econômica assegura a todos existência digna.

Importante considerar que a lei determina a necessária participação do Poder Público municipal na relação trabalho humano/livre-iniciativa dentro do planejamento das atividades econômicas do Município, o que significa considerar que, a partir do Estatuto da Cidade, o direito ao trabalho de mulheres e homens no âmbito das cidades reitera o dever do Poder Público municipal no que se refere à efetividade do direito antes aludido.

---

tividade a preceitos fundamentais da Constituição da República (arts. 5.º, *caput*, e 196) e representa, na concreção do seu alcance, um gesto reverente e solidário de apreço à vida e à saúde das pessoas, especialmente daquelas que nada têm e nada possuem, a não ser a consciência de sua própria humanidade e de sua essencial dignidade. Precedentes do STF" (RE 271.286-AgR, rel. Min. Celso de Mello, j. 12-9-2000, *DJ* 24-11-2000). No mesmo sentido: RE 393.175-AgR, rel. Min. Celso de Mello, j. 2-12-2006, *DJ* 2-2-2007.

Vide os seguintes julgados: "Fornecimento de medicamentos a paciente hipossuficiente. Obrigação do Estado. Paciente carente de recursos indispensáveis à aquisição dos medicamentos de que necessita. Obrigação do Estado em fornecê-los. Precedentes" (AI 604.949-AgR, rel. Min. Eros Grau, j. 24-10-2006, *DJ* 24-11-2006). No mesmo sentido: AI 649.057-AgR, rel. Min. Eros Grau, j. 26-6-2007, *DJ* 17-8-2007. E ainda: "Incumbe ao Estado (gênero) proporcionar meios visando a alcançar a saúde, especialmente quando envolvida criança e adolescente. O Sistema Único de Saúde torna a responsabilidade linear, alcançando a União, os Estados, o Distrito Federal e os Municípios" (RE 195.192, rel. Min. Marco Aurélio, j. 22-2-2000, *DJ* 31-3-2000).

8. Direito ao lazer

O direito ao lazer, também estabelecido pelo art. 2.°, I, da Lei 10.257/2001, garante a brasileiros e estrangeiros residentes no País o exercício das atividades prazerosas no âmbito das cidades. Claro está que a dignidade da pessoa humana, prevista como fundamento do Estado Democrático de Direito (art. 1.°, III, da CF), não pode prescindir do lazer como valor fundamental de mulheres e homens, sendo certo que o próprio art. 6.° da Constituição Federal determina o direito ao lazer como valor evidente do Piso Vital Mínimo.

As atividades prazerosas nas cidades estão ligadas fundamentalmente ao meio ambiente cultural (arts. 215 e 216 da CF[129]), restando evidente que os modos de criar, os modos de fazer e principalmente os modos de viver dos brasileiros nas diferentes cidades em nosso País – e também diante das desigualdades sociais e regionais existentes no Brasil – revelarão suas necessidades em face do tempo de que podem livremente dispor uma vez cumpridos os afazeres habituais. Daí a necessidade de se observar, no âmbito da tutela antes indicada, o direito ao lazer também adaptado ao meio ambiente digital[130], uma vez que "67% da população brasi-

---

129 A respeito do tema, *vide*, de forma detalhada, FIORILLO, Celso Antonio Pacheco; FERREIRA, Renata Marques. *Tutela jurídica do patrimônio cultural brasileiro em face do direito ambiental constitucional.* Rio de Janeiro: Lumen Juris, 2018.

130 A respeito do tema, *vide* FIORILLO, Celso Antonio Pacheco; FERREIRA, Renata Marques. *Liberdade de expressão e direito de resposta na sociedade da informação.* Rio de Janeiro: Lumen Juris, 2017; FIORILLO, Celso Antonio Pacheco; FERREIRA, Renata Marques. *Tutela jurídica do Whatsapp na sociedade da informação.* Rio de Janeiro: Lumen Juris, 2017; FIORILLO, Celso Antonio Pacheco. *Crimes no meio ambiente digital em face da sociedade da informação.* 2. ed. São Paulo: Saraiva, 2016; FIORILLO, Celso Antonio Pacheco. *O Marco Civil da Internet e o meio ambiente digital na sociedade da informação.* São Paulo: Saraiva, 2015; FIORILLO, Celso Antonio Pacheco. *Princípios constitucionais do direito da sociedade da informação:* a tutela jurídica do meio ambiente digital. São Paulo: Saraiva, 2014; e FIORILLO, Celso Antonio Pacheco. *O direito de antena em face do direito ambiental no Brasil.* São Paulo: Saraiva, 2000.

134 ESTATUTO DA CIDADE COMENTADO

leira tem acesso à internet sendo o segundo que mais usa as redes sociais (fica cerca de 9 horas por dia conectado)"[131 e 132].

Destarte, dois aspectos importantes, no plano jurídico, merecem ser mencionados em face de aludido direito, que compõem o direito a cidades sustentáveis:

a) o direito ao lazer implica um dever do Poder Público municipal[133 e 134] (que ao mesmo tempo terá a possibilidade de exercitar seu controle social)[135] de assegurar os meios necessários para que determinada população, de

---

131 Informação publicada pela jornalista Catia Luz em 9 de abril de 2019 no Jornal *O Estado de S. Paulo*.

132 O País é o segundo ou o terceiro maior mercado de gigantes como Facebook, Netflix e WhatsApp, conforme informação publicada pela jornalista Catia Luz em 9 de abril de 2019 no Jornal *O Estado de S. Paulo*.

133 Explicam Veríssimo-Bitar-Alvarez que "bordéis, carnaval, praia, futebol, brincadeiras infantis, certamente são alguns dos mais significativos símbolos do lazer público, nem sempre entre paredes, mas inexistentes sem suas relações subjacentes e impossíveis de compreender sem o envolvimento direto que ajude a desvendar os véus". *Vide Vida urbana: a evolução do cotidiano da cidade brasileira*, 2001, *passim*.

134 Nas grandes cidades e nas chamadas cidades médias brasileiras, a falência e mesmo a incompetência do Poder Público em resguardar a incolumidade físico-psíquica da pessoa humana, ou seja, a impotência do Poder Público em garantir às pessoas humanas a prestação de serviços adequados vinculados à segurança pública gerou a necessidade de grande parte do lazer em nossas cidades se desenvolver "entre paredes" e mais especificamente nas áreas privadas de condomínios e particularmente de *shopping centers*. Os espaços públicos, mais e mais descuidados pelo Poder Público, estão sendo substituídos por locais em que fornecedores privados propiciam consumo com segurança, a saber, "lazer com segurança" (e com consumo garantido...).

135 A expressão latina *panem et circenses* traduz de forma eficiente a manipulação do lazer em proveito daqueles que têm o dever de assegurar as atividades prazerosas de mulheres e homens nas cidades em nosso País, sendo certo que, no que se refere ao controle do desporto em níveis mais amplos, nosso legislador elaborou o denominado Estatuto de Defesa do Torcedor exatamente no sentido de regulamentar o lazer em face da ordem econômica do capitalismo. Para um estudo mais aprofundado, *vide* nosso *Curso de direito ambiental brasileiro*, cit.

CAPÍTULO I – DIRETRIZES GERAIS 135

determinada cidade, possa tornar efetivas as atividades necessárias ao seu entretenimento (salas de cinema, teatro, praças, áreas arborizadas, estádios, locais destinados à apresentação de artistas os mais variados, infraestrutura vinculada ao acesso às praias[136], piscinas recreativas, infraestrutura digital etc.); e

b) o direito ao lazer implica componente fundamental destinado a assegurar a incolumidade físico-psíquica da pessoa humana (saúde), integrando a estrutura da dignidade da pessoa humana.

9. Direito à segurança

Conforme temos reiterado na presente obra, a função social da cidade é devidamente cumprida quando esta proporciona a seus habitantes o direito à vida, à liberdade, à igualdade, à segurança e à propriedade, condicionados na forma do que estabelece a Carta Magna e evidentemente em função da garantia a brasileiros e estrangeiros residentes no País do Piso Vital Mínimo.

Destarte, o pleno desenvolvimento das funções sociais da cidade, apontado no art. 2.º da Lei 10.257/2001, exige uma clara participação do Poder Público municipal também no que se refere a garantir a prestação de serviços públicos destinados a assegurar a incolumidade físico-psíquica de brasileiros, na forma do que determina o art. 144 da Constituição Federal.

Com efeito.

A segurança pública, como dever do Estado e direito de brasileiros e estrangeiros residentes no País, é *responsabilidade de todos* (art. 144 da CF), não podendo, evidentemente, o Poder Público municipal deixar de executar, por meio de seus órgãos, a necessária preservação da incolumidade das

---

136 Conforme já tivemos oportunidade de aduzir, entendemos importante destacar que, embora sem qualquer necessidade no plano maior constitucional (visto que as praias – como depósitos que são de sedimento não consolidado, geralmente areia, na zona interdital de uma linha costeira – têm natureza jurídica de recurso ambiental/bem ambiental na forma do que estabelece o art. 225 da CF), entendeu por bem a Constituição do Estado de São Paulo (art. 285) assegurar a todos livre e amplo acesso às praias do litoral paulista, evidentemente observando o direito ao lazer dos paulistas.

136 ESTATUTO DA CIDADE COMENTADO

pessoas visando garantir o bem-estar dos habitantes das cidades. Daí ser fundamental constatar que o direito à segurança também faz parte da garantia do direito a cidades sustentáveis para as presentes e futuras gerações, devendo ser observado como uma prestação de serviço público imposta ao Poder Público municipal, a ser observada em qualquer política de desenvolvimento urbano destinada a ordenar o pleno desenvolvimento das denominadas funções sociais da cidade (art. 182 da CF).

Por via de consequência, a proteção de bens indicada no § 8.º do art. 144 da Constituição Federal em vigor ("os Municípios poderão constituir guardas municipais[137] destinadas à proteção de seus bens, serviços e instalações, conforme dispuser a lei") está a merecer, desde a edição do Estatuto da Cidade, interpretação jurídica menos tacanha e mais adaptada às necessidades da tutela da vida em todas as suas formas, exatamente em face do que estabelecem os dispositivos de direito ambiental constitucional interpretados sistematicamente nesta obra.

O Estatuto da Cidade vem, portanto, regrar no campo jurídico, em face das diretrizes desenvolvidas no art. 2.º, o novo papel da vida metropolitana brasileira do século XXI, hoje situada por antigo fenômeno chamado *globalização*, que ampliou, como ensinam Milton Santos e Maria Laura Silveira[138], a variedade de "tipos econômicos, culturais, religiosos e linguísticos", somada à multiplicação dos "modelos produtivos, de circulação e de consumo, segundo qualificações e quantidades", e, particularmente, com o aumento da "variedade de situações territoriais".

Resta, por via de consequência, fixada a concepção no sentido de que a política urbana, definida no presente dispositivo, tem por objetivo, em apertada síntese, ordenar a cidade em proveito da dignidade da pessoa humana.

---

137 Conforme Pesquisa de Informações Básicas Municipais de 2006, do IBGE, entre as categorias que mais crescem no serviço público dos municípios está a de guardas municipais, existentes em 786 municípios que mantêm um efetivo de 74.797 homens. Inicialmente criadas para proteger bens municipais, essas guardas têm ampliado sua atuação na área de segurança pública, sendo certo que muitas já atendem a ocorrências e participam de ações de rua para controle de ambulantes ilegais.

138 *O Brasil*: território e sociedade no século XXI, cit., p. 287.

CAPÍTULO I – DIRETRIZES GERAIS 137

Art. 3.º *Compete à União, entre outras atribuições de interesse da política urbana:*

I – legislar sobre normas gerais de direito urbanístico;

II – legislar sobre normas para a cooperação entre a União, os estados, o Distrito Federal e os Municípios em relação à política urbana, tendo em vista o equilíbrio do desenvolvimento e do bem-estar em âmbito nacional;

III – promover, por iniciativa própria e em conjunto com os Estados, o Distrito Federal e os Municípios, programas de construção de moradias e melhoria das condições habitacionais, de saneamento básico, das calçadas, dos passeios públicos, do mobiliário urbano e dos demais espaços de uso público;

* *Redação dada pela Lei 13.146/2015.*

IV – instituir diretrizes para desenvolvimento urbano, inclusive habitação, saneamento básico, transporte e mobilidade urbana, que incluam regras de acessibilidade aos locais de uso público;

* *Redação dada pela Lei 13.146/2015.*

V – elaborar e executar planos nacionais e regionais de ordenação do território e de desenvolvimento econômico e social.

Comentário

A competência estabelecida no presente artigo merece considerações aprofundadas. Na repartição de competências legislativas aplica-se, em regra, em face de temas tradicionalmente observados no âmbito do direito constitucional brasileiro, o denominado princípio da predominância dos interesses, de maneira que à União cabem as matérias de interesse nacional, aos Estados, as de interesse regional, enquanto aos municípios as competências legislativas de interesse local. Ocorre que o meio ambiente artificial, em decorrência de suas características, muitas vezes apresenta necessidades que transcendem o interesse local, podendo ocorrer, em várias situações, hipóteses a serem vislumbradas no âmbito regional ou mesmo nacional.

Atento à situação antes descrita, o legislador constituinte adotou sistema de repartição de competências, criando, para tanto, as exclusivas; as privativas, com possibilidade de delegação; as concorrentes, com a formação das normas gerais; e as suplementares e residuais dos Estados e Municípios. Daí a Constituição Federal de 1988 ter atribuído competência legislativa sobre assuntos vinculados ao meio ambiente artificial à União, aos Estados

138 ESTATUTO DA CIDADE COMENTADO

e ao Distrito Federal, conforme dispõe o art. 24, V, VI, VII e VIII, constatando-
-se a existência de competência legislativa concorrente, limitando-se a União
a estabelecer normas gerais (art. 24, § 1.º), hipótese direcionada no Estatuto
da Cidade em decorrência do art. 3.º, I: "Compete à União (...) legislar sobre
normas gerais de direito urbanístico".

Todavia, não se deve perder de vista que aos Municípios também é
atribuída a competência legislativa suplementar, determinando o art. 30, II,
competir a eles suplementar a legislação federal e a estadual no que couber.

Dessa maneira, podemos afirmar que à União coube a fixação de pisos
mínimos de proteção ao meio ambiente artificial, enquanto aos Estados e
Municípios, atendendo aos seus interesses regionais e locais, a de um *teto* de
proteção. Com isso, oportuno estabelecer que os Estados e mesmo os Municípios jamais poderão legislar de modo a oferecer menos proteção à pessoa
humana em face do meio ambiente artificial do que a União, na medida em
que, conforme já estabelecido, a esta cumpre, tão só, fixar regras gerais.

Além disso, a competência concorrente dos Estados e supletiva dos
Municípios revela-se importante, porquanto aqueles e estes, em especial
estes, encontram-se diretamente ligados aos interesses e peculiaridades de
uma determinada região, estando mais aptos a efetivar a proteção ao meio
ambiente artificial determinada pela Carta Magna. De fato, o pleno desenvolvimento do meio ambiente artificial, fixado em face do que estabelece o
art. 2.º do Estatuto da Cidade, exige a participação municipal (*vide* art. 30 da
CF). O Município, adotado como ente federativo (arts. 1.º e 18 da CF), recebeu
autonomia, possuindo competências exclusivas (art. 30, já mencionado) bem
como organização política própria (art. 29). Direcionada a matéria constitucional ao Estatuto da Cidade (particularmente em decorrência da competência observada no art. 3.º, II e III), é possibilitada, por meio da atuação municipal, uma tutela mais efetiva da sadia qualidade de vida, pois resta claro que
é no Município e, portanto, nas cidades que nascemos, trabalhamos, nos re-
lacionamos, consumimos, ou seja, é nas cidades que efetivamente vivemos[139].

---

139 Os próprios eleitores no Brasil, ao que tudo indica, apontam os Municípios como mais importantes para o dia a dia da população. Pesquisa
realizada com determinado número de eleitores no País destacou que as
prefeituras prestam os melhores serviços e deveriam ficar com a maior
parte dos recursos públicos arrecadados. Significativo, por outro lado,

Capítulo I – Diretrizes Gerais 139

Daí a importância de se considerar a competência outorgada à União no art. 3.º adaptada ao comando constitucional que, sem dúvida alguma, aponta o Município como o cerne da estrutura do meio ambiente artificial e, portanto, das regras de direito urbanístico[140].

A competência fixada no presente artigo deverá, por consequência, levar em consideração o processo recente de urbanização no Brasil, que evoluiu da urbanização aglomerada dos anos 1950, com o aumento do número – e da respectiva população – dos núcleos com mais de 20 mil habitantes, tendo em seguida a urbanização concentrada, com a multiplicação de cidades de tamanho intermédio alcançando o atual estágio da metropolização, com o aumento considerável das cidades milionárias e das grandes cidades médias[141].

---

que o governo federal apontou, no mesmo levantamento, sempre a última colocação, mostrando, de forma explícita, a visão tanto quanto possível "real" do povo em face da união. *Vide*, de forma mais aprofundada, o tema Município em nossa obra *O direito de antena...* cit., p. 76-77.

140 Para estudo da competência em matéria ambiental e da competência para a consecução dos objetivos de desenvolvimento da política urbana, *vide* nosso *Curso de direito ambiental brasileiro*, cit., p. 55-60 e 199-200.

141 Para um estudo completo, *vide* Milton Santos e Maria Laura Silveira, *O Brasil*: território e sociedade no século XXI, cit., *passim*.

Capítulo II
Dos Instrumentos da Política Urbana
Seção I
Dos Instrumentos em Geral

Art. 4.º *Para os fins desta Lei, serão utilizados, entre outros instrumentos:*

I – planos nacionais, regionais e estaduais de ordenação do território e de desenvolvimento econômico e social;

II – planejamento das regiões metropolitanas, aglomerações urbanas e microrregiões;

III – planejamento municipal, em especial:

a) plano diretor[1];

b) disciplina do parcelamento, do uso e da ocupação do solo[2 e 3];

---

1   *Vide* nossos comentários vinculados aos arts. 39 a 42-A.

2   "Processual civil. Administrativo. Ambiental e urbanístico. Loteamento C. l. Ação civil pública. Ação de nunciação de obra nova. Restrições urbanístico-ambientais convencionais estabelecidas pelo loteador. Estipulação contratual em favor de terceiro, de natureza *propter rem*. Descumprimento. Prédio de nove andares, em área onde só se admitem residências unifamiliares. Pedido de demolição. Vício de legalidade e de legitimidade do alvará. *Ius variandi* atribuído ao município. Incidência do princípio da não regressão (ou da proibição de retrocesso) urbanístico-ambiental. Violação ao art. 26, VII, da Lei 6.766/79 (Lei Lehmann), ao art. 572 do Código Civil de 1916 (art. 1.299 do Código Civil de 2002) e à legislação municipal. Art. 334, I, do Código de Processo Civil. Voto-mérito. 1. As restrições urbanístico-ambientais convencionais, historicamente de pouco uso ou respeito no caos das cidades brasileiras, estão em ascensão, entre nós e no Direito Comparado, como veículo de estímulo a um novo consensualismo solidarista, coletivo e intergeracional, tendo por objetivo primário garantir às gerações presentes e futuras es-

142 Estatuto da Cidade Comentado

paços de convivência urbana marcados pela qualidade de vida, valor estético, áreas verdes e proteção contra desastres naturais. 2. Nessa renovada dimensão ética, social e jurídica, as restrições urbanístico-ambientais convencionais conformam genuína índole pública, o que lhes confere caráter privado apenas no nome, porquanto não se deve vê-las, de maneira reducionista, tão só pela ótica do loteador, dos compradores originais, dos contratantes posteriores e dos que venham a ser lindeiros ou vizinhos. 3. O interesse público nas restrições urbanístico-ambientais em loteamentos decorre do conteúdo dos ônus enumerados, mas igualmente do licenciamento do empreendimento pela própria administração e da extensão de seus efeitos, que iluminam simultaneamente os vizinhos internos (= coletividade menor) e os externos (= coletividade maior), de hoje como do amanhã. 4. As restrições urbanístico-ambientais, ao denotarem, a um só tempo, interesse público e interesse privado, atrelados simbioticamente, incorporam uma natureza *propter rem* no que se refere à sua relação com o imóvel e aos seus efeitos sobre os não contratantes, uma verdadeira estipulação em favor de terceiros (individual e coletivamente falando), sem que os proprietários-sucessores e o próprio empreendedor imobiliário original percam o poder e a legitimidade de fazer respeitá-las. Nelas, a sábia e prudente voz contratual do passado é preservada, em genuíno consenso intergeracional que antecipa os valores urbanístico-ambientais do presente e veicula as expectativas imaginadas das gerações vindouras. 5. A Lei Lehmann (Lei 6.766/1979) contempla, de maneira expressa, as 'restrições urbanísticas convencionais do loteamento, supletivas da legislação pertinente' (art. 26, VII). Do dispositivo legal resulta, assim, que as restrições urbanístico-ambientais legais apresentam-se como normas-piso, sobre as quais e a partir das quais operam e se legitimam as condicionantes contratuais, valendo, em cada área, por isso mesmo, a que for mais restritiva (= regra da maior restrição). 6. Em decorrência do princípio da prevalência da lei sobre o negócio jurídico privado, as restrições urbanístico-ambientais convencionais devem estar em harmonia e ser compatíveis com os valores e exigências da Constituição Federal, da Constituição Estadual e das normas infraconstitucionais que regem o uso e a ocupação do solo urbano. 7. Negar a legalidade ou legitimidade de restrições urbanístico-ambientais convencionais, mais rígidas que as legais, implicaria recusar cumprimento ao art. 26, VII, da Lei Lehmann, o que abriria à especulação imobiliária ilhas verdes solitárias de São Paulo (e de outras cidades brasileiras), como o Jardim Europa, o Jardim América, o Pacaembu, o Alto de Pinheiros e, no caso dos autos, o Alto da Lapa e a Bela Aliança (City Lapa). 8. As cláusulas urbanístico-ambientais convencionais, mais rígidas que as restrições legais, correspondem a inequívoco direito dos moradores de um bairro ou região de optarem por espaços verdes, controle do adensamento e da verticalização, melhoria da estética urbana e

Capítulo II – Dos Instrumentos da Política Urbana 143

sossego. 9. A Administração não fica refém dos acordos 'egoísticos' firmados pelos loteadores, pois reserva para si um *ius variandi*, sob cuja égide as restrições urbanístico-ambientais podem ser ampliadas ou, excepcionalmente, afrouxadas. 10. O relaxamento, pela via legislativa, das restrições urbanístico-ambientais convencionais, permitido na esteira do *ius variandi* de que é titular o Poder Público, demanda, por ser absolutamente fora do comum, ampla e forte motivação lastreada em clamoroso interesse público, postura incompatível com a submissão do administrador a necessidades casuísticas de momento, interesses especulativos ou vantagens comerciais dos agentes econômicos. 11. O exercício do *ius variandi*, para flexibilizar restrições urbanístico-ambientais contratuais, haverá de respeitar o ato jurídico perfeito e o licenciamento do empreendimento, pressuposto geral que, no Direito urbanístico, como no Direito ambiental, é decorrência da crescente escassez de espaços verdes e dilapidação da qualidade de vida nas cidades. Por isso mesmo, submete-se ao princípio da não regressão (ou, por outra terminologia, princípio da proibição de retrocesso), garantia de que os avanços urbanístico-ambientais conquistados no passado não serão diluídos, destruídos ou negados pela geração atual ou pelas seguintes. 12. Além do abuso de direito, de ofensa ao interesse público ou inconciliabilidade com a função social da propriedade, outros motivos determinantes, sindicáveis judicialmente, para o afastamento, pela via legislativa, das restrições urbanístico-ambientais podem ser enumerados: a) a transformação do próprio caráter do direito de propriedade em questão (quando o legislador, p. ex., por razões de ordem pública, proíbe certos tipos de restrições), b) a modificação irrefutável, profunda e irreversível do aspecto ou destinação do bairro ou região; c) o obsoletismo valorativo ou técnico (surgimento de novos valores sociais ou de capacidade tecnológica que desconstitui a necessidade e a legitimidade do ônus), e d) a perda do benefício prático ou substantivo da restrição. 13. O ato do servidor responsável pela concessão de licenças de construção não pode, a toda evidência, suplantar a legislação urbanística que prestigia a regra da maior restrição. À luz dos princípios e rédeas prevalentes no Estado Democrático de Direito, impossível admitir que funcionário, ao arrepio da legislação federal (Lei Lehmann), possa revogar, pela porta dos fundos e casuisticamente, conforme a cara do freguês, as convenções particulares firmadas nos registros imobiliários. 14. A regra da maior restrição (ou, para usar a expressão da Lei Lehmann, restrições 'supletivas da legislação pertinente') é de amplo conhecimento do mercado imobiliário, já que, sobretudo no Estado de São Paulo, foi reiteradamente prestigiada em inúmeros precedentes da Corregedoria-Geral de Justiça, em processos administrativos relativos a Cartórios de Imóveis, além de julgados proferidos na jurisdição contenciosa. 15. Irrelevante que as restrições convencionais não constem do contrato de compra e venda firma-

144 ESTATUTO DA CIDADE COMENTADO

do entre a incorporadora construtora e o proprietário atual do terreno. No campo imobiliário, para quem quer saber o que precisa saber, ou confirmar o que é de conhecimento público, basta examinar a matrícula do imóvel para aferir as restrições que sobre ele incidem, cautela básica até para que o adquirente verifique a cadeia dominial, assegure-se da validade da alienação e possa, futuramente, alegar sua boa-fé. Ao contrato de compra e venda não se confere a força de eliminar do mundo jurídico as regras convencionais fixadas no momento do loteamento e constantes da matrícula do imóvel ou dos termos do licenciamento urbanístico-ambiental. Aqui, como de resto em todo o Direito, a ninguém é dado transferir o que não tem ou algo de que não dispõe – *nemo dat quod non habet*. 16. Aberrações fáticas ou jurídicas, em qualquer campo da vida em sociedade, de tão notórias e autoevidentes falam por si mesmas e independem de prova, especializada ou não (Código de Processo Civil, art. 334, I), tanto mais quando o especialista empresário, com o apoio do Administrador desidioso e, infelizmente, por vezes corrupto, alega ignorância daquilo que é do conhecimento de todos, mesmo dos cidadãos comuns. 17. Condenará a ordem jurídica à desmoralização e ao descrédito o juiz que legitimar o rompimento odioso e desarrazoado do princípio da isonomia, ao admitir que restrições urbanístico-ambientais, legais ou convencionais, valham para todos, à exceção de uns poucos privilegiados ou mais espertos. O descompasso entre o comportamento de milhares de pessoas cumpridoras de seus deveres e responsabilidades sociais e a astúcia especulativa de alguns basta para afastar qualquer pretensão de boa-fé objetiva ou de ação inocente. 18. O Judiciário não desenha, constrói ou administra cidades, o que não quer dizer que nada possa fazer em seu favor. Nenhum juiz, por maior que seja seu interesse, conhecimento ou habilidade nas artes do planejamento urbano, da arquitetura e do paisagismo, reservará para si algo além do que o simples papel de engenheiro do discurso jurídico. E, sabemos, cidades não se erguem, nem evoluem, à custa de palavras. Mas palavras ditas por juízes podem, sim, estimular a destruição ou legitimar a conservação, referendar a especulação ou garantir a qualidade urbanístico-ambiental, consolidar erros do passado, repeti-los no presente, ou viabilizar um futuro sustentável. 19. Recurso Especial não provido. ACÓRDÃO. Vistos, relatados e discutidos os autos em que são partes as acima indicadas, acordam os Ministros da Segunda Turma do Superior Tribunal de Justiça: 'Prosseguindo-se no julgamento, após o voto-desempate do Sr. Ministro Mauro Campbell Marques, a Turma, por maioria, negou provimento ao recurso, nos termos do voto do Sr. Ministro Relator. Vencidos os Srs. Ministros Eliana Calmon e Humberto Martins'. Os Srs. Ministros Mauro Campbell Marques e Castro Meira votaram com o Sr. Ministro Relator. Dr. Ruy Carlos de Barros Monteiro, pela parte recorrente: C. C. E I. LTDA., Dr.(a). Berenice de Toledo Krücken Martin, pela parte recorri-

Capítulo II – Dos Instrumentos da Política Urbana 145

da: A. dos A. e M. do A. da L. e B. A. – ASSAMPALBA, Dr.(a). Vadim da Costaarsky, pela parte RECORRIDA: M. D. S. P." (STJ, 2.ª Turma, REsp 302.906-SP, rel. Min. Herman Benjamin, j. 26-8-2010, *DJe* 1.º-12-2010).

3 "Processual civil e administrativo. Melhorias na favela da Rocinha-RJ. Desapropriação. Competência do estado. Art. 23, VI, IX e X, da CF. Disciplina do uso do solo urbano. Desvio de finalidade. Risco ao serviço público prestado pela empresa. Inexistência de Comprovação. 1. Hipótese em que o Estado publicou Decretos expropriatórios com a finalidade de conter o crescimento da Favela da Rocinha (Rio de Janeiro), reassentar moradores retirados de áreas de risco, permitir a construção de equipamentos de saúde e de atendimento às crianças e melhorar as condições sanitárias. 2. Não se trata de mera ordenação do solo urbano (competência do Município), mas de medidas inseridas na competência comum do Estado (art. 23, VI, IX e X, da CF). 3. Mesmo que suas ações e programas incidam – como ordinariamente incidem – na forma de ocupação do solo urbano, a União e os Estados são titulares de ampla competência para, sozinhos ou em cooperação com os Municípios, proteger o meio ambiente e combater a poluição, preservar as florestas, a flora e a fauna, promover a melhoria das condições habitacionais e de saneamento básico, e impulsionar a integração social de setores desfavorecidos. 4. Controvérsia quanto às finalidades do Decreto expropriatório não pode ser dirimida em Mandado de Segurança, pois isso demandaria, no presente caso, dilação probatória incompatível com o rito do *writ*. 5. Inexiste desvio de finalidade, pois não há evidência de que a provável desapropriação visa a atender outros interesses que não aqueles apontados pelo Estado. 6. A impetrante não comprovou efetivo risco de desapossamento sumário, com prejuízo à continuidade do serviço público; tampouco houve demonstração de que os imóveis estivessem afetados ao serviço de transporte. O Mandado de Segurança pressupõe prova pré-constituída dos fatos alegados, o que não foi observado pela empresa. 7. Ainda que se admita a afetação do imóvel da impetrante, a desapropriação não implica, por si, risco à continuidade do serviço público. Nada impede que a empresa desloque seus veículos para outra localidade, considerando que o Estado, em nenhum momento, nega ao particular o direito à prévia indenização. 8. Recurso Ordinário não provido. Acórdão. Vistos, relatados e discutidos os autos em que são partes as acima indicadas, acordam os Ministros da Segunda Turma do Superior Tribunal de Justiça: 'a Turma por unanimidade, negou provimento ao recurso ordinário, nos termos do voto do(a) Sr(a). Ministro(a) Relator(a) Os Srs. Ministros Mauro Campbell Marques, Eliana Calmon, Castro Meira e Humberto Martins votaram com o Sr. Ministro Relator. Dr(a). Aldo Santos Junior, pela parte Recorrida: Estado do Rio de Janeiro'" (STJ, 2.ª Turma, RMS 27.385-RJ, rel. Min. Herman Benjamin, j. 20-8-2009, *DJe* 27-4-2011).

146 Estatuto da Cidade Comentado

c) *zoneamento ambiental;*

d) *plano plurianual;*

e) *diretrizes orçamentárias e orçamento anual;*

f) *gestão orçamentária participativa;*

g) *planos, programas e projetos setoriais;*

h) *planos de desenvolvimento econômico e social;*

IV – institutos tributários e financeiros:

a) *imposto sobre a propriedade predial e territorial urbana – IPTU;*

b) *contribuição de melhoria;*

c) *incentivos e benefícios fiscais e financeiros;*

V – institutos jurídicos e políticos:

a) *desapropriação;*

b) *servidão administrativa;*

c) *limitações administrativas;*

d) *tombamento de imóveis ou de mobiliário urbano;*

e) *instituição de unidades de conservação;*

f) *instituição de zonas especiais de interesse social;*

g) *concessão de direito real de uso;*

h) *concessão de uso especial para fins de moradia;*

i) *parcelamento, edificação ou utilização compulsórios;*

j) *usucapião especial de imóvel urbano;*

l) *direito de superfície;*

m) *direito de preempção;*

n) *outorga onerosa do direito de construir e de alteração de uso;*

o) *transferência do direito de construir;*

p) *operações urbanas consorciadas;*

q) *regularização fundiária;*

r) *assistência técnica e jurídica gratuita para as comunidades e grupos sociais menos favorecidos;*

s) *referendo popular e plebiscito;*

t) *demarcação urbanística para fins de regularização fundiária;*

CAPÍTULO II – DOS INSTRUMENTOS DA POLÍTICA URBANA 147

* Alínea t acrescentada pela Lei 11.977/2009.

u) legitimação de posse;

* Alínea u acrescentada pela Lei 11.977/2009.

VI – estudo prévio de impacto ambiental (EIA) e estudo prévio de impacto de vizinhança (EIV).

§ 1.º Os instrumentos mencionados neste artigo regem-se pela legislação que lhes é própria, observado o disposto nesta Lei.

§ 2.º Nos casos de programas e projetos habitacionais de interesse social, desenvolvidos por órgãos ou entidades da Administração Pública com atuação específica nessa área, a concessão de direito real de uso de imóveis públicos poderá ser contratada coletivamente.

§ 3.º Os instrumentos previstos neste artigo que demandam dispêndio de recursos por parte do Poder Público municipal devem ser objeto de controle social, garantida a participação de comunidades, movimentos e entidades da sociedade civil.

Comentário

Para os fins previstos no Estatuto da Cidade, a saber, na execução da política urbana vinculada ao objetivo de ordenar a cidade em proveito da dignidade da pessoa humana, a Lei 10.257/2001 estabeleceu alguns *instrumentos*[4], dentre outros, exatamente com a finalidade de fazer com que o di-

---

4 "Agravo regimental em recurso extraordinário com agravo. Direito fundamental à moradia. Imóvel público. Loteamento irregular. Inércia do poder público. Diretrizes e instrumentos da política urbana. Aplicabilidade. Agravo regimental desprovido. 1. É firme o entendimento deste Tribunal de que o Poder Judiciário pode, sem que fique configurada violação ao princípio da separação dos Poderes, determinar a implementação de políticas públicas em defesa de direitos fundamentais. 2. O exercício do poder de polícia de ordenação territorial pode ser analisado a partir dos direitos fundamentais, que constituem, a toda evidência, o fundamento e o fim da atividade estatal. 3. Na presença de instrumentos do Estatuto das Cidades (Lei n. 10.257/01) para efetivar as diretrizes constitucionais, é razoável exigir do poder público medidas para mitigar as consequências causadas pela demolição de construções familiares erigidas em terrenos irregulares. 4. Diante da previsão constitucional expressa do direito à moradia (art. 6.º, CF) e do princípio da dignidade humana (art. 1.º, III, CF), é consentâneo com a ordem normativa concluir

148 ESTATUTO DA CIDADE COMENTADO

ploma se efetive no sentido de organizar as necessidades de brasileiros e estrangeiros aqui residentes dentro da ordem econômica capitalista. Dentre os instrumentos apontados, entendeu por bem o legislador estabelecer planos (art. 4.º, I), planejamentos (art. 4.º, II e III), institutos (art. 4.º, IV e V) e, principalmente, impor no plano infraconstitucional a utilização do estudo prévio de impacto ambiental (art. 4.º, VI), instrumento por excelência de tutela do meio ambiente artificial.

Deu relevância particular, no âmbito do planejamento municipal, tanto ao plano diretor (art. 4.º, III, *a*, bem como arts. 39 a 42 do Estatuto) como à disciplina do parcelamento, do uso e da ocupação do solo (art. 4.º, III, *b*, assim como arts. 5.º e 6.º do Estatuto).

Destacou no âmbito dos institutos tributários e financeiros o imposto sobre a propriedade predial e territorial urbana – IPTU (art. 4.º, IV, *a*, bem como art. 7.º do Estatuto).

Disciplinou, de forma ampla, vários institutos jurídicos e políticos, a saber, a desapropriação (art. 4.º, V, *a*, bem como art. 8.º do Estatuto), a concessão de uso especial para fins de moradia (art. 4.º, V, *h*, assim como arts. 15 a 20 do Estatuto, dispositivos estes vetados, conforme mensagem de veto 730), usucapião especial de imóvel urbano (art. 4.º, V, *j*, bem como arts. 9.º a 14 do Estatuto), o direito de superfície (art. 4.º, V, *l*, assim como arts. 21 a 24 do Estatuto), o direito de preempção (art. 4.º, V, *m*, assim como arts. 25 a 27 do Estatuto), outorga onerosa do direito de construir e de alteração de uso (art. 4.º, V, *n*, bem como arts. 28 a 31 do Estatuto), transferência do direito de construir (art. 4.º, V, *o*, assim como art. 35 do Estatuto) e ainda o instrumento das denominadas operações urbanas consorciadas (art. 4.º, V, *p*, assim como arts. 32 a 34 do Estatuto).

Realizou de forma clara, no âmbito do meio ambiente artificial, os critérios infraconstitucionais disciplinadores do estudo prévio de impacto ambiental[5 e 6], criando o estudo prévio de impacto de vizinhança (art. 4.º, VI, e arts. 36 a 38 do Estatuto).

---

não ser discricionário ao poder público a implementação de direitos fundamentais, mas apenas a forma de realizá-la. 5. Agravo regimental a que se nega provimento" (ARE 908.144 AgR-DF, 2.ª Turma, rel. Min. Edson Fachin, j. 17-8-2018, *DJe-175* divulg. 24-8-2018, public. 27-8-2018).

5   Dos 5.570 municípios brasileiros, 70% não fazem licenciamento ambiental de empreendimentos e atividades que têm impacto na natureza,

Capítulo II – Dos Instrumentos da Política Urbana 149

Referidos instrumentos, que serão oportunamente comentados, serão regidos evidentemente pela legislação vinculada ao meio ambiente artificial, que lhes é própria (art. 4.º, § 1.º, da Lei 10.257/2001).

Todavia, não se olvidou o Estatuto da Cidade de destacar alguns outros instrumentos relevantes para a política urbana, conforme passaremos imediatamente a comentar.

O *zoneamento ambiental* merece ser referido como importante instrumento de planejamento municipal previsto em Lei (art. 4.º, III, *c*). Todavia, cabe distinguir preliminarmente o tema em face do princípio ambiental do desenvolvimento sustentável. Conforme matéria já tratada em nosso *Curso de direito ambiental brasileiro*, ao cuidarmos dos princípios relativos ao meio ambiente, evidencia grande destaque a necessidade de manutenção das bases vitais da produção e reprodução do homem e de suas atividades, garantindo-se igualmente uma relação satisfatória entre os homens e destes com o seu ambiente no sentido de que as presentes e futuras gerações também possam ter a oportunidade de desfrutar dos mesmos recursos que possuímos nos dias de hoje. Daí o dever da coletividade bem como do Poder Público de preservar o meio ambiente para as presentes e futuras gerações. O zoneamento ambiental é um tema que se encontra relacionado ao aludido princípio na medida em que objetiva disciplinar de que forma será compatibilizado o desenvolvimento industrial, as zonas de conservação da vida silvestre e a própria habitação do homem, tendo em vista sempre a manutenção de uma vida com qualidade às presentes e futuras gerações (art. 225 da CF). As funções sociais da cidade necessitam, portanto, do zoneamento ambiental como instrumento vinculado ao propósito de garantir bem-estar aos habitantes de determinado Município, o que significa afirmar a necessidade do estabelecimento dos denominados espaços ambientais (porções do território estabelecidas com a finalidade de proteção e preservação do meio ambiente).

---

conforme dados indicados pelo Perfil dos Municípios Brasileiros (Munic) 2015, levantamento do Instituto Brasileiro de Geografia e Estatística (IBGE), divulgado em 15 de abril de 2016, revelando inclusive a ausência de um corpo técnico capacitado para desempenhar esse tipo de tarefa nas prefeituras, em especial nas cidades pequenas e médias.

6   Para estudo detalhado, *vide* FIORILLO, Celso Antonio Pacheco; FERREIRA, Paulo; MORITA, Dione Mari. *Licenciamento ambiental*. 3. ed. São Paulo: Saraiva, 2019.

150 ESTATUTO DA CIDADE COMENTADO

O zoneamento é uma medida não jurisdicional, oriunda do poder constitucional atribuído ao Estado, centrada em dois fundamentos: a repartição do solo urbano municipal e a designação do seu uso. Na medida em que estabelece importante limitação ao uso do solo particular, já vinha sendo observado, antes da Lei 10.257/2001, como importante instrumento da própria política nacional do meio ambiente (Lei 6.938/1981), e classifica-se em zoneamento para pesquisas ecológicas; em parques públicos; em áreas de proteção ambiental; costeiro; e industrial[7].

Outro destacado instrumento, no âmbito dos institutos jurídicos e políticos definidos no art. 4.º, é o *tombamento de imóveis ou de mobiliário urbano* (art. 4.º, V, *d*). De origem remota (possuía conceito e características de acordo com o estabelecido no Dec.-lei 25/1937, com orientação adaptada à terminologia *tombar*, com significado de inscrever no livro do tombo, que, por sua vez, indicava a existência nas repartições competentes de um registro pormenorizado do bem que se pretendia preservar mediante a custódia do poder público), o instrumento guarda sintonia com o meio ambiente artificial e, por via de consequência, *tem natureza jurídica de instrumento constitucional de acautelamento e preservação*, conforme determina o art. 216, § 1.º, da Carta Magna. O Estatuto da Cidade cuida, portanto, do tombamento ambiental, instrumento destinado à preservação de imóveis ou mobiliário urbano com valoração cultural, de acordo com o que estabelecem os arts. 215 e 216 da CF[8]. Referido instrumento tem como finalidade garantir a denomi-

---

7 Para um estudo mais aprofundado *vide* nosso *Curso de direito ambiental brasileiro*, cit., p. 76-79 e 201-207.

8 A defesa dos valores culturais imateriais em nosso País vem merecendo (principalmente com a inequívoca importância trazida pela Constituição Federal) destaque inclusive por parte das administrações municipais. A revitalização de ruas começa a assumir importante função, como é o caso do projeto, iniciado em maio de 2001, da Prefeitura do Rio de Janeiro, em conjunto com comerciantes locais, de desenvolver estrutura vinculada à revitalização da Rua do Ouvidor. Mais importante via do Rio de Janeiro e do Brasil e famosa desde sua fundação em data não conhecida – provavelmente no século XVII –, ela foi a primeira a receber calçamento, iluminação, energia elétrica, cinema e telefone. Frequentada por D. Pedro I (que costumava visitar uma francesa conhecida como madame Saisset, cujo marido era decorador e trabalhava na corte) e cenário de contos e romances de Machado de Assis (que em 1876 escreveu

CAPÍTULO II – DOS INSTRUMENTOS DA POLÍTICA URBANA 151

nada reconversão dentro de um conjunto de intervenções arquitetônicas destinadas fundamentalmente a atualizar bem como preservar o acervo construído, viabilizando-lhe a utilização para novo fim uma vez respeitadas as características fundamentais da construção. Com isso objetiva respeitar a dignidade das pessoas vinculadas à cidade, observando respeito a seus mais importantes valores imateriais de índole cultural. O tombamento ambiental descrito no art. 4.º, V, *d*, diz respeito, por via de consequência, a instrumento constitucional adaptado à tutela de bem de uso comum do povo e essencial à sadia qualidade de vida (bem ambiental – art. 225 da CF), compreendendo tanto aqueles de natureza material como imaterial, tomados em conjunto ou individualmente, desde que portadores de referência à identidade, à ação, à memória dos diferentes grupos formadores da sociedade brasileira, exatamente em conformidade com o que estabelecem os incisos I, II, III, IV e V do art. 216 da Carta Magna[9].

A instituição de *unidades de conservação*, criada pelo art. 4.º, V, *e*, do Estatuto, tem como finalidade estabelecer instrumento destinado a constituir espaço territorial e seus componentes, incluindo os recursos hídricos, com características naturais relevantes, legalmente disciplinados por órgão competente, com objetivos de conservação e limites definidos sob regime legal, ao qual se aplicam garantias de proteção adaptadas às diretrizes gerais dos objetivos da política urbana estabelecidos no art. 2.º da presente Lei. A exemplo do zoneamento ambiental, também tem configuração constitucional claramente definida no art. 225, § 1.º, III (que determina incumbência ao

---

em suas *Crônicas* que "uma cidade é um corpo de pedra com um rosto. E o rosto da cidade fluminense é esta rua"), a Rua do Ouvidor abrigou Tiradentes em suas pousadas, recebeu encontros de políticos e intelectuais famosos, tendo sido palco do desfile carnavalesco carioca. O projeto, que num primeiro momento foi orientado à desocupação das ruas pelos camelôs bem como recuperação das calçadas e das galerias de águas pluviais, passará por uma segunda etapa, que consistirá na "reinvenção" da rua, ganhando réplicas de caixas de correio, bancos, luminárias e telefones públicos antigos e placas de sinalização de prédios históricos, assim como mobiliário antigo copiado de fotografias ou de arquivos que estão no Museu de Imagem e do Som (MIS).

9   Para estudo detalhado, *vide* FIORILLO, Celso Antonio Pacheco; FERREIRA, Renata Marques. *Tutela jurídica do patrimônio cultural brasileiro em face do direito ambiental constitucional*. Rio de Janeiro: Lumen Juris, 2018.

152 Estatuto da Cidade Comentado

Poder Público no sentido de definir, em todas as unidades da Federação, espaços territoriais e seus componentes a serem especialmente protegidos), e situação anteriormente tutelada pela Lei 6.938/1981 (Política Nacional do Meio Ambiente), que já determinava que os espaços territoriais especialmente protegidos configuravam instrumento da referida política[10].

A instituição de *zonas especiais de interesse social* diz respeito a instrumento, criado pelo art. 4.º, V, *f*, que visa estabelecer, no plano infraconstitucional, o comando descrito no art. 225, § 1.º, III, da CF. Os espaços especialmente protegidos poderão estar localizados em áreas públicas ou mesmo áreas privadas. Por serem dotados de atributos ambientais, merecem um tratamento diferenciado e especial porque, uma vez assim declarados, sujeitar-se-ão ao regime jurídico do meio ambiente artificial.

Cabe ainda destacar o *referendo popular e plebiscito* como importante instrumento da política urbana, estabelecido pelo art. 4.º, V, *s*, do Estatuto. Partindo-se do que estabelece o parágrafo único do art. 1.º da CF, todo o poder emana do povo, que o exerce por meio de representantes eleitos (sufrágio universal e partidos políticos), conforme já tivemos oportunidade de comentar em nossa obra *O direito de antena em face do direito ambiental no Brasil*[11], ou diretamente por meio de iniciativa popular, visando leis complementares e ordinárias (art. 61, § 2.º). A iniciativa popular surgiu pela primeira vez na história constitucional brasileira com a promulgação da Constituição Federal de 1988, sendo prevista, como já afirmado, no art. 61, § 2.º, e referida também no inciso III do art. 14. Interessa apontar, no âmbito do presente trabalho, que em nosso País um dos projetos de lei de iniciativa popular foi justamente o destinado a criar o Fundo Nacional de Moradia Popular – FNMP e o Conselho Nacional de Moradia. Referido projeto foi apresentado em 19-11-1991 ao Congresso Nacional, demonstrando de forma didática que, a partir da Carta Magna em vigor, o legislador adotou visão clara no sentido de dar grande importância à participação da população. Daí a razão de ser de o Estatuto da Cidade situar o referendo popular bem como

---

10 *Vide* espaços ambientais, espaços territoriais especialmente protegidos e unidades de conservação em nosso *Curso de direito ambiental brasileiro*. São Paulo: Saraiva, 2019.

11 *O direito de antena...*, cit., *passim*.

CAPÍTULO II – DOS INSTRUMENTOS DA POLÍTICA URBANA 153

o plebiscito como importantes instrumentos adaptados a institutos jurídicos e políticos destinados a assegurar a eficácia da lei.

Outro tema vinculado aos instrumentos de política urbana foi estabelecido pela Lei 11.977/2009.

Elaborada com a finalidade de criar mecanismos de incentivo à produção e à aquisição de novas unidades habitacionais pelas famílias com renda mensal de até 10 salários mínimos, que residam em qualquer um dos municípios brasileiros, assim como destinada a estabelecer critérios de regularização fundiária de assentamentos localizados em áreas urbanas, a Lei 11.977/2009 deve ser interpretada necessariamente em face do Estatuto da Cidade (Lei 10.257/2001), como mais um dos instrumentos destinados a garantir o objetivo determinado pela Constituição Federal de garantir o bem-estar dos habitantes, bem como o de ordenar o pleno desenvolvimento das funções sociais da cidade (art. 182 da CF) em face da tutela jurídica do meio ambiente artificial.

Destarte, como verdadeira norma instrumental adaptada necessariamente às diretrizes gerais da política urbana fixadas pelo Estatuto da Cidade, a lei antes referida estabelece um Programa Nacional de Habitação Urbana (art. 4.º) que visa subsidiar a produção e aquisição de imóvel para os segmentos populacionais com renda familiar mensal de até seis salários mínimos.

Além disso, trata da regularização fundiária de assentamentos[12] urbanos[13] (art. 46), definindo juridicamente o tema como um conjunto de medidas

---

12 "*Assentamento*: 4.1 Núcleo de povoamento constituído por camponeses ou trabalhadores rurais" (*Dicionário Houaiss da língua portuguesa*, Rio de Janeiro, Objetiva, 2001, p. 320). Conforme a Wikipédia, a enciclopédia livre, *assentamento* é um termo geral usado na arqueologia, história da paisagem e outros assuntos de forma permanente ou temporária da comunidade em que vivem as pessoas, que evita ser específico quanto ao tamanho, população e importância. Um assentamento pode, portanto, variar em tamanho, de um pequeno número de habitações agrupadas ao redor das cidades, com maiores áreas urbanizadas. O termo pode incluir aldeias, vilas e cidades.

13 Conforme a Wikipédia, a enciclopédia livre, assentamento de tipo urbano (em russo, посёлок городского типа, posiolok gorodskogo tipa; em ucraniano, селище міського типу, selishche mis'koho typu – abreviado em

154 Estatuto da Cidade Comentado

jurídicas, urbanísticas[14], ambientais e sociais que visam à regularização jurídica de assentamentos irregulares e à titulação jurídica de seus ocupantes, de modo a garantir:

a) o direito social à moradia;

b) o pleno desenvolvimento das funções sociais da propriedade urbana; e

c) o direito ao meio ambiente ecologicamente equilibrado.

п.г.т./c.m.т.) é uma designação oficial para um tipo de localidade urbana usado em alguns países da antiga união Soviética.

14   O jornal *O Estado de S. Paulo* (edição de 19 set. 2009), ao publicar caderno dedicado à Pesquisa Nacional por Amostras de Domicílios – o mais amplo levantamento sobre a realidade do País –, indicou que, "em termos proporcionais, no ano passado a ligação dos lares brasileiros à internet cresceu em ritmo maior que sua conexão às redes de recolhimento de esgoto, segundo apontou a Pnad 2008. A sondagem realizada e divulgada pelo Instituto Brasileiro de Geografia e Estatística – IBGE demonstra que, enquanto o número de residências ligadas à web passou de 20% para 23,8% (mais 3,8 pontos porcentuais) de 2007 para 2008, o número de casas com esgoto coletado subiu apenas 1,4 ponto. Com uma peculiaridade: na Região Norte, reduziu-se em 0,5 ponto porcentual (de 10% para 9,5%) a proporção de lares conectados ao esgotamento e cresceu 5,5 pontos a proporção de domicílios servidos por fossa séptica – mais 308 mil de um ano para o outro. A região tinha ainda 1,6 milhão de casas sem nenhum tipo de recolhimento dos dejetos.

Segundo a Pnad, em 2008 o Brasil tinha 30,2 milhões domicílios conectados às redes de esgoto – eram 28,4 milhões no ano anterior. Ainda assim, a proporção de casas com ligação às redes de esgoto permaneceu pouco além da metade. Em 2007, era 51,1%; em 2008, chegou a 52,5%. Houve queda, de um ano para o outro, na proporção de domicílios que usavam fossas sépticas. Eram 22,3% (12,4 milhões) e passaram para 20,7% (11,9 milhões).

Houve, porém, crescimento (nominal e proporcional) nas residências que não dispunham nem de ligação às redes coletoras, nem de fossas, para destinar os seus dejetos. De 14,8 milhões de residências (26,6%) com essa característica em 2007, passou-se para 15,4 milhões (26,8%) em 2008. *Ou seja, pouco mais de um em cada quatro lares brasileiros não tem nenhum tipo de recolhimento do material de esgoto, provavelmente poluindo cursos d'água e contribuindo para doenças, como gastroenterites, que pioram os índices de mortalidade infantil".*

CAPÍTULO II – DOS INSTRUMENTOS DA POLÍTICA URBANA 155

A regularização fundiária[15], além de evidentemente ter de respeitar as diretrizes gerais da política urbana estabelecidas no Estatuto da Cidade (Lei 10.257/2001), também deverá observar *princípios específicos* indicados no art. 48 da Lei 11.977/2009, a saber:

1) ampliação do acesso à terra urbanizada pela população de baixa renda, com prioridade para sua permanência na área ocupada, assegurados o nível adequado de habitabilidade e a melhoria das condições de sustentabilidade urbanística, social e ambiental;

2) articulação com as políticas setoriais de habitação, de meio ambiente, de saneamento básico e de mobilidade urbana, nos diferentes níveis de governo e com as iniciativas públicas e privadas, voltadas à integração social e à geração de emprego e renda;

3) participação dos interessados em todas as etapas do processo de regularização;

4) estímulo à resolução extrajudicial de conflitos; e

5) concessão do título preferencialmente para a mulher.

Poderão promover a regularização fundiária, na forma do que estabelece o art. 50, não só a União, os Estados, o Distrito Federal e os Municípios, mas também todo e qualquer beneficiário de aludida regularização de forma individual ou coletiva (art. 50, I), assim como cooperativas habitacionais,

---

15 Estabelece o art. 51 da Lei 11.977/2009 que "o projeto de regularização fundiária deverá definir, no mínimo, os seguintes elementos: I – as áreas ou lotes a serem regularizados e, se houver necessidade, as edificações que serão relocadas; II – as vias de circulação existentes ou projetadas e, se possível, as outras áreas destinadas a uso público; III – as medidas necessárias para a promoção da sustentabilidade urbanística, social e ambiental da área ocupada, incluindo as compensações urbanísticas e ambientais previstas em lei; IV – as condições para promover a segurança da população em situações de risco; e V – as medidas previstas para adequação da infraestrutura básica. § 1.º O projeto de que trata o *caput* não será exigido para o registro da sentença de usucapião, da sentença declaratória ou da planta, elaborada para outorga administrativa, de concessão de uso especial para fins de moradia. § 2.º O Município definirá os requisitos para elaboração do projeto de que trata o *caput*, no que se refere aos desenhos, ao memorial descritivo e ao cronograma físico de obras e serviços a serem realizados. § 3.º A regularização fundiária pode ser implementada por etapas".

156　Estatuto da Cidade Comentado

associações de moradores, fundações, organizações sociais, organizações da sociedade civil de interesse público ou outras associações civis que tenham por finalidade atividades nas áreas de desenvolvimento urbano ou regularização fundiária (art. 50, II).

A lei estabelece ainda uma série de importantíssimos conceitos destinados a interpretar corretamente a tutela jurídica do meio ambiente artificial em face da orientação superior constitucional e evidentemente em harmonia com o Estatuto da Cidade, na forma do que determina o art. 47 da lei, a saber:

I – área urbana: parcela do território, contínua ou não, incluída no perímetro urbano pelo Plano Diretor ou por lei municipal específica;

II – área urbana consolidada: parcela da área urbana com densidade demográfica superior a 50 habitantes por hectare e malha viária implantada e que tenha, no mínimo, dois dos seguintes equipamentos de infraestrutura urbana implantados:

a) drenagem de águas pluviais urbanas;

b) esgotamento sanitário;

c) abastecimento de água potável;

d) distribuição de energia elétrica; ou

e) limpeza urbana, coleta e manejo de resíduos sólidos;

III – demarcação urbanística: procedimento administrativo pelo qual o Poder Público, no âmbito da regularização fundiária de interesse social, demarca imóvel de domínio público ou privado, definindo seus limites, área, localização e confrontantes, com a finalidade de identificar seus ocupantes e qualificar a natureza e o tempo das respectivas posses;

IV – legitimação de posse: ato do poder público destinado a conferir título de reconhecimento de posse de imóvel objeto de demarcação urbanística, com a identificação do ocupante e do tempo e natureza da posse;

V – Zona Especial de Interesse Social – ZEIS: parcela de área urbana instituída pelo Plano Diretor ou definida por outra lei municipal, destinada predominantemente à moradia de população de baixa renda e sujeita a regras específicas de parcelamento, uso e ocupação do solo;

VI – assentamentos irregulares: ocupações inseridas em parcelamentos informais ou irregulares, localizadas em áreas urbanas públicas ou privadas, utilizadas predominantemente para fins de moradia;

CAPÍTULO II – DOS INSTRUMENTOS DA POLÍTICA URBANA 157

VII – regularização fundiária de interesse social: regularização fundiária de assentamentos irregulares ocupados, predominantemente, por população de baixa renda, nos casos:

a) em que tenham sido preenchidos os requisitos para usucapião ou concessão de uso especial para fins de moradia;

b) de imóveis situados em ZEIS; ou

c) de áreas da União, dos Estados, do Distrito Federal e dos Municípios declaradas de interesse para implantação de projetos de regularização fundiária de interesse social;

VIII – regularização fundiária de interesse específico: regularização fundiária quando não caracterizado o interesse social nos termos do inciso VII.

Observadas as regras mais importantes das disposições preliminares adaptadas aos assentamentos urbanos, vinculadas à aplicação das normas jurídicas destinadas a assegurar o comando constitucional e infraconstitucional (Estatuto da Cidade), cabe também destacar a existência na lei de duas seções vinculadas à regularização fundiária: a Seção II, que trata da regularização fundiária chamada interesse social (arts. 53 a 60), e a Seção III, que trata da regularização fundiária denominada interesse específico (arts. 61 e 62).

O art. 60 traz ainda importante dispositivo associado ao conteúdo do art. 183 de nossa Magna Carta, quando estabelece que, sem prejuízo dos direitos decorrentes da posse exercida anteriormente, o detentor do título de legitimação de posse, após cinco anos de seu registro, poderá requerer[16] ao oficial de registro de imóveis a conversão desse título em registro de propriedade, tendo em vista sua aquisição por usucapião, nos termos do art. 183 da Constituição Federal.

Passemos aos comentários dos instrumentos especificamente desenvolvidos no âmbito do Estatuto da Cidade.

---

16 "§ 1.º Para requerer a conversão prevista no *caput*, o adquirente deverá apresentar: I – certidões do cartório distribuidor demonstrando a inexistência de ações em andamento que versem sobre a posse ou a propriedade do imóvel; II – declaração de que não possui outro imóvel urbano ou rural; III – declaração de que o imóvel é utilizado para sua moradia ou de sua família; e IV – declaração de que não teve reconhecido anteriormente o direito à usucapião de imóveis em áreas urbanas. § 2.º As certidões previstas no inciso I do § 1.º serão relativas à totalidade da área e serão fornecidas pelo Poder Público."

Seção II
Do Parcelamento, Edificação ou Utilização Compulsórios

Art. 5.º *Lei municipal específica para área incluída no plano diretor poderá determinar o parcelamento, a edificação ou a utilização compulsórios do solo urbano não edificado, subutilizado ou não utilizado, devendo fixar as condições e os prazos para implementação da referida obrigação.*

§ 1.º Considera-se subutilizado o imóvel:

I – cujo aproveitamento seja inferior ao mínimo definido no plano diretor ou em legislação dele decorrente;

II – (Vetado.)

§ 2.º O proprietário será notificado pelo Poder executivo municipal para o cumprimento da obrigação, devendo a notificação ser averbada no cartório de registro de imóveis.

§ 3.º A notificação far-se-á:

I – por funcionário do órgão competente do Poder Público municipal, ao proprietário do imóvel ou, no caso de este ser pessoa jurídica, a quem tenha poderes de gerência geral ou administração;

II – por edital quando frustrada, por 3 (três) vezes, a tentativa de notificação na forma prevista pelo inciso I.

§ 4.º Os prazos a que se refere o caput não poderão ser inferiores a:

I – 1 (um) ano, a partir da notificação, para que seja protocolado o projeto no órgão municipal competente;

II – 2 (dois) anos, a partir da aprovação do projeto, para iniciar as obras do empreendimento.

§ 5.º Em empreendimentos de grande porte, em caráter excepcional, a lei municipal específica a que se refere o caput *poderá prever a conclusão em etapas, assegurando-se que o projeto aprovado compreenda o empreendimento como um todo.*

Art. 6.º *A transmissão do imóvel, por ato* inter vivos *ou* causa mortis, *posterior à data da notificação, transfere as obrigações de parcelamento, edificação ou utilização previstas no art. 5.º desta Lei, sem interrupção de quaisquer prazos.*

CAPÍTULO II – DOS INSTRUMENTOS DA POLÍTICA URBANA 159

Comentário

O uso do denominado solo urbano, em face da orientação constitucional em vigor e em obediência ao objetivo de ordenar o pleno desenvolvimento das funções sociais da cidade e da propriedade urbana, mediante as diretrizes gerais fixadas no art. 2.º, recebeu por parte do Estatuto da Cidade adequado detalhamento.

Com efeito.

Ao obedecer ao conteúdo do art. 182 da Carta Magna, o legislador local poderá estabelecer regras de uso e ocupação do solo, adequando, inclusive, sempre que pertinente for, o balizamento normativo de diferentes regras jurídicas vinculadas à tutela do meio ambiente artificial, particularmente em face do conteúdo disciplinado na Lei 12.651/2012 (o denominado "CÓDIGO" FLORESTAL) ao seu Plano Diretor, não se olvidando dos demais conteúdos disciplinados pelo direito ambiental constitucional e principalmente dos superiores critérios constitucionais que distinguiram claramente o espaço territorial urbano (arts. 182 e 183 da CF) do espaço territorial rural (arts. 184 a 191 da CF).

Destarte, o legislador local, agindo exatamente em conformidade com os mandamentos constitucionais ambientais referidos na presente obra e com condições concretas de avaliar com precisão as questões de interesse local no que se refere ao uso do solo urbano, não só pode como deve adequar o conteúdo das diferentes normas vinculadas ao uso do espaço territorial urbano em face das especificidades de sua cidade, atuando em proveito não só do meio ambiente natural, mas também e principalmente do meio ambiente artificial, do meio ambiente cultural e do meio ambiente do trabalho.

Por via de consequência, como já tivemos oportunidade de observar em nossas obras, a saudável qualidade de vida da pessoa humana que concretamente se realiza nas cidades do Brasil não está adstrita tão somente ao uso do "verde", mas também e principalmente ao exercício do direito às cidades sustentáveis e, portanto, ao exercício do direito à terra urbana, à moradia, ao saneamento ambiental, à infraestrutura, ao transporte e aos serviços públicos, ao trabalho e ao lazer para as presentes e futuras gerações (art. 2.º, I, do Estatuto da Cidade)[17].

---

17 Daí a inconsistência do "Código" Florestal ao tratar indevidamente e sem autorização constitucional dos espaços territoriais urbanos, conforme se nota no art. 3.º, VI, VIII, *b*, IX, *c*, IX, *d*, XX e XXVI, e nos arts. 4.º a

160 ESTATUTO DA CIDADE COMENTADO

Assim, notamos que o art. 5.º do Estatuto, ao se reportar ao controle de espaços territoriais que não cumprem sua função social (solo urbano *não edificado, ou seja, não construído*; solo urbano *subutilizado, a saber, cujo aproveitamento seja inferior ao mínimo definido no plano diretor ou em legislação dele decorrente*, conforme art. 5.º, § 1.º, do Estatuto; solo urbano *não utilizado, ou seja, não empregado ou mesmo não aproveitado em face das normas de meio ambiente artificial*), estabelece o necessário *dever de a pessoa parcelar, edificar ou usar sua propriedade* com o aproveitamento dos institutos jurídicos e políticos do parcelamento, edificação ou utilização compulsórios como instrumentos que deverão ser criados concretamente por lei municipal específica, lei esta "para área incluída no plano diretor" (art. 5.º, *caput*), que fixará as condições e os prazos para implementação de referida obrigação (a obrigação de parcelar, de edificar ou utilizar, o que será compulsório). Daí a aplicação desses instrumentos não ser uma faculdade dos municípios, mas um dever, pois, como afirma Bruno Filho, "por um lado, dar ao imóvel urbano uma função social é condição de legitimidade da propriedade. Por outro lado, esse imóvel deve conter um uso que 'atenda às exigências fundamentais de ordenação da cidade, expressas no plano diretor' (conforme o § 2.º do artigo 182 da CF)". Conclui, assim, esse autor que o "exercício da autonomia municipal se expressa por um poder-dever, significando que, dado um poder, ele, obrigatoriamente, deve ser exercido, quando necessário, em especial se relacionado à concretização dos direitos fundamentais"[18].

Destarte, o proprietário que não atender ao regramento de meio ambiente artificial em face de seu território é notificado pelo Poder Executivo municipal na forma e prazos definidos pelos §§ 2.º, 3.º e 4.º do art. 5.º da Lei 10.257/2001, visando cumprir a obrigação, sob pena de sofrer aplicação de imposto sobre sua propriedade na forma do art. 7.º do Estatuto da Cidade (IPTU progressivo no tempo) e, num segundo momento, conforme observa o art. 8.º da lei que comentamos, ser legitimado passivo em decorrência de desapropriação.

9.º, bem como em outros dispositivos que já tivemos oportunidade de comentar em nossa obra *Comentários ao "Código" Florestal*: Lei 12.651/2012. 2. ed. São Paulo: Saraiva, 2018.

18 BRUNO FILHO, F.; DENALDI, R. Parcelamento, edificação e utilização compulsórios: um instrumento (ainda) em construção. *Pós – Revista do Programa de Pós-Graduação em Arquitetura e Urbanismo da FAUUSP*, n. 26, 2009.

CAPÍTULO II – DOS INSTRUMENTOS DA POLÍTICA URBANA 161

Atuando com instrumentos de planejamento municipal (art. 4.º, III, *b*) combinados com instrumentos vinculados a institutos jurídicos e políticos (art. 4.º, V, *i*), o legislador desenvolve a efetividade da lei com a aplicação de instrumentos tributários e financeiros (art. 4.º, IV, *a*) associados a instrumentos adaptados a institutos jurídicos e políticos (art. 4.º, V, *a*). Procura, portanto, o Estatuto da Cidade executar política urbana concreta ligada ao objetivo de ordenar a cidade em proveito da dignidade da pessoa humana, invertendo, por via de consequência, a antiga lógica positivada nos subsistemas jurídicos tradicionais de "adaptar o homem ao território e à cidade", e não, como agora determina o Estatuto, condicionar o território e a cidade à dignidade da pessoa humana.

A propriedade no âmbito das cidades, embora evidentemente reconhecida, deixa de ter caráter absoluto, outrora definido por regras de subsistemas jurídicos criados nos moldes, finalidades e população do século XIX, passando a atender concretamente à sua função social (art. 5.º, XXII e XXIII, da CF). Pelo Estatuto da Cidade resta vedada a prática de se utilizar a propriedade com fins de especulação, tornando-se límpida a concepção de que a utilização dos instrumentos ora comentados tem como objetivo inequívoco contribuir para a erradicação da marginalização, redução das desigualdades sociais, assim como promover o bem de todos, pessoas humanas dos estabelecimentos regulares e irregulares, objetivo fundamental da República Federativa do Brasil e, portanto, de nosso País, definido no art. 3.º, III, da Carta Magna.

SEÇÃO III
DO IPTU PROGRESSIVO NO TEMPO

Art. 7.º *Em caso de descumprimento das condições e dos prazos previstos na forma do* caput *do art. 5.º desta Lei, ou não sendo cumpridas as etapas previstas no § 5.º do art. 5.º desta Lei, o Município procederá à aplicação do Imposto sobre a Propriedade Predial e Territorial Urbana (IPTU) progressivo no tempo[19 a 24], mediante a majoração da alíquota pelo prazo de 5 (cinco) anos consecutivos.*

---

19 *Vide* RE 922.390 AgR-PR, rel. Min. Luiz Fux, j. 15-12-2015, 1.ª Turma, *DJe-028* divulg. 15-2-2016, public. 16-2-2016.

20 *Vide* RE 639.632 AgR-MS, rel. Min. Roberto Barroso, j. 22-10-2013, 1.ª Turma, *DJe-231* divulg. 22-11-2013, public. 25-11-2013.

162 ESTATUTO DA CIDADE COMENTADO

21 "IPTU. Progressividade. – No sistema tributário nacional é o IPTU inequivocamente um imposto real. – Sob o império da atual Constituição,
não é admitida a progressividade fiscal do IPTU, quer com base exclusivamente no seu artigo 145, § 1.º, porque esse imposto tem caráter real
que é incompatível com a progressividade decorrente da capacidade
econômica do contribuinte, quer com arrimo na conjugação desse dispositivo constitucional (genérico) com o artigo 156, § 1.º (específico). – A
interpretação sistemática da Constituição conduz inequivocamente à
conclusão de que o IPTU com finalidade extrafiscal a que alude o inciso
II do § 4.º do artigo 182 é a explicitação especificada, inclusive com limitação temporal, do IPTU com finalidade extrafiscal aludido no artigo
156, I, § 1º. – Portanto, é inconstitucional qualquer progressividade, em
se tratando de IPTU, que não atenda exclusivamente ao disposto no artigo 156, § 1.º, aplicado com as limitações expressamente constantes dos
§§ 2.º e 4.º do artigo 182, ambos da Constituição Federal. Recurso extraordinário conhecido e provido, declarando-se inconstitucional o su-
bitem 2.2.3 do setor II da Tabela III da Lei 5.641, de 22.12.89, no município de Belo Horizonte" (RE 153.771-MG, rel. Min. Carlos Velloso, rel. p/
acórdão Min. Moreira Alves, j. 20-11-1996, Tribunal Pleno, DJ 5-9-1997).

22 "Tributário. IPTU. Progressividade. Caracterização do escalonamento
da carga tributária de acordo com a destinação dada ao imóvel. Acórdão
recorrido que afirma haver progressividade. Razões de agravo regimental insuficientes para afastar a conclusão. Processual civil. Agravo Regimental. 1. Esta Corte interpretou os arts. 145, § 1.º, 156, § 1.º, e 182, §§ 2.º
e 4.º, da Constituição, na redação anterior à Emenda Constitucional
29/2000, para fixar que a utilização da técnica de tributação progressiva
para o Imposto sobre a Propriedade Territorial e Urbana – IPTU somente era cabível para assegurar a eficácia da função social da propriedade,
atendidos os requisitos estabelecidos em Plano Diretor compatível com
lei federal (cf. o RE 394.010-AgR, rel. min. Carlos Velloso, Segunda Turma, DJ 28-10-2004, e o RE 153.771, red. p/ acórdão min. Moreira Alves,
Pleno, DJ 5-9-1997). Súmula 668/STF. 2. O efeito extrafiscal ou a calibra-
ção do valor do tributo de acordo com a capacidade contributiva não são
obtidos apenas pela modulação da alíquota. O escalonamento da base
de cálculo pode ter o mesmo efeito. 3. As razões de agravo regimental
não infirmam a conclusão a que chegou o Tribunal de origem quanto à
utilização da técnica de progressividade. Agravo regimental ao qual se
nega provimento" (RE 466.312 AgR-RJ, rel. Min. Joaquim Barbosa, j. 1.º-
3-2011, 2.ª Turma, DJe-062 divulg. 31-3-2011, public. 1.º-4-2011).

23 "Agravo regimental no recurso extraordinário com agravo. IPTU. Progressividade. Lei local instituída após a Emenda Constitucional n.
29/2000. Constitucionalidade. Condições previstas pelo Estatuto da Cidade. Inaplicabilidade. 1. A progressividade extrafiscal, baseada na função social da propriedade, sempre foi permitida pelo texto Constitucional. Esta é a modalidade de progressividade que se opera conforme as
condições previstas pelo Estatuto da Cidade. 2. A progressividade fiscal,

CAPÍTULO II – DOS INSTRUMENTOS DA POLÍTICA URBANA 163

§ 1.º O valor da alíquota a ser aplicado a cada ano será fixado na lei específica a que se refere o caput do art. 5.º desta Lei e não excederá a 2 (duas) vezes o valor referente ao ano anterior, respeitada a alíquota máxima de 15% (quinze por cento).

§ 2.º Caso a obrigação de parcelar, edificar ou utilizar não esteja atendida em 5 (cinco) anos, o Município manterá a cobrança pela alíquota máxima, até que se cumpra a referida obrigação, garantida a prerrogativa prevista no art. 8.º.

§ 3.º É vedada a concessão de isenções ou de anistia relativas à tributação progressiva de que trata este artigo.

Comentário

O art. 7.º estabelece, de forma clara, *tributo ambiental*[25], ou seja, obrigação jurídica pecuniária decorrente da presente lei com amparo na Constituição Federal em face do que determina o art. 182, § 4.º, II.

O tributo, na hipótese ora comentada, tem como característica ser juridicamente instrumento vinculado aos denominados institutos tributários e financeiros do Estatuto da Cidade (art. 4.º, IV, *a*, da Lei 10.257/2001), obedecendo a critério nele definido, a saber, instrumento da política urbana adaptada às necessidades de tutela do meio ambiente artificial. O tributo apontado no art. 7.º deixa de ser considerado única e exclusivamente instrumento jurídico de abastecimento dos denominados "cofres públicos", passando a assumir caráter bem mais relevante, no sentido de estabelecer regra de conduta ao Estado fornecedor para que este, atuando em sintonia com as diretrizes maiores da Carta Magna, se utilize dos princípios gerais do sistema tributário nacional de acordo com os fundamentos do Estado Democrático de Direito (art. 1.º da CF).

---

dita arrecadatória, só foi viabilizada após constar da Constituição Federal o permissivo trazido pela Emenda Constitucional n. 29/2000. Nesse caso, a progressividade é mecanismo de concreção da capacidade contributiva e opera-se com a majoração de alíquotas em relação diretamente proporcional ao aumento da base de cálculo. 3. Agravo regimental a que se nega provimento" (ARE 639.632 AgR-MS, rel. Min. Roberto Barroso, j. 22-10-2013, 1.ª Turma, *DJe-231* divulg. 22-11-2013, public. 25-11-2013).

24 *Vide* RE 602.347-MG, rel. Min. Edson Fachin, j. 4-11-2015, Tribunal Pleno, Repercussão Geral – Mérito, *DJe-067* divulg. 11-4-2016, public. 12-4-2016.

25 A respeito do tema, *vide*, de forma detalhada, FIORILLO, Celso Antonio Pacheco; FERREIRA, Renata Marques. *Direito ambiental tributário*. 4. ed. São Paulo: Saraiva, 2018.

164 ESTATUTO DA CIDADE COMENTADO

Trata-se de observar a atuação do Estado em face do que determina o art. 3.º da Lei 8.078/1990, ou seja, pessoa jurídica pública que desenvolve atividade de produção, montagem, criação, construção, transformação, importação, exportação, distribuição ou comercialização de produtos ou prestação de serviços. A partir da Constituição Federal de 1988, o Estado deixa de ser mais importante que a pessoa humana (*vide* o art. 1.º, III, da CF e o princípio da dignidade da pessoa humana), assumindo claramente a condição de fornecedor de produtos ou serviços destinados a brasileiros e estrangeiros residentes no País. Destarte, a finalidade pretendida pelo atual direito constitucional é transferir dinheiro em face da ordem econômica do capitalismo ao Estado, que funciona como fornecedor de produtos e serviços à pessoa humana, atendendo fundamentalmente aos valores do piso vital mínimo apontados no art. 6.º da Constituição Federal. Daí a importante função do direito tributário, no plano constitucional, no sentido de garantir, na forma da lei, quantia em dinheiro advinda da ordem econômica capitalista (art. 1.º, IV, da CF) destinada aos interesses de brasileiros e estrangeiros residentes no País.

Destarte, na linha do raciocínio antes desenvolvido, o tributo criado tem como finalidade ser destinado à viabilização real das funções sociais da cidade, em consonância com as necessidades vitais que asseguram a dignidade da pessoa humana (o que será delimitado de acordo com as diretrizes manifestadas pelo Estatuto no art. 2.º), e não destinado, pura e simplesmente, ao Estado. Descumpridas as condições bem como os prazos previstos na forma do *caput* do art. 5.º do Estatuto, matéria já comentada anteriormente, ou mesmo não cumpridas as etapas previstas no § 5.º do art. 5.º da presente lei ("Em empreendimentos de grande porte, em caráter excepcional, a lei municipal específica a que se refere o *caput* poderá prever a conclusão em etapas, assegurando-se que o projeto aprovado compreenda o empreendimento como um todo"), o Município procederá à aplicação do tributo ambiental, a saber, à aplicação do Imposto sobre a Propriedade Predial e Territorial Urbana (IPTU) progressivo no tempo[26 e 27], mediante a majoração da alíquota pelo prazo de cinco anos consecutivos. Como ensina de forma clara

---

26 O STF firmou o entendimento, "a partir do julgamento do RE 153.771, Pleno, 20-11-1996, Moreira Alves", de que a única hipótese na qual a Constituição admite a progressividade das alíquotas do IPTU é a do art. 182, § 4.º, II, destinada a assegurar o cumprimento da função social da propriedade urbana (*vide* STF, AgRg 222.172-SP/AgRg em AgIn ou de Petição, rel. Min. Sepúlveda Pertence, j. 10-11-1998; *DJ* 5-2-1999 – 00018 *Ement.* vol. 1937-09, p. 1681).

CAPÍTULO II – DOS INSTRUMENTOS DA POLÍTICA URBANA 165

e precisa Elizabeth Nazar Carrazza[28], a "progressividade no tempo do IPTU é um mecanismo que a Constituição colocou à disposição dos Municípios, para que imponham aos munícipes a observância de regras urbanísticas, contidas nas leis locais. Tem caráter nitidamente sancionatório". Deixa claro a jurista paulista que "o caráter sancionatório da progressividade no tempo, ora em exame, não decorre da incidência do IPTU sobre um ato ilícito. O IPTU, mesmo nesse caso, incide sobre o fato lícito de uma pessoa ser proprietária de um imóvel urbano. A sanção advém, sim, do mau uso (de acordo com a lei local) que esta pessoa faz de sua propriedade urbana. Para efeito da aplicação das diretrizes gerais do Estatuto da Cidade, devemos entender "mau uso" que a pessoa faz de sua propriedade em face do estabelecido no art. 5.º do Estatuto da Cidade, ou seja, "solo urbano não edificado, solo urbano subutilizado ou solo urbano não utilizado" (*vide* comentários ao art. 5.º). Portanto, com fundamento em raciocínio análogo apontado pela autora citada, se o proprietário, atendendo aos ditames da Lei 10.257/2001, adequar seu imóvel, nada mais sofrerá à guisa de sanção. Cabe salientar que o valor da alíquota a ser aplicado a cada ano será fixado na lei específica a que se refere o *caput* do art. 5.º do Estatuto da Cidade, portanto, lei municipal específica para área incluída no plano diretor (*vide* nossos comentários aos arts. 39 a 42), observando-se o limite imposto pelo § 1.º, o lapso temporal determinado no § 2.º e a vedação constante do § 3.º do art. 7.º

SEÇÃO IV
DA DESAPROPRIAÇÃO COM PAGAMENTO EM TÍTULOS

Art. 8.º *Decorridos 5 (cinco) anos de cobrança do IPTU progressivo sem que o proprietário tenha cumprido a obrigação de parcelamento, edificação ou utilização,*

---

27   A respeito dos enfoques diversificados vinculados ao tema da progressividade do IPTU, *vide* RE 423.768-SP, rel. Min. Marco Aurélio, j. 1.º-12-2010, Tribunal Pleno, *DJe-086* divulg. 9-5-2011, public. 10-5-2011, Ement. vol. 02518-02, p. 00286. "Imposto Predial e Territorial Urbano. Progressividade. Função social da propriedade. Emenda Constitucional n. 29/2000. Lei posterior. Surge legítima, sob o ângulo constitucional, lei a prever alíquotas diversas presentes imóveis residenciais e comerciais, uma vez editada após a Emenda Constitucional n. 29/2000."

28   *IPTU e progressividade* – Igualdade e capacidade contributiva, p. 98.

166 Estatuto da Cidade Comentado

o Município poderá proceder à desapropriação do imóvel, com pagamento em títulos da dívida pública.

§ 1.º Os títulos da dívida pública terão prévia aprovação pelo Senado Federal e serão resgatados no prazo de até 10 (dez) anos, em prestações anuais, iguais e sucessivas, assegurados o valor real da indenização e os juros legais de 6% (seis por cento) ao ano.

§ 2.º O valor real da indenização:

I – refletirá o valor da base de cálculo do IPTU, descontado o montante incorporado em função de obras realizadas pelo Poder Público na área onde o mesmo se localiza após a notificação de que trata o § 2.º do art. 5.º desta Lei;

II – não computará expectativas de ganhos, lucros cessantes e juros compensatórios.

§ 3.º Os títulos de que trata este artigo não terão poder liberatório para pagamento de tributos.

§ 4.º O Município procederá ao adequado aproveitamento do imóvel no prazo máximo de 5 (cinco) anos, contado a partir da sua incorporação ao patrimônio público.

§ 5.º O aproveitamento do imóvel poderá ser efetivado diretamente pelo Poder Público ou por meio de alienação ou concessão a terceiros, observando-se, nesses casos, o devido procedimento licitatório.

§ 6.º Ficam mantidas para o adquirente de imóvel nos termos do § 5.º as mesmas obrigações de parcelamento, edificação ou utilização previstas no art. 5.º desta Lei.

Comentário

Decorridos cinco anos de cobrança do IPTU progressivo sem que o proprietário tenha cumprido a obrigação de parcelamento, edificação ou utilização, o Município poderá proceder à desapropriação do imóvel com pagamento em títulos da dívida pública. A Lei 10.257/2001 pretendeu dar efetividade ao que estabelece o art. 182, § 4.º, III, da CF, que determina ser "facultado ao Poder Público municipal, mediante lei específica para área incluída no plano diretor, exigir, nos termos da lei federal, do proprietário do solo urbano não edificado, subutilizado ou não utilizado, que promova seu adequado aproveitamento, sob pena, sucessivamente, de: (...) III – desapropriação com pagamento mediante títulos da dívida pública de emissão

Capítulo II – Dos Instrumentos da Política Urbana 167

previamente aprovada pelo Senado Federal, com prazo de resgate de até 10 (dez) anos, em parcelas anuais, iguais e sucessivas, assegurados o valor real da indenização e os juros legais".

Cuida-se, na hipótese, da "retirada da propriedade com indenização integral", conforme conhecida lição de Pontes de Miranda[29], em face, evidentemente, como já aduzido anteriormente, do que estabelecem as diretrizes gerais do Estatuto da Cidade. Daí a necessidade de se compreender o instituto da desapropriação prevista no art. 8.º necessariamente no âmbito do direito constitucional de propriedade balizado na Constituição em vigor em face da tutela jurídica do meio ambiente artificial, ou seja, um direito de propriedade urbana em prol do bem coletivo, da segurança e do bem-estar dos cidadãos, bem como do equilíbrio ambiental, por força do direcionamento estabelecido pelo art. 2.º, parágrafo único, do Estatuto da Cidade.

Trata-se, por via de consequência, de instrumento destinado a assegurar o regramento constitucional destinado à tutela do meio ambiente artificial dentre as possibilidades de institutos jurídicos e políticos disciplinados pelo art. 4.º, V, *a*, do Estatuto da Cidade, constituindo-se, portanto, a exemplo de outros instrumentos já comentados, em eficiente meio assecuratório do pleno desenvolvimento das funções sociais da cidade. A exemplo do IPTU progressivo, mecanismo de nítido caráter sancionatório, o instrumento ora comentado também se caracteriza como *desapropriação-sanção*[30], ou seja, o proprietário que não agir em conformidade com as exigências fundamentais

---

29 MIRANDA, Francisco Cavalcanti Pontes de. *Comentários à Constituição de 1967 com a Emenda número 01 de 1969*. 3. ed. Rio de Janeiro: Forense, 1987.

30 O Min. Ilmar Galvão, do Supremo Tribunal Federal, desenvolveu importante contribuição para a definição, conforme julgado proferido em 11-11-1997, em que foi relator (RE 161.552/SP, *DJ* 6-2-1998): "Município de Salto. Imóvel urbano. Desapropriação por utilidade pública e interesse social. Acórdão que declarou a sua ilegalidade, por ausência do plano diretor e de notificação prévia ao proprietário para que promovesse seu adequado aproveitamento, na forma do art. 182 e parágrafos da Constituição Federal. Descabimento, entretanto, dessas exigências, se não se está diante da *desapropriação-sanção* prevista no art. 182, § 4.º, III, da Constituição de 1988, mas de ato embasado no art. 5.º, XXIV, da mesma Carta, para o qual se acha perfeitamente legitimada a Municipalidade. Recurso conhecido e provido".

168 Estatuto da Cidade Comentado

de ordenação da cidade estabelecidas pelo Estatuto da Cidade estará sujeito à desapropriação de sua propriedade.

Todavia, a desapropriação do imóvel apontada no art. 8.º deverá ser analisada de acordo com interpretação sistemática da Constituição Federal na medida em que, mesmo com as ressalvas apontadas no art. 5.º, XXIV, da Carta Magna, a regra no procedimento constitucional da desapropriação estabelece fundamento claro em sintonia com nossa ordem econômica (art. 170 da CF), ou seja, o parâmetro constitucional, no que se vincula ao instituto da desapropriação, é o da prévia e justa indenização em dinheiro, como direito material constitucional fundamental descrito nas denominadas garantias fundamentais do Estado Democrático de Direito (art. 5.º, XXIV, bem como art. 182, § 3.º, da CF)[31], paradigma que melhor se compatibiliza com os objetivos do meio ambiente artificial determinados pelo Estatuto da Cidade, que fixa, como importante diretriz, a "justa distribuição dos benefícios e ônus decorrentes do processo de urbanização" (art. 2.º, IX, da Lei 10.257/2001).

Destarte e uma vez mais citando Pontes de Miranda[32], "quando a Constituição diz que a indenização há de ser *justa* e *prévia* impede qualquer critério de fixação e prestação de indenização que não seja justa e/ou que não seja prévia".

Daí nossa conclusão no sentido de ser inconstitucional a parte final do *caput* art. 8.º, que, em vez de estabelecer o pagamento ao proprietário por meio de moeda corrente nacional, estabelece referido pagamento em títulos da dívida pública[33]. O valor real da indenização determinado no § 2.º se re-

---

31 "Em desapropriação impera o princípio constitucional da 'justa e prévia indenização em dinheiro'", ensina o Min. Garcia Vieira do STJ (AGA 27.322-SP, j. 4-11-1992, *DJ* 7-12-1992), visão que se harmoniza com a do Min. Antonio de Pádua Ribeiro, ao afirmar que "não se pode olvidar que a perda da posse significa, em última análise, a supressão de quase todos os poderes inerentes ao domínio" (REsp 37.228-SP, j. 24-11-1993, *DJ* 13-12-1993).

32 MIRANDA, Francisco Cavalcanti Pontes de. *Comentários à Constituição de 1967 com a Emenda número 01 de 1969.* 3. ed. Rio de Janeiro: Forense, 1987.

33 Importante decisão do STJ, que teve como relator o Min. Ari Pargendler (REsp 87.640-SP, 1996/0008215-4, *DJ* 4-5-1998), explica de forma didáti-

CAPÍTULO II – DOS INSTRUMENTOS DA POLÍTICA URBANA 169

porta a critérios de cálculo destinados aos proprietários apontados em situações descritas no *caput* do dispositivo.

Uma vez incorporado o imóvel ao patrimônio público (§ 4.º do art. 8.º do Estatuto), seu aproveitamento deverá necessariamente obedecer às diretrizes gerais estabelecidas no art. 2.º da presente lei. Destarte, tanto Poder Público quanto eventuais terceiros (na forma do que determina o § 5.º do diploma que comentamos) não ficarão imunes às obrigações básicas destinadas a ordenar o pleno desenvolvimento das funções sociais da cidade, que fixa critérios precisos no estabelecimento das novas regras jurídicas intrínsecas à propriedade urbana (art. 8.º, § 6.º, do Estatuto).

SEÇÃO V
DA USUCAPIÃO ESPECIAL DE IMÓVEL URBANO

Art. 9.º *Aquele que possuir como sua área ou edificação urbana de até 250m² (duzentos e cinquenta metros quadrados), por 5 (cinco) anos, ininterruptamente e sem oposição, utilizando-a para sua moradia ou de sua família, adquirir-lhe-á o domínio, desde que não seja proprietário de outro imóvel urbano ou rural.*

§ 1.º O título de domínio será conferido ao homem ou à mulher, ou a ambos, independentemente do estado civil.

§ 2.º O direito de que trata este artigo não será reconhecido ao mesmo possuidor mais de uma vez.

---

ca a diferença entre *moeda corrente nacional* e *títulos da dívida pública*, ainda que a lide estivesse vinculada a questões tributárias: "Tributário. Depósito em dinheiro. Substituição por títulos de dívida agrária. Quando é possível. O depósito judicial em matéria tributária deve ser feito em moeda corrente nacional porque supõe conversão em renda da Fazenda Pública se a ação do contribuinte for malsucedida. A substituição do dinheiro por títulos da dívida pública, fora das hipóteses excepcionais em que estes são admitidos como meio de quitação de tributos, implica modalidade de pagamento vedada pelo Código Tributário Nacional (art. 162, I). Hipótese em que, faltando aos títulos de dívida agrária o efeito liberatório do débito tributário, o contribuinte não pode depositá-los em garantia da instância. Recurso especial conhecido e provido". O julgado elucida a razão de ser do § 3.º do art. 8.º do Estatuto da Cidade.

170 ESTATUTO DA CIDADE COMENTADO

§ 3.º *Para os efeitos deste artigo, o herdeiro legítimo continua, de pleno direito, a posse de seu antecessor, desde que já resida no imóvel por ocasião da abertura da sucessão.*

Art. 10. *Os núcleos urbanos informais existentes sem oposição há mais de cinco anos e cuja área total dividida pelo número de possuidores seja inferior a duzentos e cinquenta metros quadrados por possuidor são suscetíveis de serem usucapidos coletivamente, desde que os possuidores não sejam proprietários de outro imóvel urbano ou rural.*

* *Redação dada pela Lei 13.465/2017.*

§ 1.º *O possuidor pode, para o fim de contar o prazo exigido por este artigo, acrescentar sua posse à de seu antecessor, contanto que ambas sejam contínuas.*

§ 2.º *A usucapião especial coletiva de imóvel urbano será declarada pelo juiz, mediante sentença, a qual servirá de título para registro no cartório de registro de imóveis.*

§ 3.º *Na sentença, o juiz atribuirá igual fração ideal de terreno a cada possuidor, independentemente da dimensão do terreno que cada um ocupe, salvo hipótese de acordo escrito entre os condôminos, estabelecendo frações ideais diferenciadas.*

§ 4.º *O condomínio especial constituído é indivisível, não sendo passível de extinção, salvo deliberação favorável tomada por, no mínimo, 2/3 (dois terços) dos condôminos, no caso de execução de urbanização posterior à constituição do condomínio.*

§ 5.º *As deliberações relativas à administração do condomínio especial serão tomadas por maioria de votos dos condôminos presentes, obrigando também os demais, discordantes ou ausentes.*

Art. 11. *Na pendência da ação de usucapião especial urbana, ficarão sobrestadas quaisquer outras ações, petitórias ou possessórias, que venham a ser propostas relativamente ao imóvel usucapiendo.*

Art. 12. *São partes legítimas para a propositura da ação de usucapião especial urbana:*

I – *o possuidor, isoladamente ou em litisconsórcio originário ou superveniente;*

II – *os possuidores, em estado de composse;*

III – *como substituto processual, a associação de moradores da comunidade, regularmente constituída, com personalidade jurídica, desde que explicitamente autorizada pelos representados.*

§ 1.º *Na ação de usucapião especial urbana é obrigatória a intervenção do Ministério Público.*

CAPÍTULO II – DOS INSTRUMENTOS DA POLÍTICA URBANA 171

§ 2.º O autor terá os benefícios da justiça e da assistência judiciária gratuita, inclusive perante o cartório de registro de imóveis.

Art. 13. A usucapião especial de imóvel urbano poderá ser invocada como matéria de defesa, valendo a sentença que a reconhecer como título para registro no cartório de registro de imóveis.

Art. 14. Na ação judicial de usucapião especial de imóvel urbano, o rito processual a ser observado é o sumário.

Comentário

Os arts. 9.º a 14 estabelecem de forma clara, com pormenores, a utilização de um dos mais importantes instrumentos (institutos jurídicos e políticos) de ordenação do meio ambiente artificial previstos no Estatuto da Cidade, que é a ação de usucapião especial de imóvel urbano (art. 4.º, V, *j*)[34].

Interpretado historicamente como "a aquisição do domínio pela posse prolongada"[35], e tendo como fundamento "garantir a estabilidade e segurança da propriedade, fixando um prazo, além do qual não se podem mais

---

34 "Recurso extraordinário. Repercussão geral. Usucapião especial urbana. Interessados que preenchem todos os requisitos exigidos pelo art. 183 da Constituição Federal. Pedido indeferido com fundamento em exigência supostamente imposta pelo plano diretor do município em que localizado o imóvel. Impossibilidade. A usucapião especial urbana tem raiz constitucional e seu implemento não pode ser obstado com fundamento em norma hierarquicamente inferior ou em interpretação que afaste a eficácia do direito constitucionalmente assegurado. Recurso provido. 1. Módulo mínimo do lote urbano municipal fixado como área de 360 m². Pretensão da parte autora de usucapir porção de 225 m², destacada de um todo maior, dividida em composse. 2. Não é o caso de declaração de inconstitucionalidade de norma municipal. 3. Tese aprovada: preenchidos os requisitos do art. 183 da Constituição Federal, o reconhecimento do direito à usucapião especial urbana não pode ser obstado por legislação infraconstitucional que estabeleça módulos urbanos na respectiva área em que situado o imóvel (dimensão do lote). 4. Recurso extraordinário provido" (RE 422.349-RS, rel. Min. Dias Toffoli, j. 29-4-2015, Tribunal Pleno, Repercussão Geral – Mérito, *DJe-153* divulg. 4-8-2015, public. 5-8-2015).

35 BEVILÁQUA, Clóvis. *Direito das coisas*. Rio de Janeiro/São Paulo: Livraria Editora Freitas Bastos, 1946. v. I.

172 ESTATUTO DA CIDADE COMENTADO

levantar dúvidas, ou contestações a respeito"[36], a usucapião destaca-se no contexto do detalhamento infraconstitucional observado pelo Estatuto da Cidade.

Prevista no art. 183 da Constituição Federal, visa a assegurar o domínio de áreas urbanas por parte, fundamentalmente, das pessoas humanas que habitam os denominados "estabelecimentos irregulares"[37]. Visa o instrumento transformar os chamados "bairros espontâneos" em realidade jurídica, que passa a integrar a cidade em face de sua natureza jurídica ambiental, tanto de forma imediata (art. 183 da CF) como mediata (art. 225 da CF). Daí, acolhendo nossa interpretação[38], a nova redação dada pela Lei 13.465, de 2017, ao art. 10 da Lei 10.257/2001, que substituiu a expressão "áreas urbanas", antes referida pela expressão "núcleos urbanos informais"[39 e 40].

Como qualquer ação em nosso ordenamento jurídico, a ação de usucapião especial de imóvel urbano deve obedecer às cláusulas "material" e "processual" do devido processo legal, que é o norteador do ordenamento instrumental constitucional como um todo[41], bem como deverá restar estru-

---

36 CARVALHO SANTOS, J. M. de. *Código Civil interpretado*. 6. ed. Rio de Janeiro/São Paulo: Livraria Freitas Bastos, 1952.

37 *Vide* nossos comentários na *Introdução – O que é uma cidade?* desta obra.

38 *Vide* a 1.ª edição de nosso *Estatuto da Cidade comentado*. São Paulo: Revista dos Tribunais, 2002.

39 Conforme interpretação realizada pelo Ministério das Cidades em 2017, "altera-se o conceito de assentamento irregular para núcleo urbano informal, contemplando os núcleos clandestinos, irregulares ou aqueles nos quais, atendendo à legislação vigente à época da implantação ou regularização, não foi possível realizar a titulação de seus ocupantes, sob a forma de parcelamentos do solo, de conjuntos habitacionais ou condomínios, horizontais, verticais ou mistos". *Vide* Ministério das Cidades – Secretaria Nacional de Desenvolvimento Urbano – Departamento de Assuntos Fundiários Urbanos – Regularização Fundiária Urbana – Lei Federal 13.465/2017.

40 A respeito das normas gerais e dos procedimentos aplicáveis à Regularização Fundiária Urbana (Reurb), bem como das espécies de regularização fundiária, *vide* a Lei Federal 13.465, de 11 de julho de 2017.

41 Para uma visão específica *vide* nosso *Curso de direito ambiental brasileiro*, cit., *passim*.

CAPÍTULO II – DOS INSTRUMENTOS DA POLÍTICA URBANA 173

turada em decorrência de seus elementos: legitimidade ativa/passiva, causa de pedir e pedido. Os beneficiários do direito garantido pelos arts. 9.º a 14 do Estatuto da Cidade e principalmente pelo art. 183 da CF são os possuidores (aqueles que agem como se proprietários fossem, desfrutando do imóvel) de área urbana (e, portanto, conforme regra a Lei 10.257/2001, no âmbito das cidades) de até 250 m², por cinco anos, ininterruptamente e sem oposição, que utilizam referido território urbano para sua moradia ou de sua família, e desde que não sejam proprietários de outro imóvel urbano ou mesmo rural.

O conceito de moradia, para as finalidades do presente instrumento jurídico, é o definido no art. 6.º da CF, o que implica afirmar que a ação de usucapião tem como objetivo assegurar o *piso vital mínimo*[42] *no que se refere ao direito* à *moradia.* Por outro lado, cabe destacar que o piso vital mínimo antes referido se reporta não só ao possuidor, mas também à sua família, dentro de uma concepção estabelecida nos arts. 226 a 230 da CF[43]. Típico exemplo de ação destinada à tutela do meio ambiente artificial, criou a lei a denominada *ação de usucapião ambiental,* instrumento jurídico destinado a ordenar o pleno desenvolvimento das funções sociais da cidade e da propriedade urbana, que tem como finalidade alcançar sentença judicial (e, evidentemente, a coisa julgada constitucional como único critério constitucional de certeza

---

42 Para definição de piso vital mínimo *vide* nosso *Curso de direito ambiental,* p. 53, acrescentando evidentemente o *direito* à *moradia* fixado por força do que estabeleceu a EC 26, de 14-2-2000. A EC n. 64/2010 incluiu o direito à alimentação no art. 6.º da CF.

43 Conforme ensina Rodrigo da Cunha Pereira, em artigo com o título "Direito de família e psicanálise – uma prática interdisciplinar", publicado na *Revista do Advogado* 62, da AASP, em março de 2001, a CF de 1988 estabeleceu três eixos básicos no denominado direito de família, a saber: 1) igualização dos direitos entre homens e mulheres e entre cônjuges (art. 5.º e § 5.º do art. 226); 2) o casamento deixou de ser a única forma de constituição de família, reconhecendo-se também a união estável (concubinato não adulterino) e as famílias monoparentais, ou seja, qualquer dos pais que viva com seus descendentes (art. 226, §§ 3.º e 4.º); e 3) interferiu no sistema de filiação, proibindo-se qualquer designação discriminatória entre filhos havidos, ou não, na constância do casamento (art. 227, § 6.º). Os conceitos antes apontados definem, em nossa visão, o critério a ser efetivado no art. 9.º do Estatuto da Cidade.

174 Estatuto da Cidade Comentado

jurídica – art. 5.°, XXXVI, da CF) que servirá de título para registro no cartório de registro de imóveis (art. 10, § 2.°, e art. 13 do Estatuto da Cidade).

Duas são as modalidades de ação de usucapião ambiental previstas pelo legislador: 1) a ação de *usucapião ambiental individual* e 2) a ação de *usucapião ambiental metaindividual*. A ação de *usucapião ambiental individual* tem como legitimado ativo o possuidor (art. 12, I, do Estatuto da Cidade), homem ou mulher (art. 9.°, § 1.°), que deverá demonstrar ser sua área ou edificação urbana de até 250m², por cinco anos ininterruptamente e sem oposição, utilizando-a para sua moradia ou de sua família (art. 9.° do Estatuto). Terá os benefícios da justiça gratuita e da assistência judiciária, inclusive perante o cartório de registro de imóveis (art. 12, § 2.°, do Estatuto), desde que comprove insuficiência de recursos (art. 5.°, LXXIV, da CF). Poderá fazer pedido de tutela antecipatória, regra geral do procedimento comum aplicável a toda e qualquer ação judicial, com fundamento no art. 273 do CPC.

O legitimado passivo será, em regra, proprietário de imóvel privado na medida em que os imóveis públicos não podem ser adquiridos por usucapião (art. 191, parágrafo único, da CF). Tem o legitimado passivo amplo direito de defesa com fundamento no que estabelece o art. 5.°, LIV, LV e LVI (não só em face do mérito da ação como, particularmente, manejando os meios de impugnação adequados em face de decisões interlocutórias proferidas no âmbito da ação), ficando sobrestadas, na pendência da ação de usucapião especial urbana, quaisquer outras ações, petitórias ou possessórias, que venham a ser propostas relativamente ao imóvel usucapiendo (art. 11 do Estatuto). O rito processual a ser observado é o sumário, a saber, o estabelecido nos arts. 275 a 281 do CPC, legislação apropriada em face da lide individual (usucapião ambiental individual), em obediência ao que determina o § 1.° do art. 4.° do Estatuto da Cidade. Importante destacar que, conforme estabelece o art. 13 do Estatuto da Cidade, a ação que comentamos poderá ser invocada como matéria de defesa[44] e tem como principal objetivo

---

44 Importante lição de Nelson Nery Jr. destaca a utilização da denominada ação publiciana. Salienta o mestre que, "quando a propriedade já tiver sido adquirida pela usucapião, que, entretanto, não foi ainda declarada por sentença judicial, não poderá ele fazer uso da ação reivindicatória, porque não tem título de propriedade registrado no cartório competente. O direito, no entanto, lhe assegura a defesa da posse, para reavê-la de quem injustamente a tenha arrebatado por meio da *ação publiciana*... Ti-

CAPÍTULO II – DOS INSTRUMENTOS DA POLÍTICA URBANA 175

produzir sentença que a reconheça como título para registro no cartório de registro de imóveis.

A ação de *usucapião ambiental metaindividual*, por seu turno, tem como legitimados ativos tanto os possuidores, em estado de composse[45] (art. 12, II, do Estatuto), como a associação de moradores da comunidade regularmente constituída (art. 12, III, do Estatuto). Visa referida ação ambiental, denominada usucapião especial coletiva de imóvel urbano (art. 10, § 2.º), o reconhecimento jurídico dos terrenos ocupados por cada possuidor, o que será feito mediante sentença que servirá de título para registro no cartório de registro de imóveis. A usucapião coletiva pressupõe obediência ao que estabelece o art. 10 do Estatuto da Cidade, ou seja, áreas urbanas com mais de 250m², ocupadas por população de baixa renda[46] para sua moradia, por

---

tular do direito à *publiciana* é o proprietário que já usucapiu o imóvel mas ainda não teve declarada a sua propriedade porque não ajuizou a ação de usucapião. Vale dizer, não tem a *posse atual*, que lhe foi retirada por ato injusto de terceiro, em face de quem será ajuizada a ação publiciana". *Vide Código de Processo Civil comentado e legislação processual civil extravagante em vigor*, cit., p. 2825.

45 Como ensina, com a sabedoria que lhe é peculiar, Maria Helena Diniz, composse é a "posse de coisa indivisa exercida simultaneamente e conjuntamente, por duas ou mais pessoas". Requer dois pressupostos, a saber, "pluralidade de sujeitos e coisa indivisa ou em estado de indivisão". *Vide Dicionário jurídico*, vol. 1, A-C, p. 704.

46 Os professores Milton Santos e Maria Laura Silveira explicam: "Em 1997, um contingente de 73.917.768 trabalhadores com dez anos ou mais de idade distribuía entre si, de modo bastante desigual, uma massa equivalente a 34,5 bilhões de dólares. A concentração de renda aumentou em 1997 em comparação com 1981. Nesse ano a classe mais rica (20 salários mínimos ou mais) reunia 15,9% de uma renda total que beirava 12 bilhões de dólares. Seus detentores representavam 0,7% do total de pessoas com dez anos ou mais. Em 1997 as relações eram as seguintes: esse grupo reunia 26,4% do rendimento de um total nacional de 34,5 bilhões de dólares e era composto por 1,8% da população de mais de dez anos (2.293.493). Isso significa que essa classe aumentou em 10,5% sua participação na distribuição da riqueza no Brasil e, após 16 anos, conseguiu apropriar-se de um volume de riqueza (9,1 bilhões de dólares) a ser comparado com o total nacional produzido em 1981 (12 bilhões de dólares). A parcela que recebe entre 10 e 20 salários mínimos beneficia-se de

176   ESTATUTO DA CIDADE COMENTADO

cinco anos, ininterruptamente e sem oposição, onde não for possível identificar os terrenos ocupados por cada possuidor. Desde logo verificamos a caracterização de ação com nítido conteúdo metaindividual; os direitos pretendidos pelos possuidores decorrem de origem comum, caracterizando direito individual homogêneo[47] (art. 81, parágrafo único, III, da Lei

---

um aumento de 4,2 bilhões de dólares no seu rendimento geral, mas esse grupo incorpora somente 2.441.223 de pessoas entre 1981 e 1997. A brecha social é ainda mais evidente ao considerarmos separadamente aqueles cujos rendimentos superam os 20 salários mínimos. Entre 1981 e 1997, ganham um aumento de renda de 7,2 bilhões de dólares, enquanto o respectivo contingente cresce em 1.627.585 de pessoas. Enquanto efetivos da classe mais rica aumentam 3,4 vezes nesse período, seus rendimentos multiplicam-se por 4,8. E as duas classes mais pobres, isto é, as que recebem entre metade e até dois salários mínimos, aumentaram 2,4 vezes o número de efetivos, mas somente 1,8 vez a massa de sua renda". *Vide O Brasil*: território e sociedade no início do século XXI, cit., p. 221-222.

47 Conforme afirmado em nossa obra *Curso de direito ambiental brasileiro*, cit., encontramos a definição legal de direitos individuais homogêneos na Lei 8.078/1990, em seu art. 81, parágrafo único, III, o qual, de maneira pouco elucidativa, preceituou: "Art. 81. A defesa dos interesses e direitos dos consumidores e das vítimas poderá ser exercida em juízo individualmente, ou a título coletivo. Parágrafo único. A defesa coletiva será exercida quando se tratar de: (...) III – interesses ou direitos individuais homogêneos, assim entendidos os decorrentes de origem comum". Como podemos verificar, o legislador não trouxe elementos definidores dos direitos individuais homogêneos em face de uma leitura gramatical do dispositivo mencionado. Todavia, é possível concluir que estamos tratando de direitos materiais individuais, cuja origem decorre da mesma causa. Na verdade, a característica de ser um direito constitucional coletivo – e, portanto, metaindividual – é atribuída por conta da tutela jurisdicional judicial coletiva, à qual os direitos individuais homogêneos estão submetidos. A compreensão desse instituto como um direito material individual e de objeto divisível somente é possível em decorrência da interpretação do subsistema processual definido na Lei 8.078/1990 no que se refere à liquidação e execução dos direitos individuais homogêneos, trazido pelo Capítulo II do Título III da Lei 8.078/1990. Isso porque, em alguns dispositivos (arts. 91, 97, 98 e 100), pode-se constatar que os legitimados para a ação coletiva agem como substitutos processuais, pleiteando em nome próprio direito alheio. Além disso, o sistema prevê que a liquidação de sentença poderá ser

CAPÍTULO II – DOS INSTRUMENTOS DA POLÍTICA URBANA 177

8.078/1990, aplicável ao artigo comentado por força do art. 90 do mesmo diploma, bem como do art. 53 do Estatuto da Cidade), direito este que pode ser levado ao conhecimento do Judiciário por parte dos próprios titulares como legitimados ordinários pleiteando em nome próprio direito material que afirmam ter (os possuidores) ou por associação civil (art. 12, III), que atua na condição de substituto processual[48].

Para tanto, a associação civil[49] deverá ser constituída não só em decorrência do que determina a Constituição Federal (art. 5.º, XVII a XXI), como em decorrência do que estabelece o subsistema da lei civil. Saliente-se a divisibilidade dos direitos articulados em decorrência do próprio Estatuto da Cidade: embora a lei crie condomínio especial indivisível, o juiz atribuirá igual fração ideal de terreno a cada possuidor (§ 3.º do art. 10), podendo, todavia, existir acordo escrito entre os condôminos, estabelecendo frações ideais diferenciadas.

Os legitimados ativos no âmbito da usucapião especial coletiva poderão fazer pedido de tutela antecipada com fundamento no art. 84, § 3.º, da

---

promovida pelas vítimas ou seus sucessores, demonstrando o caráter individualizador das ofensas experimentadas e, por consequência, a divisibilidade do objeto dessa relação.

48 Deve-se a Kohler, embora baseado em trabalhos de direito material sobre o usufruto (*Die Dispositioniessbrauch*), a identificação da existência do fenômeno da substituição processual. Isso teria permitido, segundo observa Arruda Alvim, sucessivamente, que a doutrina viesse a considerá-lo aprovadamente, e procurasse lhe traçar o perfil. Destarte, o fenômeno da substituição processual, nome latino devido a Chiovenda, consiste precisamente, conforme ilustra o mestre referido, "na circunstância de que quem é parte no processo, por definição, não se afirma como titular do direito material, ainda que, enquanto substituto, aja em seu próprio nome, mas na perseguição ou na defesa do direito alheio", sendo, portanto, a legitimação extraordinária gênero, de que a substituição processual é espécie, encartando-se, também, nesse gênero a representação, em que o representante age em prol do direito alheio, fazendo-o em nome do titular do direito por ele afirmado. *Vide* Arruda Alvim, *Tratado de direito processual civil*, p. 515.

49 Para um estudo aprofundado das associações civis e sua legitimidade em face das ações coletivas *vide* nosso *Associação civil e a defesa dos interesses difusos no direito processual civil brasileiro*.

178   Estatuto da Cidade Comentado

Lei 8.078/1990, legislação própria em se tratando das ações metaindividuais (art. 4.º, § 1.º, do Estatuto da Cidade) vinculadas ao meio ambiente artificial.

O legitimado passivo também será, em regra, proprietário de imóvel privado, tendo o mesmo amplo direito de defesa, a exemplo dos legitimados passivos em face da usucapião ambiental individual. O rito processual é sumário (art. 14 do Estatuto), não fazendo a lei qualquer distinção em decorrência das ações individuais e das metaindividuais. A sentença servirá de título para registro no cartório de registro de imóveis (§ 2.º do art. 10 do Estatuto), observando os critérios determinados pela lei em decorrência da atribuição das frações ideais de terreno a cada possuidor (§ 3.º do art. 10 do Estatuto). O Ministério Público, além de participar na ação de usucapião especial urbana intervindo obrigatoriamente (art. 12, § 1.º, do Estatuto), tem legitimidade ativa para propositura da usucapião ambiental metaindividual em decorrência do que estabelece o art. 127, *caput*, da CF.

Seção VI
Da Concessão de Uso Especial para Fins de Moradia

Art. 15. (Vetado.) Art. 16. (Vetado.) Art. 17. (Vetado.) Art. 18. (Vetado.)
Art. 19. (Vetado.) Art. 20. (Vetado.)

Comentário

Os arts. 15 a 20 do Estatuto da Cidade foram vetados pelo Presidente da República na medida em que entendeu ocorrer, em decorrência do conteúdo dos dispositivos apontados (que se encontram anexados em apêndice), contrariedade ao interesse público, "sobretudo por não ressalvarem do direito à concessão de uso especial os imóveis públicos afetados ao uso comum do povo, como praças e ruas, assim como áreas urbanas de interesse da defesa nacional, da preservação ambiental ou destinadas a obras públicas". Além disso, as razões do veto informam que "o *caput* do art. 15 do projeto de lei assegura o direito à concessão de uso especial para fins de moradia àquele que possuir como sua área ou edificação urbana de até 250m² (duzentos e cinquenta metros quadrados) situada em imóvel público". Com efeito, mesmo que possamos admitir que a ocupação de imóveis públicos se traduza em fato da realidade brasileira – são na verdade a maior parte dos

CAPÍTULO II – DOS INSTRUMENTOS DA POLÍTICA URBANA 179

territórios ocupados por pessoas que habitam os denominados bairros irregulares ou favelas –, e ainda que não seja difícil observar, na vida real, a existência de bairros inteiros que estão assentados sobre terras pertencentes a entes públicos, é clara a Constituição Federal ao impedir a usucapião de imóveis públicos (art. 183, § 3.º, e art. 191, parágrafo único). Por outro lado, os bens ambientais, em decorrência de sua natureza jurídica, também não podem estar submetidos à apropriação, o que significa afirmar que os bens ambientais não podem ser objeto de posse ou mesmo propriedade por serem constitucionalmente definidos como bens "de uso comum do povo" (art. 225 da CF)[50].

Ocorre que foi editada a Medida Provisória 2.220/2001, antes da vigência das novas regras que restringem o uso de aludido mecanismo conforme disciplina a Emenda Constitucional n. 32, dispondo sobre a denominada concessão de uso especial de que trata o § 1.º do art. 183 da Magna Carta em vigor, estabelecendo efetivamente a concessão de uso em área pública, hipótese que não se confunde com maneira de aquisição de domínio.

Referida medida provisória estabelece que somente poderão ser contempladas com a concessão de uso especial para fins de moradia – CUEM (concessão de uso de área pública) as pessoas que tiverem ocupado o território em questão até 30 de junho de 2001. Além disso, fixa a medida provisória não só as dimensões do terreno (250 m²) como idêntico critério vinculado à ocupação que possa gerar posse legítima ou usucapião: terá ela de ser por cinco anos, ininterruptamente e sem oposição.

Na linha dos instrumentos de política urbana vinculados ao controle do meio ambiente artificial, diretriz estabelecida para a efetividade do Estatuto da Cidade, a medida provisória indicou a possibilidade de permitir a herança da concessão de uso nas condições estabelecidas pelo § 3.º do art. 1.º da medida provisória ("Para os efeitos deste artigo, o herdeiro legítimo continua, de pleno direito, na posse de seu antecessor, desde que já resida no imóvel por ocasião da abertura da sucessão"). Além disso, normatizou o

---

50 De acordo com a Secretaria Municipal de Habitação do Rio de Janeiro, o perfil das favelas cariocas facilita o processo de regularização territorial com base nas regras estabelecidas pelo Estatuto da Cidade. Das quase 600 favelas existentes no Rio de Janeiro, conforme informação do *Jornal do Brasil* em 12 jul. 2001, p. 18, pelo menos 70% estão localizadas em terrenos particulares.

180 Estatuto da Cidade Comentado

instituto denominado *concessão de uso especial metaindividual* como importante instrumento de efetividade no plano do meio ambiente artificial, destinado, a teor do que estabelece o art. 2.º da Medida Provisória 2.220/2001, às situações onde não for possível identificar os terrenos ocupados por possuidor e adaptado aos direitos coletivos.

Por outro lado, exatamente para superar os óbices já apontados em face do veto antes mencionado (Seção VI, arts. 15 a 20 do Estatuto da Cidade), estabeleceu o art. 5.º da Medida Provisória 2.220/2001 ser facultado ao Poder Público garantir ao possuidor o exercício do direito à concessão de uso especial em outro local na hipótese de ocupação de imóvel de uso comum do povo, destinado a projeto de urbanização, de interesse da defesa nacional, da preservação ambiental e da proteção de ecossistemas naturais, reservado à construção de represas e obras congêneres, ou, ainda, situado em via de comunicação (art. 5.º, I a V, da MP 2.220/2001), dentro de uma visão absolutamente adequada de entender juridicamente a cidade adaptada à sua natureza jurídica ambiental (arts. 182, 183 e 225 da CF) e integrando evidentemente a medida provisória à estrutura do Estatuto da Cidade como um todo.

Destarte, como decidido pelo Órgão Especial do Tribunal de Justiça do Estado de São Paulo (30-1-2013), "extrai-se que a CUEM consiste em instituto jurídico destinado à singularíssima tarefa de somar esforços no contexto da regularização fundiária de interesse social em imóveis públicos urbanos. Poucas hipóteses aproximam-se desse comando; é o caso, por exemplo, da Concessão de Direito Real de Uso (CDRU), o que ratifica o rigor com o qual a legislação trata o patrimônio imóvel público, sempre insuscetível de usucapião. E o que significa dizer que a CUEM representa um instrumento de regularização fundiária? Significa afirmar que é um regramento orientado não apenas a tutelar as deficiências de titulação, mas também a uma miríade de elementos que, concatenados, representam as informalidades atinentes ao uso, ocupação e parcelamento do solo urbano, que compõem o quadro da cidade ilegal. Tudo a atender o chamado constitucional, que preconiza a necessidade de concretizar a função social da cidade e o bem-estar de seus habitantes"[51].

---

51 "Arguição de inconstitucionalidade. Medida Provisória n. 2.220/2001. Concessão de uso especial para fins de moradia (CUEM). Alegada vulneração ao art. 24, I, da Constituição Federal. Inocorrência. Contornos

CAPÍTULO II – DOS INSTRUMENTOS DA POLÍTICA URBANA 181

Destarte, a MP 2.220/2001 não só "completa" o Estatuto da Cidade como, ao criar o Conselho Nacional de Desenvolvimento Urbano – CNDU (arts. 10 a 14), inova ao possibilitar a utilização da concessão de uso especial em face de finalidades comerciais (art. 9.º do Estatuto da Cidade), procedendo inclusive a importantes modificações no plano da Lei 6.015/1973.

SEÇÃO VII
DO DIREITO DE SUPERFÍCIE

Art. 21. O proprietário urbano poderá conceder a outrem o direito de superfície do seu terreno, por tempo determinado ou indeterminado, mediante escritura pública registrada no cartório de registro de imóveis.

§ 1.º O direito de superfície abrange o direito de utilizar o solo, o subsolo ou o espaço aéreo relativo ao terreno, na forma estabelecida no contrato respectivo, atendida a legislação urbanística.

§ 2.º A concessão do direito de superfície poderá ser gratuita ou onerosa.

§ 3.º O superficiário responderá integralmente pelos encargos e tributos que incidirem sobre a propriedade superficiária, arcando, ainda, proporcionalmente à sua parcela de ocupação efetiva, com os encargos e tributos sobre a área objeto da concessão do direito de superfície, salvo disposição em contrário do contrato respectivo.

---

de verdadeira política pública de abrangência nacional. Dever do estado-juiz de interpretá-lo conforme a Constituição, a prestigiar a correta narrativa da norma fundante, decorrente, *in casu*, de histórica reivindicação dos movimentos pela reforma urbana. Situação fundiária do país e, em especial, do estado de São Paulo que desautoriza desregulamentação da matéria. Perigo de repetição do que se observa no caso do direito de greve, na medida em que inexistiria, de forma inequívoca, interesse em disciplinar assunto que toca aspectos patrimoniais de enorme relevo de estados e municípios. Risco, ademais, de ver vulnerado direito social fundamental, na medida em que a CUEM representa uma das poucas hipóteses legais de regularização fundiária de interesse social em imóveis públicos urbanos. Precedentes doutrinários. Arguição de Inconstitucionalidade rejeitada" (Arguição de Inconstitucionalidade 0041454-43.2012.8.26.0000, da Comarca de São Paulo, em que é suscitante 6.ª Câmara de Direito Público do Tribunal de Justiça de São Paulo).

182 ESTATUTO DA CIDADE COMENTADO

§ 4.º *O direito de superfície pode ser transferido a terceiros, obedecidos os termos do contrato respectivo.*

§ 5.º *Por morte do superficiário, os seus direitos transmitem-se a seus herdeiros.*

Art. 22. *Em caso de alienação do terreno, ou do direito de superfície, o superficiário e o proprietário, respectivamente, terão direito de preferência, em igualdade de condições à oferta de terceiros.*

Art. 23. *Extingue-se o direito de superfície:*

I – pelo advento do termo;

II – pelo descumprimento das obrigações contratuais assumidas pelo superficiário.

Art. 24. *Extinto o direito de superfície, o proprietário recuperará o pleno domínio do terreno, bem como das acessões e benfeitorias introduzidas no imóvel, independentemente de indenização, se as partes não houverem estipulado o contrário no respectivo contrato.*

§ 1.º *Antes do termo final do contrato, extinguir-se-á o direito de superfície se o superficiário der ao terreno destinação diversa daquela para a qual for concedida.*

§ 2.º *A extinção do direito de superfície será averbada no cartório de registro de imóveis.*

Comentário

Ensina Martin Wolff[52] que "la superficie es el derecho real enajenable y hereditario que autoriza a tener una edificación encima o debajo del suelo de un fundo. Su origen se halla en las superficies del derecho romano y común". Interessante notar que Martin Wolff já destacava que "la importancia práctica de la superficie es mayor de lo que se supuso al redactarse el Código Civil, y, en particular, mayor que la que tuvo la superficie del derecho común. Esta importancia se manifesta especialmente por el servicio que presta al problema de la pequeña vivienda. Varias ciudades y algunos Estados conceden sistemáticamente solares en superficie a término en lugar de enajenarlos, lo cual tiene las ventajas de evitar la especulación con edificios y terrenos, de facilitar el aumento de valor del suelo en favor de los propie-

---

52 *Derecho de cosas* – Gravámens, 51 bis, vol. 2, t. III.

CAPÍTULO II – DOS INSTRUMENTOS DA POLÍTICA URBANA 183

tarios (Estados, municipios), hacerles posible el ejercer una influencia sobre la manera de construir, y procurar a las clases obrera y media la posesión de casas propias, un desenvolvimiento más amplio de esta institución se oponía hasta ahora su insuficiente regulación legal. Es frecuente que el derecho de superficie se conceda conjuntamente con la justificación de una propiedad familiar".

Diniz, por seu turno, e absorvendo a matéria no plano de nosso País, explica tratar-se de "direito real relativo à concessão onerosa ou gratuita, por tempo certo ou indeterminado, do uso da superfície de terrenos públicos ou particulares, para fins de urbanização, industrialização, edificação, cultivo da terra ou outra utilização de interesse social. É o direito real pelo qual o proprietário concede a outrem, por tempo determinado ou não, gratuita ou onerosamente, o direito de construir ou plantar em seu terreno, mediante escritura pública devidamente escrita no registro imobiliário"[53].

Com efeito.

No Brasil, o direito de superfície teria surgido pela primeira vez com o advento do art. 7.º do Decreto-lei 271, de 28 de fevereiro de 1967, tendo como fundamento "constitucional" regramento incompatível com o Estado Democrático de Direito. Sob a égide de nossa atual Constituição Democrática, o Código Civil (Lei 10.406/2002) tratou da matéria (arts. 1.369 a 1.377) evidentemente em face de perspectiva vinculada à tutela de direitos individuais.

Todavia, o Estatuto da Cidade entendeu por bem estabelecer o direito de superfície como instrumento de política urbana, dentro de perspectiva constitucional e infraconstitucional absolutamente apartada dos pressupostos jurídicos que fundamentaram tanto o Decreto-lei 271 como o Código Civil, a saber, regrou o tema como instituto jurídico-político fundamentado no direito ambiental constitucional (meio ambiente artificial) e balizado por normas de ordem pública e interesse social que regulam o uso da propriedade urbana em prol do bem coletivo, da segurança e do bem-estar dos cidadãos, bem como do equilíbrio ambiental, tudo com a finalidade de ordenar não só a propriedade urbana como o pleno desenvolvimento das funções sociais da cidade (art. 4.º, V, *l*, do Estatuto da Cidade). Assim, no que se re-

---

53 *Dicionário jurídico*, v. 2, D-I, p. 159.

184 Estatuto da Cidade Comentado

fere ao instrumento destinado ao meio ambiente artificial, o direito ora comentado abrange o direito de utilizar o solo, o subsolo ou o espaço aéreo relativo ao terreno (art. 21, § 1.º, do Estatuto da Cidade), consagrando juridicamente a ideia do denominado solo criado[54] como "solo artificialmente criado pelo homem [sobre ou sob o solo natural], resultado da construção praticada em volume superior ao permitido nos limites de um coeficiente único de aproveitamento", conforme estabelecido pelo Supremo Tribunal Federal[55], e permitindo, em síntese, a transferência, gratuita ou onerosa, do direito de construir sem abranger o direito à propriedade urbana.

Destarte, estabelecendo direitos e deveres em face do superficiário e do proprietário (arts. 21, 22, 23 e 24 do Estatuto da Cidade), o instrumento de política urbana ora comentado possibilita adequar a propriedade urbana aos princípios adaptados ao meio ambiente artificial, fixando importante inovação jurídica.

---

54 Explica a urbanista Raquel Rolnik que, no campo dos instrumentos urbanísticos, o Estatuto consagrou a ideia do solo criado, por meio da institucionalização do direito de superfície e da outorga onerosa do direito de construir. Informa a professora que "a ideia é muito simples: se as potencialidades dos diferentes terrenos urbanos devem ser distintas em função da política urbana (áreas que em função da infraestrutura instalada devem ser adensadas, áreas que não podem ser intensamente ocupadas por apresentarem alto potencial de risco – de desabamento ou alagamento, por exemplo), não é justo que os proprietários sejam penalizados – ou beneficiados – individualmente por esta condição que independe totalmente de sua ação sobre o terreno. Desta forma separa-se um direito básico, que todos os lotes urbanos devem possuir, dos potenciais definidos pela política urbana" (*Jornal do Brasil*, p. 8).

55 "Recurso Extraordinário. Lei n. 3.338/89 do município de Florianópolis/SC. Solo criado. Não configuração como tributo. Outorga onerosa do direito de criar solo. Distinção entre ônus, dever e obrigação. Função social da propriedade. Artigos 182 e 170, III, da Constituição do Brasil. 1. Solo criado. Solo criado é o solo artificialmente criado pelo homem [sobre ou sob o solo natural], resultado da construção praticada em volume superior ao permitido nos limites de um coeficiente único de aproveitamento. 2. Outorga onerosa do direito de criar solo. Prestação de dar cuja satisfação afasta obstáculo ao exercício, por quem a presta, de determinada faculdade. Ato necessário. Ônus" (RE 387.047-SC, rel. Min. Eros Grau, j. 6-3-2008, Tribunal Pleno).

Seção VIII
Do Direito de Preempção

Art. 25. *O direito de preempção confere ao Poder Público municipal preferência para aquisição de imóvel urbano objeto de alienação onerosa entre particulares.*

§ 1.º *Lei municipal, baseada no plano diretor, delimitará as áreas em que incidirá o direito de preempção e fixará prazo de vigência, não superior a 5 (cinco) anos), renovável a partir de 1 (um) ano após o decurso do prazo inicial de vigência.*

§ 2.º *O direito de preempção fica assegurado durante o prazo de vigência fixado na forma do § 1.º, independentemente do número de alienações referentes ao mesmo imóvel.*

Art. 26. *O direito de preempção será exercido sempre que o Poder Público necessitar de áreas para:*

I – regularização fundiária;

II – execução de programas e projetos habitacionais de interesse social;

III – constituição de reserva fundiária;

IV – ordenamento e direcionamento da expansão urbana;

V – implantação de equipamentos urbanos e comunitários;

VI – criação de espaços públicos de lazer e áreas verdes;

VII – criação de unidades de conservação ou proteção de outras áreas de interesse ambiental;

VIII – proteção de áreas de interesse histórico, cultural ou paisagístico;

IX – (Vetado.)

Parágrafo único. *A lei municipal prevista no § 1.º do art. 25 desta Lei deverá enquadrar cada área em que incidirá o direito de preempção em uma ou mais das finalidades enumeradas por este artigo.*

Art. 27. *O proprietário deverá notificar sua intenção de alienar o imóvel, para que o Município, no prazo máximo de 30 (trinta) dias, manifeste por escrito seu interesse em comprá-lo.*

§ 1.º *À notificação mencionada no* caput *será anexada proposta de compra assinada por terceiro interessado na aquisição do imóvel, da qual constarão preço, condições de pagamento e prazo de validade.*

§ 2.º *O Município fará publicar, em órgão oficial e em pelo menos um jornal local ou regional de grande circulação, edital de aviso da notificação recebida nos*

186 ESTATUTO DA CIDADE COMENTADO

termos do caput *e da intenção de aquisição do imóvel nas condições da proposta apresentada.*

§ 3.º *Transcorrido o prazo mencionado no* caput *sem manifestação, fica o proprietário autorizado a realizar a alienação para terceiros, nas condições da proposta apresentada.*

§ 4.º *Concretizada a venda a terceiro, o proprietário fica obrigado a apresentar ao Município, no prazo de 30 (trinta) dias, cópia do instrumento público de alienação do imóvel.*

§ 5.º *A alienação processada em condições diversas da proposta apresentada é nula de pleno direito.*

§ 6.º *Ocorrida a hipótese prevista no § 5.º o Município poderá adquirir o imóvel pelo valor da base de cálculo do IPTU ou pelo valor indicado na proposta apresentada, se este for inferior àquele.*

Comentário

Nelson Hungria[56], embora no âmbito de análise constitucional e infraconstitucional pretérita, já advertia que "a retrocessão ou preempção legal, do mesmo modo que a preempção convencional, só é exercitável quando se pretende revender a *res* e significa apenas um direito de prelação ou preferência à reaquisição".

Com efeito.

O direito de precedência outorgado ao Poder Público municipal para adquirir imóvel urbano objeto de alienação onerosa (transferência estipulando vantagens e obrigações recíprocas para os contratantes) entre particulares, ou seja, a regra que assegura a preferência ao Poder Público municipal na aquisição do imóvel urbano na forma do que estabelecem os arts. 25 a 27 do Estatuto da Cidade, significa outro importante instrumento vinculado ao

---

56 "O direito de retrocessão ou preempção legal, em face do Código Civil brasileiro, é de caráter meramente pessoal. A única diferença entre a preempção legal e a convencional está em que naquela a condição é a devolução do preço pago, enquanto nesta é o pagamento de 'tanto por tanto'. Quando não pode ser invocada a retrocessão, no caso de imóvel desapropriado" (RE 18.711-SP, rel. Min. Nelson Hungria, j. 3-12-1951, 1.ª Turma, *DJ* 12-4-1952, p. 03376, Ement vol. 00077-01, p. 00233).

CAPÍTULO II – DOS INSTRUMENTOS DA POLÍTICA URBANA 187

meio ambiente artificial para os fins de ordenamento do pleno desenvolvimento das funções sociais da cidade, bem como da propriedade urbana. Trata-se de estabelecer importante "gerenciamento" dentro de visão própria em que o Município assume a condição de garantir cidades sustentáveis, sempre que o Poder Público necessitar de áreas para atender às diretrizes gerais fixadas no art. 2.º do Estatuto da Cidade, bem como, especificamente em face do direito de preempção, para as hipóteses apontadas no art. 26, I a VIII, da Lei 10.257/2001.

Assegurado dentro do prazo de vigência não superior a cinco anos, renovável a partir de um ano após o decurso do prazo inicial de vigência e delimitado em face do que estabelece o § 1.º do art. 25 do Estatuto, o direito de preempção pressupõe o dever de o proprietário dar ciência ao Poder Público – o que será feito através da notificação apontada no art. 27, *caput* e § 1.º, da Lei 10.257/2001 – de sua intenção de alienar (alienação onerosa) o imóvel (art. 27 do Estatuto) para que o Município, no prazo fixado no mesmo dispositivo legal, manifeste por escrito seu interesse em comprá-lo. O Município, uma vez notificado, deverá declarar seu interesse pela aquisição do referido imóvel urbano no prazo máximo de 30 dias (art. 27, *caput*, do Estatuto).

Cabe salientar que as diretrizes estabelecidas na proposta de compra do imóvel vinculam o particular, seja em face do Município, que deverá pagar ao proprietário o preço em moeda corrente[57], obedecendo às condições de pagamento e prazo de validade (art. 27, §§ 1.º e 2.º, do Estatuto), seja em face de alienação para terceiros, hipótese em que se observará rigorosamente a aplicação dos §§ 3.º e 4.º do Estatuto. O rigor antes mencionado é que possibilita a aplicação do § 6.º do art. 27 uma vez constatada a alienação processada em condições diversas da proposta apresentada, que será reputada nula de pleno direito (§ 5.º do art. 27 do Estatuto da Cidade).

---

57 Tratando-se de contrato oneroso, deverá restar verificada a estipulação de vantagens e obrigações recíprocas para os contratantes na medida em que estes sofrem um sacrifício patrimonial, correspondente a um proveito almejado, conforme bem ensina Maria Helena Diniz (*Dicionário jurídico*, v. 3, p. 440). Daí não ser possível a utilização de títulos da dívida pública (emitidos pelo Poder Público para atender aos compromissos oriundos de empréstimo ou receita) para pagamento do imóvel urbano objeto de alienação. *Vide* nosso comentário ao art. 8.º.

Seção IX
Da Outorga Onerosa do Direito de Construir[58]

Art. 28. *O plano diretor poderá fixar áreas nas quais o direito de construir poderá ser exercido acima do coeficiente de aproveitamento básico adotado, mediante contrapartida a ser prestada pelo beneficiário.*

---

58 "Processual civil e administrativo. Recurso especial. Violação ao art. 535 do CPC. Alegações genéricas. Incidência da Súmula 284 do STF, por analogia. Poder de polícia. Alvará de funcionamento. Pagamento prévio de outorga onerosa de alteração de uso (ONALT). Ofensa aos arts. 4.º, 29 e 31 da Lei 10.257/2001. Aplicação das Súmulas 283 e 284 do STF, e 211 desta Corte Superior. Art. 1.º do Decreto-lei 500/69. Distrito Federal. Isenção de custas quando litiga na justiça distrital. Cabimento. Honorários advocatícios. Pagamento devido. 1. Trata-se de recurso especial interposto pelo Distrito Federal, com fundamento na alínea "a" do permissivo constitucional, contra acórdão do Tribunal de Justiça do mesmo ente federativo que concluiu pela ilegalidade da cobrança prévia à renovação de alvará de funcionamento relativa outorga onerosa de alteração de uso. 2. Nas razões recursais, sustenta a parte recorrente ter havido violação aos arts. 535 do Código de Processo Civil (CPC) – porque o acórdão não analisou a ofensa a diversos dispositivos de lei –, 4.º, 29 e 31 da Lei 10.257/2001 – ao argumento de que a outorga onerosa de alteração de uso é um instrumento jurídico-político, de natureza contratual, e não tributária (e, por isto, não compulsória), cabendo, como contrapartida, uma forma de compensação para a sociedade, sem que, em prol do particular, exista um direito subjetivo a ver seu empreendimento licenciado – e 1.º do Decreto-lei 500/69 – uma vez que o Distrito Federal é isento do pagamento de custas processuais de qualquer espécie. 3. Não se pode conhecer da apontada violação ao art. 535 do CPC pois as alegações que fundamentaram a pretensa ofensa são genéricas, sem discriminação dos pontos efetivamente omissos, contraditórios ou obscuros ou sobre os quais tenha ocorrido erro material. Incide, no caso, a Súmula n. 284 do Supremo Tribunal Federal, por analogia. 4. A respeito da controvérsia de fundo, assim se manifestou a origem: 'não se está a afirmar, diante da confirmação do deferimento da tutela antecipada, que a administração Pública estaria agindo de forma arbitrária ou ilegal ao cobrar o pagamento do preço referente à outorga onerosa da alteração de uso, que, inclusive, pode ser parcelado, consoante a legislação mencionada. Esse argumento, inclusive, não é aventado pela autora na petição inicial, que objetiva a concessão de tempo mais razoável para a implementação

Capítulo II – Dos Instrumentos da Política Urbana 189

§ 1.º *Para os efeitos desta Lei, coeficiente de aproveitamento é a relação entre a área edificável e a área do terreno.*

§ 2.º *O plano diretor poderá fixar coeficiente de aproveitamento básico único para toda a zona urbana ou diferenciado para áreas específicas dentro da zona urbana.*

§ 3.º *O plano diretor definirá os limites máximos a serem atingidos pelos coeficientes de aproveitamento, considerando a proporcionalidade entre a infraestrutura existente e o aumento de densidade esperado em cada área.*

---

das alterações necessárias para a obtenção do alvará de funcionamento. A agravada não questiona a exigência da ONALT, mas requer prazo para o atendimento das condições postas pela administração, afastando-se a multa e a interdição nesse interregno de tempo'. 5. Como se vê, o objeto da presente demanda é apenas o recolhimento do valor relativo à outorga onerosa de alteração de uso, nada tendo a ver com a legalidade da previsão da ONALT ou com sua natureza contraprestacional não compulsória. A parte recorrida sequer se nega a recolher o referido valor, mas apenas pede judicialmente que tal recolhimento se dê depois da concessão de alvará de funcionamento. 6. Desta forma, em face das razões recursais, incidem, no ponto, as Súmulas 283 e 284 do STF, ainda que analogicamente, uma vez que (i) a discussão ora travada não perpassa nem pela natureza da ONALT, nem pela sua compulsoridade, nem pela sua validade ante o ordenamento jurídico – do que se extrai a deficiência das razões recursais para rebater as conclusões do acórdão recorrido – e (ii) não houve combate adequado e exaustivo a todos os elementos de fato e de direito de que se valeu a instância ordinária para chegar às conclusões que chegou. 7. Ainda que assim não fosse, a leitura atenta do acórdão combatido, integrado pelo pronunciamento da origem em embargos de declaração, revela que os arts. 4.º, 29 e 31 da Lei 10.257/01, bem como as teses a eles vinculadas, não foram objeto de debate pela instância ordinária, o que atrai a aplicação da Súmula n. 211 desta Corte Superior, inviabilizando o conhecimento do especial no ponto por ausência de prequestionamento. 8. Por força do art. 1.º do Decreto-lei 500/69, o Distrito Federal é isento de custas processuais quando litiga na Justiça Distrital, daí por que não deve subsistir o pagamento das custas, na forma como fixada pela sentença e mantida pelo acórdão recorrido. Contudo, permanece a condenação em honorários advocatícios, a conta de que não se tratam propriamente de custas devidas por motivo de prestação de jurisdição, mas de despesas devidas a outra parte pela sucumbência. 9. Recurso especial parcialmente conhecido e, nesta parte, parcialmente provido" (STJ, 2.ª Turma, REsp 1.290.023-DF, rel. Min. Mauro Campbell Marques, j. 22-11-2011, *DJe* 1.º-12-2011).

190 Estatuto da Cidade Comentado

Art. 29. *O plano diretor poderá fixar áreas nas quais poderá ser permitida a alteração de uso do solo, mediante contrapartida a ser prestada pelo beneficiário.*

Art. 30. *Lei municipal específica estabelecerá as condições a serem observadas para a outorga onerosa do direito de construir e de alteração de uso, determinando:*

I – a fórmula de cálculo para a cobrança;

II – os casos passíveis de isenção do pagamento da outorga;

III – a contrapartida do beneficiário.

Art. 31. *Os recursos auferidos com a adoção da outorga onerosa do direito de construir e de alteração de uso serão aplicados com as finalidades previstas nos incisos I a IX do art. 26 desta Lei.*

Comentário

Instrumento importante de adequação do meio ambiente artificial às necessidades do pleno desenvolvimento das funções sociais da cidade (art. 4.°, V, *n*, da Lei 10.257/2001), a outorga onerosa do direito de construir[59] bem

---

59 "Recurso Extraordinário. Lei n. 3.338/89 do município de Florianópolis/SC. Solo criado. Não configuração como tributo. Outorga onerosa do direito de criar solo. Distinção entre ônus, dever e obrigação. Função social da propriedade. Artigos 182 e 170, III, da Constituição do Brasil. 1. Solo criado. Solo criado é o solo artificialmente criado pelo homem [sobre ou sob o solo natural], resultado da construção praticada em volume superior ao permitido nos limites de um coeficiente único de aproveitamento. 2. Outorga onerosa do direito de criar solo. Prestação de dar cuja satisfação afasta obstáculo ao exercício, por quem a presta, de determinada faculdade. Ato necessário. Ônus. Não há, na hipótese, obrigação. Não se trata de tributo. Não se trata de imposto. Faculdade atribuível ao proprietário de imóvel, mercê da qual se lhe permite o exercício do direito de construir acima do coeficiente único de aproveitamento adotado em determinada área, desde que satisfeita prestação de dar que consubstancia ônus. Onde não há obrigação não pode haver tributo. Distinção entre ônus, dever e obrigação e entre ato devido e ato necessário. 3. Ônus do proprietário de imóvel urbano. Instrumento próprio à política de desenvolvimento urbano, cuja execução incumbe ao Poder Público municipal, nos termos do disposto no artigo 182 da Constituição do Brasil. Instrumento voltado à correção de distorções que o crescimento urbano desordenado acarreta à promoção do pleno desenvolvi-

CAPÍTULO II – DOS INSTRUMENTOS DA POLÍTICA URBANA 191

como a permissão de alteração do uso do solo, estabelecidas nos arts. 28 a 31 do Estatuto da Cidade, possibilitam ao Poder Público municipal arrecadar quantia em dinheiro visando dar efetividade aos diferentes objetivos descritos nos incisos I a VIII do art. 26 da Lei em decorrência do direito de preempção (*vide* comentários). Trata-se de instrumento que amplia o direito de construir[60] (que poderá ser exercido acima do coeficiente de aproveitamento

---

mento das funções da cidade e a dar concreção ao princípio da função social da propriedade [art. 170, III, da CB]. 4. Recurso extraordinário conhecido, mas não provido" (RE 387.047-SC, rel. Min. Eros Grau, j. 6-3-2008, Tribunal Pleno, *DJe-078* divulg. 30-4-2008, public. 2-5-2008, *Ement* vol. 02317-04, p. 00799, *RTJ* vol. 00204-03, p. 01314, *LEXSTF* vol. 30, n. 355, 2008, p. 263-287).

60 O direito de construir limitado a comandos superiores vinculados à urbanização já era observado em face de Constituições anteriores, como bem demonstra a matéria apreciada pelo Supremo Tribunal Federal em decorrência de RE 76.864-GB, publicado no *DJ* 22-11-1974, que teve como relator o Min. Aliomar Baleeiro. É o que se verifica da leitura da ementa, a saber: "Em princípio, não viola a Constituição Federal o acórdão que reconhece à autoridade competente o poder de impedir novas construções em área particular incluída no plano legalmente aprovado de urbanização. O direito de construir deve ser exercido em harmonia com os regulamentos administrativos, até porque a CF garante a propriedade, mas a erige em função social". Mais recentemente alguns acórdãos do Supremo Tribunal Federal também se posicionaram a respeito do direito de construir e suas limitações, como bem apontam duas decisões que tiveram como relator o Min. Carlos Velloso: 1) RE 140.436-SP, publicado em 6-8-1999, com a seguinte ementa: "Constitucional. Administrativo. Civil. Limitação Administrativa. Indenização. I – Se a restrição ao direito de construir advinda da limitação administrativa causa aniquilamento da propriedade privada, resulta, em favor do proprietário, o direito à indenização. Todavia, o direito de edificar é relativo, dado que condicionado à função social da propriedade. Se as restrições decorrentes da limitação administrativa preexistem à aquisição do terreno, assim já do conhecimento dos adquirentes, não podem estes, com base em tais restrições, pedir indenização ao poder público"; 2) RE 178.836-SP, publicado em 20-8-1999, com a seguinte ementa: "Constitucional. Administrativo. Civil. Direito de construir. Limitação administrativa. I – O direito de edificar é relativo, dado que condicionado à função social da propriedade: CF, art. 5.º, XXII e XXIII. Inocorrência de

192 ESTATUTO DA CIDADE COMENTADO

básico adotado, coeficiente este definido no § 1.º do art. 28), bem como permite a alteração do uso do solo[61] (art. 29), sempre mediante contrapartida a ser prestada pelo beneficiário. Por se tratar de outorga onerosa (tanto do direito de construir como do direito de alterar o solo), determinou o art. 30, I a III, a estipulação de vantagens e obrigações recíprocas para as partes envolvidas (Poder Público municipal e beneficiário), deixando claro o legislador que os recursos auferidos com a adoção da outorga onerosa do direito de construir bem como da alteração de uso (art. 31 do Estatuto) serão aplicados com as seguintes finalidades previstas em lei: 1) regularização fundiária; 2) execução de programas e projetos habitacionais de interesse social; 3) constituição de reserva fundiária; 4) ordenamento e direcionamento da expansão urbana; 5) implantação de equipamentos urbanos e comunitários; 6) criação de espaços públicos e áreas verdes; 7) criação de unidades de conservação ou proteção de outras áreas de interesse ambiental; e 8) proteção de áreas de interesse histórico, cultural ou paisagístico. Trata-se, portanto, de importante mecanismo em que a ordem econômica capitalista "financia" o adequado ordenamento da cidade em proveito da dignidade da pessoa humana, cumprindo, concretamente, os princípios fundamentais de nossa Constituição Federal em decorrência do que estabelecem os arts. 1.º, II e IV, e 3.º, III.

---

    direito adquirido: no caso, quando foi requerido alvará de construção, já existia a lei que impedia o tipo de imóvel no local".

61 A respeito do uso do solo, o Ministro Ari Pargendler, do Superior Tribunal de Justiça, nos indica importante visão, conforme se constata da seguinte ementa: "Civil. Loteamento. Lei municipal superveniente que, sem determinar modificações no loteamento originário, admite o uso do solo além dos limites previstos pelas restrições convencionais. Diferença entre alteração urbanística ditada pelo interesse público e licença para construir no interesse do proprietário. O loteador está sujeito às restrições que impôs aos adquirentes de lotes, não podendo dar aos remanescentes destinação diversa daquela prevista no memorial descritivo, pouco importando que a lei municipal superveniente permita a alteração pretendida; as leis urbanísticas só se sobrepõem aos ajustes particulares quando já não toleram o *status quo* – hipótese de que não se trata na espécie, onde tanto o loteamento originário quanto sua pretendida alteração estão conformados às posturas municipais".

Capítulo II – Dos Instrumentos da Política Urbana 193

Seção X
Das Operações Urbanas Consorciadas

Art. 32. *Lei municipal específica, baseada no plano diretor, poderá delimitar área para aplicação de operações consorciadas.*

§ 1.º *Considera-se operação urbana consorciada o conjunto de intervenções e medidas coordenadas pelo Poder Público municipal, com a participação dos proprietários, moradores, usuários permanentes e investidores privados, com o objetivo de alcançar em uma área transformações urbanísticas estruturais, melhorias sociais e a valorização ambiental.*

§ 2.º *Poderão ser previstas nas operações urbanas consorciadas, entre outras medidas:*

I – a modificação de índices e características de parcelamento, uso e ocupação do solo e subsolo, bem como alterações das normas edilícias, considerado o impacto ambiental delas decorrente;

II – a regularização de construções, reformas ou ampliações executadas em desacordo com a legislação vigente.

III – a concessão de incentivos a operações urbanas que utilizam tecnologias visando a redução de impactos ambientais, e que comprovem a utilização, nas construções e uso de edificações urbanas, de tecnologias que reduzam os impactos ambientais e economizem recursos naturais, especificadas as modalidades de design e de obras a serem contempladas.

* *Inciso III acrescentado pela Lei 12.836/2013.*

Art. 33. *Da lei específica que aprovar a operação urbana consorciada constará o plano de operação urbana consorciada, contendo, no mínimo:*

I – definição da área a ser atingida;

II – programa básico de ocupação da área;

III – programa de atendimento econômico e social para a população diretamente afetada pela operação;

IV – finalidades da operação;

V – estudo prévio de impacto de vizinhança;

VI – contrapartida a ser exigida dos proprietários, usuários permanentes e investidores privados em função da utilização dos benefícios previstos nos incisos I, II e III do § 2.º do art. 32 desta Lei;

194 Estatuto da Cidade Comentado

* *Inciso VI com redação determinada pela Lei 12.836/2013.*

VII – forma de controle da operação, obrigatoriamente compartilhado com representação da sociedade civil;

VIII – natureza dos incentivos a serem concedidos aos proprietários, usuários permanentes e investidores privados, uma vez atendido o disposto no inciso III do § 2.º do art. 32 desta Lei.

* *Inciso VIII acrescentado pela Lei 12.836/2013.*

§ 1.º Os recursos obtidos pelo Poder Público municipal na forma do inciso VI deste artigo serão aplicados exclusivamente na própria operação urbana consorciada.

§ 2.º A partir da aprovação da lei específica de que trata o caput, *são nulas as licenças e autorizações a cargo do Poder Público municipal expedidas em desacordo com o plano de operação urbana consorciada.*

Art. 34. *A lei específica que aprovar a operação urbana consorciada poderá prever a emissão pelo Município de quantidade determinada de certificados de potencial adicional de construção, que serão alienados em leilão ou utilizados diretamente no pagamento das obras necessárias à própria operação.*

§ 1.º Os certificados de potencial adicional de construção serão livremente negociados, mas conversíveis em direito de construir unicamente na área objeto da operação.

§ 2.º Apresentado pedido de licença para construir, o certificado de potencial adicional será utilizado no pagamento da área de construção que supere os padrões estabelecidos pela legislação de uso e ocupação do solo, até o limite fixado pela lei específica que aprovar a operação urbana consorciada.

Art. 34-A. *Nas regiões metropolitanas ou nas aglomerações urbanas instituídas por lei complementar estadual, poderão ser realizadas operações urbanas consorciadas interfederativas, aprovadas por leis estaduais específicas.*

* *Incluído pela Lei 13.089/2015.*

Parágrafo único. *As disposições dos arts. 32 a 34 desta Lei aplicam-se às operações urbanas consorciadas interfederativas previstas no* caput *deste artigo, no que couber.*

* *Incluído pela Lei 13.089/2015.*

Comentário

Com o objetivo de alcançar em uma área transformações urbanísticas estruturais, melhorias sociais bem como valorização ambiental, criou o Es-

CAPÍTULO II – DOS INSTRUMENTOS DA POLÍTICA URBANA 195

tatuto da Cidade outro importante instrumento de controle do meio ambiente artificial, que é a operação urbana consorciada (art. 32, § 1.º).

As operações urbanas, como ensina didaticamente a urbanista Raquel Rolnik, "são definições específicas para uma certa área da cidade que se quer transformar, que preveem um uso e uma ocupação distintos das regras gerais que incidem sobre a cidade e que podem ser implantadas com a participação dos proprietários, moradores, usuários e investidores privados. O Estatuto da Cidade admite a possibilidade de que essas operações ocorram; entretanto, exige que em cada lei municipal que aprovar uma operação como esta deva ser incluído obrigatoriamente o programa e projetos básicos para a área, o programa de atendimento econômico e social para a população diretamente afetada pela operação e o estudo de impacto de vizinhança. Com essas medidas se procura evitar que as operações sejam somente 'liberações' de índices construtivos para atender a interesses particulares, ou simplesmente operações de valorização imobiliária que impliquem expulsão de atividades e moradores de menor renda"[62]. Trata-se, uma vez mais, de desenvolver a justa distribuição dos benefícios e ônus decorrentes do processo de urbanização com o planejamento do desenvolvimento das cidades, da distribuição espacial da população e das atividades econômicas do Município e do território sob sua área de influência, de modo a evitar e corrigir as distorções do crescimento urbano e seus efeitos negativos sobre o meio ambiente, diretrizes fundamentais orientadas pelo Estatuto da Cidade (art. 2.º, IV e IX). Com previsão clara de elaboração de plano de operação urbana consorciada (art. 33), as operações urbanas consorciadas (arts. 32 a 34) trazem previsão específica no que se refere a recursos que poderão ser obtidos pelo Poder Público municipal (§§ 1.º e 2.º, I e II, do art. 32 e inc. VI do art. 33), valores que, por determinação legal, deverão ser necessariamente aplicados na própria operação urbana consorciada.

A operação urbana consorciada, prevista nos arts. 32 a 34 do Estatuto da Cidade, por via de consequência, "permite a realização de intervenções urbanas mediante parceria entre o setor público e o privado e envolvendo proprietários, moradores, investidores e usuários. Neste caso, quem coordena a intervenção é o poder público, pois a ele compete a política urbana, mas

---

62 *Jornal do Brasil*, 15 jul. 2001, p. 8.

196 Estatuto da Cidade Comentado

está obrigado a promover a intervenção de forma participativa, incluindo no processo todos os envolvidos"[63].

Além disso, a lei específica que aprovar a operação urbana consorciada poderá criar os denominados CEPAC – Certificados de Potencial Adicional de Construção –, a serem emitidos pelo Município. Trata-se de certificados[64] de securitização visando financiar as obras necessárias às operações urbanas consorciadas (art. 34 do Estatuto da Cidade), que poderão ser livremente negociados mas necessariamente conversíveis em direito de construir unicamente na área objeto da operação (§ 1.º do art. 34) e utilizados no pagamento da área de construção que supere os padrões estabelecidos pela legislação de uso e ocupação do solo, até o limite fixado pela lei específica que aprovar a operação urbana consorciada (§ 2.º do art. 34).

Em outras palavras, trata-se de um título mobiliário emitido pelo município, comercializado por meio de leilões ou licitações públicas, em processos fiscalizados pela Comissão de Valores Mobiliários (CVM) e considerados ativos de renda variável (uma vez que sua rentabilidade está associada à valorização da região ou do bairro) que têm como objetivo financiar uma Operação Urbana Consorciada – operação definida por lei para revitalizar um bairro ou uma região. Destarte, poderíamos aduzir que o Cepac seria equivalente a uma contrapartida paga pelas empresas imobiliárias para construir em

---

63 *Vide* OLIVEIRA, Fernanda Paula; HOLZ, Sheila. Parcelamento e edificação compulsórios como instrumento de implementação e de consolidação da função social da propriedade. O caso português (com algumas incursões no direito brasileiro). *RADU – Revista Americana de Urbanismo*, Madrid, n. 1, enero-marzo 2019.

64 Como demonstra Kiyoshi Harada: "Estados e Municípios têm realizado operações de crédito com emissão de títulos públicos, sob as mais variadas denominações: apólices, bônus, certificados etc. Com o fito de despertar o interesse dos prestamistas, principalmente os Municípios têm inserido em seus títulos alguns atrativos, como prêmios de reembolso, taxas de juros razoáveis, possibilidade de utilização parcial na quitação de dívidas municipais, além de regular faculdade de servir como instrumento de caução nas diversas operações mantidas com o Poder Público. Estados e Municípios são livres para estipular os contornos da operação creditícia, prescrevendo a forma de reembolso, as vantagens e os privilégios concedidos aos subscritores dos títulos, não se submetendo às prescrições da Lei do Mercado e Capitais, Lei 4.728, de 14-7-1965". *Vide Direito financeiro e tributário*, p. 138.

CAPÍTULO II – DOS INSTRUMENTOS DA POLÍTICA URBANA 197

determinada região edifícios maiores do que o permitido pela lei de zoneamento. O dinheiro originado no setor privado seria então usado pela prefeitura em obras da área especificamente delimitada pela operação urbana.

Por estar ligado a instrumento da política urbana para os fins de adequação aos critérios constitucionais ligados ao meio ambiente artificial – as operações urbanas consorciadas –, os CEPAC se configuram em instrumento vinculado à ordem constitucional econômica (art. 170, VI) em decorrência de sua nítida função ambiental, conforme tivemos oportunidade de esclarecer.

O art. 34-A, introduzido no Estatuto da Cidade em razão da Lei 13.089/2015 – que estabelece que nas regiões metropolitanas ou nas aglomerações urbanas instituídas por lei complementar estadual poderão ser realizadas operações urbanas consorciadas interfederativas, aprovadas por leis estaduais específicas –, acabou por estabelecer orientação importante visando harmonizar as regras do Estatuto da Cidade em face do denominado Estatuto da Metrópole.

Referida norma jurídica, ao estabelecer diretrizes gerais para o planejamento, a gestão e a execução das funções públicas de interesse comum em regiões metropolitanas e em aglomerações urbanas instituídas pelos Estados, bem como normas gerais sobre o plano de desenvolvimento urbano integrado e outros instrumentos de governança interfederativa, indicando critérios para o apoio da União a ações que envolvam governança interfederativa no campo do desenvolvimento urbano, com base nos incisos XX do art. 21, IX do art. 23 e I do art. 24, no § 3.º do art. 25 e no art. 182 da Constituição Federal, não só estabelece instrumentos de desenvolvimento urbano integrado (art. 9.º), como indica princípios vinculados à governança interfederativa das regiões metropolitanas e das aglomerações urbanas (art. 6.º) com particular destaque para a busca do desenvolvimento sustentável (art. 6.º, VII). Destarte, a Lei 13.089/2015, ao definir juridicamente metrópole como "espaço urbano com continuidade territorial que, em razão de sua população e relevância política e socioeconômica, tem influência nacional ou sobre uma região que configure, no mínimo, a área de influência de uma capital regional, conforme os critérios adotados pela Fundação Instituto Brasileiro de Geografia e Estatística – IBGE" (art. 2.º, V), entre outros temas indicados no art. 2.º de referida norma jurídica, complementa o Estatuto da Cidade, uma vez que ambos têm como objetivo assegurar a efetividade do comando constitucional estabelecido no art. 182, ratificando a interpretação da matéria em face das superiores normas que balizam o direito ambiental constitucional (meio ambiente artificial).

198 Estatuto da Cidade Comentado

Seção XI
Da Transferência do Direito de Construir

Art. 35. Lei municipal, baseada no plano diretor, poderá autorizar o proprietário de imóvel urbano, privado ou público, a exercer em outro local, ou alienar, mediante escritura pública, o direito de construir previsto no plano diretor ou em legislação urbanística dele decorrente, quando referido imóvel for considerado necessário para fins de:

I – implantação de equipamentos urbanos e comunitários;

II – preservação, quando o imóvel for considerado de interesse histórico, ambiental, paisagístico, social ou cultural;

III – servir a programas de regularização fundiária, urbanização de áreas ocupadas por população de baixa renda e habitação de interesse social.

§ 1.º A mesma faculdade poderá ser concedida ao proprietário que doar ao Poder Público seu imóvel, ou parte dele, para os fins previstos nos incisos I a III do caput.

§ 2.º A lei municipal referida no caput *estabelecerá as condições relativas à aplicação da transferência do direito de construir.*

Comentário

O dispositivo assegura aos proprietários de imóveis urbanos (privado ou público) a exercer em outro local ou mesmo alienar, o que deverá ser feito através de escritura pública, o direito de construir[65] previsto no plano diretor ou em legislação urbanística dele decorrente (art. 35 do Estatuto da Cidade)[66], quando o referido imóvel for considerado necessário para fins de:

---

65 Conforme adverte o Ministro Gilmar Mendes, "a faculdade de construir, enquanto forma de manifestação do direito de propriedade, depende do prévio ajustamento a pedido de licença com observância das regras vigentes na data da expedição", sendo o Município "competente para editar leis que imponham limitações administrativas ao direito de construir em face da existência de política de desenvolvimento urbano a ser executada em seu território" (RE 746.356 AgR-SP, rel. Min. Gilmar Mendes, j. 28-5-2013, 2.ª Turma, *DJe-108* divulg. 7-6-2013, public. 10-6-2013).

66 "Constitucional. Administrativo. Civil. Direito de construir. Limitação administrativa. I. – O direito de edificar é relativo, dado que condicionado à função social da propriedade: C.F., art. 5.º, XXII e XXIII. Inocorrência

CAPÍTULO II – DOS INSTRUMENTOS DA POLÍTICA URBANA 199

1) implantação de equipamentos urbanos e comunitários; 2) preservação quando o imóvel for considerado de interesse histórico, ambiental paisagístico, social ou cultural[67]; 3) servir a programas de regularização fundiária, urbanização de áreas ocupadas por população de baixa renda e habitação de interesse social (incs. I a III do art. 35). Trata-se de outro importante instrumento vinculado ao meio ambiente artificial (art. 4.º, V, *o*, e, portanto, instrumento da política urbana concebido como jurídico-político), que possibilita não só o exercício em outro território mas inclusive a alienação (transferência gratuita ou onerosa a outrem) do direito de construir, mesma faculdade concedida ao proprietário que doar ao Poder Público seu imóvel na forma do que determina o § 1.º do art. 35 do Estatuto da Cidade. O aspecto central do instrumento ora comentado está direcionado aos valores apontados nos incisos I, II e III do art. 35, que nada mais são que valores alicerçados no piso

---

de direito adquirido: no caso, quando foi requerido o alvará de construção, já existia a lei que impedia o tipo de imóvel no local. II. – Inocorrência de ofensa aos §§ 1.º e 2.º do art. 182, C.F. III. – Inocorrência de ofensa ao princípio isonômico, mesmo porque o seu exame, no caso, demandaria a comprovação de questões, o que não ocorreu. Ademais, o fato de ter sido construído no local um prédio em desacordo com a lei municipal não confere ao recorrente o direito de, também ele, infringir a citada lei. IV. R.E. não conhecido" (RE 178.836-SP, rel. Min. Carlos Velloso, j. 8-6-1999, 2.ª Turma, *DJ* 20-8-1999, p. 00044, *Ement* vol. 01959-02, p. 00202).

67 "Administrativo. Processual civil. Tombamento. Excesso de execução. Indenização. Compensação. Transferência do direito de construir. Art. 35 do Estatuto das Cidades. Súmula 280/STF por aplicação analógica. Reexame de fatos e provas ocorridos no processo de conhecimento. Inviabilidade na via recursal eleita. Súmula 7/STJ. 1. Em razão do que dispõe o art. 35 do Estatuto da Cidade, para saber acerca da possibilidade de se transferir o direito de construir quando o imóvel for tombado, é necessária a análise de Lei do Município de Santos. Por essa razão, patente a incidência da Súmula 280/STF, por aplicação analógica, a inviabilizar o conhecimento da presente insurgência. 2. Para infirmar as conclusões do acórdão recorrido (inexistência de causa superveniente à sentença e a extinção do direito de compensação pela ação de conhecimento), com o fito de acolher a apontada violação ao artigo 741, inciso VI, do CPC, demandaria incursão no contexto fático-probatório dos autos, o que é defeso em recurso especial, nos termos da Súmula 7 desta Corte de Justiça. 3. Agravo regimental não provido" (Agravo Regimental no Agravo em Recurso Especial AgRg no AREsp 179.340-SP 2012/0096046-8, rel. Min. Mauro Campbell Marques, 2.ª Turma, j. 20-11-2012, *DJe* 26-11-2012).

200 Estatuto da Cidade Comentado

vital mínimo (art. 6.º da CF), razão de ser constitucional da Lei 10.257/2001. As condições relativas à aplicação da transferência do direito de construir (§ 2.º do art. 35), embora devam ser estabelecidas por lei municipal, não poderão se desviar das diretrizes gerais (art. 2.º) fixadas pelo Estatuto.

Seção XII
Do Estudo de Impacto de Vizinhança

Art. 36. *Lei municipal definirá os empreendimentos e atividades privados ou públicos em área urbana que dependerão de elaboração de estudo prévio de impacto de vizinhança (EIV) para obter as licenças ou autorizações de construção, ampliação ou funcionamento a cargo do Poder Público municipal.*

Art. 37. *O EIV será executado de forma a contemplar os efeitos positivos e negativos do empreendimento ou atividade quanto à qualidade de vida da população residente na área e suas proximidades, incluindo a análise, no mínimo, das seguintes questões:*

I – adensamento populacional;

II – equipamentos urbanos e comunitários;

III – uso e ocupação do solo;

IV – valorização imobiliária;

V – geração de tráfego e demanda por transporte público;

VI – ventilação e iluminação;

VII – paisagem urbana e patrimônio natural e cultural.

Parágrafo único. *Dar-se-á publicidade aos documentos integrantes do EIV, que ficarão disponíveis para consulta, no órgão competente do Poder Público municipal, por qualquer interessado.*

Art. 38. *A elaboração do EIV não substitui a elaboração e a aprovação de estudo prévio de impacto ambiental (EIA), requeridas nos termos da legislação ambiental.*

Comentário

Conforme adverte o Ministro Gilmar Mendes, "a faculdade de construir, enquanto forma de manifestação do direito de propriedade, depende do prévio ajustamento a pedido de licença com observância das regras vigentes na data da expedição", sendo o Município "competente para editar leis que im-

CAPÍTULO II – DOS INSTRUMENTOS DA POLÍTICA URBANA 201

ponham limitações administrativas ao direito de construir em face da existência de política de desenvolvimento urbano a ser executada em seu território"[68].

Com efeito.

Mais importante instrumento de atuação no meio ambiente artificial na perspectiva de assegurar a dignidade da pessoa humana (art. 1.º, III, da CF), o estudo de impacto de vizinhança (EIV) tem como objetivo compatibilizar a ordem econômica do capitalismo (arts. 1.º, IV, e 170 da CF) em face dos valores fundamentais ligados às necessidades de brasileiros e estrangeiros residentes no País justamente em decorrência do trinômio vida-trabalho-consumo.

O EIV segue necessariamente os critérios impostos pelo art. 225, § 1.º, IV, da CF, o que se traduz em instrumento de natureza jurídica constitucional. Daí ser despicienda por inconstitucional a primeira parte do art. 36 do Estatuto da Cidade, que condiciona os empreendimentos e atividades privados ou públicos sujeitos ao estudo à "lei municipal", posto que a exigência do estudo se estabelece, ainda que na forma da lei, para qualquer instalação de obra ou atividade potencialmente causadora de significativa degradação ambiental[69].

Destarte, o estudo de impacto de vizinhança (EIV) deverá sempre ser executado observando-se, antes dos critérios legais, ou seja, os critérios específicos elaborados pelo Estatuto, algumas exigências prévias de índole constitucional, a saber: 1) o Poder Público municipal tem incumbência de exigir o EIV, tanto para instalação de obra como para instalação de atividade potencialmente causadora de significativa degradação ambiental; 2) o EIV será sempre necessariamente prévio à instalação de obra ou à instalação de atividade potencialmente causadora de significativa degradação ambiental;

---

68 *Vide* RE 746.356 AgR-SP, rel. Min. Gilmar Mendes, j. 28-5-2013, 2.ª Turma, *DJe-108* divulg. 7-6-2013, public. 10-6-2013.

69 Na linha de nossa interpretação, decidiu o STJ: "Ambiental e processual civil. Recurso especial. Ação civil pública. Omissão e contradição. Vícios não configurados. Pedido liminar realizado em ações anteriores. Inexistência de coisa julgada material. Licenciamento ambiental. Legitimidade e veracidade. Presunção *iuris tantum*. Paralisação cautelar de obra potencialmente nociva ao meio ambiente. Indícios de irregularidade na concessão da licença. Cumprimento dos requisitos para a concessão da liminar. Impossibilidade de revisão. Súmula 7/STJ" (REsp 1.451.545-PR, Recurso Especial 2014/0100378-0, rel. Min. Og Fernandes, 2.ª Turma, j. 16-10-2014, *DJe* 27-6-2018).

202 Estatuto da Cidade Comentado

3) será sempre dada publicidade ao EIV, como estudo complexo realizado por equipe multidisciplinar, observando-se particularmente, no âmbito da Carta Magna, a diretriz fixada no art. 1.º, II, que assegura o fundamento da cidadania como constitutivo do Estado Democrático de Direito e que terá desdobramentos na Lei 10.257/2001 em face da gestão democrática da cidade.

O EIV evidencia sua existência no princípio da prevenção do dano ambiental[70], ocorrendo, portanto, da ideia antes fixada sua essência preventiva. O conteúdo do EIV deverá ser executado de forma a contemplar tanto os efeitos positivos como os efeitos negativos do empreendimento ou atividade e tem como objetivo explícito a *tutela da qualidade de vida da população residente na área e sua proximidade* (art. 37, *caput*), ou seja, tanto a que habita os bairros regulares como a que habita os bairros irregulares.

As questões indicadas nos incs. I a VII do art. 37 *estabelecem o conteúdo mínimo* do EIV; trata-se de previsão de diagnóstico da situação ambiental presente (meio ambiente cultural, meio ambiente artificial, meio ambiente do trabalho e meio ambiente natural), antes da implantação da obra ou atividade, possibilitando fazer comparações com as alterações que ocorrerão, posteriormente, caso a obra ou a atividade venha a ser autorizada. Elaboradas as previsões necessárias com a indicação de eventuais medidas mitigadoras do impacto, será necessária a elaboração de um programa de acompanhamento e monitoramento deste.

Vale fixar que cabe ao proponente de projeto (obra ou atividade) o dever de arcar com as despesas necessárias. O EIV deve ser realizado por equipe técnica multidisciplinar, que contará com todos os profissionais ligados às questões sublinhadas pelos incs. I a VII do art. 37, profissionais estes que avaliarão os impactos positivos e negativos indicados no *caput* do art. 37. A responsabilidade civil do Poder Público municipal, fixada por força do art. 225, § 1.º, IV, é idêntica às demais hipóteses da responsabilidade constitucional por força de lesão ou ameaça aos bens ambientais, sendo certo que podemos transportar para o EIV todo o regime jurídico do EIA, matéria que tivemos oportunidade de longamente abordar em nosso *Curso de direito ambiental brasileiro*[71].

---

70 A respeito do tema, *vide*, de forma detalhada, FIORILLO, Celso Antonio Pacheco. *Curso de direito ambiental brasileiro*. São Paulo: Saraiva, 2019.

71 Para um estudo completo, *vide* FIORILLO, Celso Antonio Pacheco; FERREIRA, Paulo; MORITA, Dione Mari. *Licenciamento ambiental*. 3. ed. São Paulo: Saraiva, 2019.

Capítulo III
Do Plano Diretor

Art. 39. A propriedade urbana cumpre sua função social quando atende às exigências fundamentais de ordenação da cidade expressas no plano diretor, assegurando o atendimento das necessidades dos cidadãos quanto à qualidade de vida, à justiça social e ao desenvolvimento das atividades econômicas, respeitadas as diretrizes previstas no art. 2.º desta Lei.

Art. 40. O plano diretor, aprovado por lei municipal, é o instrumento básico da política de desenvolvimento e expansão urbana.

§ 1.º O plano diretor é parte integrante do processo de planejamento municipal, devendo o plano plurianual, as diretrizes orçamentárias e o orçamento anual incorporar as diretrizes e as prioridades nele contidas.

§ 2.º O plano diretor deverá englobar o território do Município como um todo.

§ 3.º A lei que instituir o plano diretor deverá ser revista, pelo menos, a cada 10 (dez) anos.

§ 4.º No processo de elaboração do plano diretor e na fiscalização de sua implementação, os Poderes Legislativo e executivo municipais garantirão:

I – a promoção de audiências públicas e debates com a participação da população e de associações representativas dos vários segmentos da comunidade;

II – a publicidade quanto aos documentos e informações produzidos;

III – o acesso de qualquer interessado aos documentos e informações produzidos.

§ 5.º (Vetado.)

Art. 41. O plano diretor é obrigatório para cidades:

I – com mais de 20.000 (vinte mil) habitantes;

II – integrantes de regiões metropolitanas e aglomerações urbanas;

204 Estatuto da Cidade Comentado

III – onde o Poder Público municipal pretenda utilizar os instrumentos previstos no § 4.º do art. 182 da Constituição Federal;

IV – integrantes de áreas de especial interesse turístico;

V – inseridas na área de influência de empreendimentos ou atividades com significativo impacto ambiental de âmbito regional ou nacional.

VI – incluídas no cadastro nacional de Municípios com áreas suscetíveis à ocorrência de deslizamentos de grande impacto, inundações bruscas ou processos geológicos ou hidrológicos correlatos.

*   *Inciso VI acrescentado pela Lei 12.608/2012.*

§ 1.º No caso da realização de empreendimentos ou atividades enquadrados no inciso V do caput, os recursos técnicos e financeiros para a elaboração do plano diretor estarão inseridos entre as medidas de compensação adotadas.

§ 2.º No caso de cidades com mais de 500.000 (quinhentos mil) habitantes, deverá ser elaborado um plano de transporte urbano integrado, compatível com o plano diretor ou nele inserido.

§ 3.º As cidades de que trata o caput deste artigo devem elaborar plano de rotas acessíveis, compatível com o plano diretor no qual está inserido, que disponha sobre os passeios públicos a serem implantados ou reformados pelo poder público, com vistas a garantir acessibilidade da pessoa com deficiência ou com mobilidade reduzida a todas as rotas e vias existentes, inclusive as que concentrem os focos geradores de maior circulação de pedestres, como os órgãos públicos e os locais de prestação de serviços públicos e privados de saúde, educação, assistência social, esporte, cultura, correios e telégrafos, bancos, entre outros, sempre que possível de maneira integrada com os sistemas de transporte coletivo de passageiros.

*   *§ 3.º acrescentado pela Lei 13.146/2015.*

Art. 42. O plano diretor deverá conter no mínimo:

I – a delimitação das áreas urbanas onde poderá ser aplicado o parcelamento, edificação ou utilização compulsórios, considerando a existência de infraestrutura e de demanda para utilização, na forma do art. 5.º desta Lei;

II – disposições requeridas pelos arts. 25, 28, 29, 32 e 35 desta Lei;

III – sistema de acompanhamento e controle.

Art. 42-A. Além do conteúdo previsto no art. 42, o plano diretor dos Municípios incluídos no cadastro nacional de municípios com áreas suscetíveis à ocorrência de deslizamentos de grande impacto, inundações bruscas ou processos geológicos ou hidrológicos correlatos deverá conter:

CAPÍTULO III – DO PLANO DIRETOR **205**

* *Artigo acrescentado pela Lei 12.608/2012.*

I – parâmetros de parcelamento, uso e ocupação do solo, de modo a promover a diversidade de usos e a contribuir para a geração de emprego e renda;

II – mapeamento contendo as áreas suscetíveis à ocorrência de deslizamentos de grande impacto, inundações bruscas ou processos geológicos ou hidrológicos correlatos;

III – planejamento de ações de intervenção preventiva e realocação de população de áreas de risco de desastre;

IV – medidas de drenagem urbana necessárias à prevenção e à mitigação de impactos de desastres;

V – diretrizes para a regularização fundiária de assentamentos urbanos irregulares, se houver, observadas a Lei 11.977, de 7 de julho de 2009, e demais normas federais e estaduais pertinentes, e previsão de áreas para habitação de interesse social por meio da demarcação de zonas especiais de interesse social e de outros instrumentos de política urbana, onde o uso habitacional for permitido;

VI – identificação e diretrizes para a preservação e ocupação das áreas verdes municipais, quando for o caso, com vistas à redução da impermeabilização das cidades.

* *Acrescentado pela Lei 12.983/2014.*

§ 1.º A identificação e o mapeamento de áreas de risco levarão em conta as cartas geotécnicas.

§ 2.º O conteúdo do plano diretor deverá ser compatível com as disposições insertas nos planos de recursos hídricos, formulados consoante a Lei 9.433, de 8 de janeiro de 1997.

§ 3.º Os Municípios adequarão o plano diretor às disposições deste artigo, por ocasião de sua revisão, observados os prazos legais.

§ 4.º Os Municípios enquadrados no inciso VI do art. 41 desta Lei e que não tenham plano diretor aprovado terão o prazo de 5 (cinco) anos para o seu encaminhamento para aprovação pela Câmara Municipal.

Art. 42-B. *Os Municípios que pretendam ampliar o seu perímetro urbano após a data de publicação desta Lei deverão elaborar projeto específico que contenha, no mínimo:*

* *Artigo acrescentado pela Lei 12.608/2012.*

I – demarcação do novo perímetro urbano;

II – delimitação dos trechos com restrições à urbanização e dos trechos sujeitos a controle especial em função de ameaça de desastres naturais;

206   Estatuto da Cidade Comentado

III – definição de diretrizes específicas e de áreas que serão utilizadas para infraestrutura, sistema viário, equipamentos e instalações públicas, urbanas e sociais;

IV – definição de parâmetros de parcelamento, uso e ocupação do solo, de modo a promover a diversidade de usos e contribuir para a geração de emprego e renda;

V – a previsão de áreas para habitação de interesse social por meio da demarcação de zonas especiais de interesse social e de outros instrumentos de política urbana, quando o uso habitacional for permitido;

VI – definição de diretrizes e instrumentos específicos para proteção ambiental e do patrimônio histórico e cultural; e

VII – definição de mecanismos para garantir a justa distribuição dos ônus e benefícios decorrentes do processo de urbanização do território de expansão urbana e a recuperação para a coletividade da valorização imobiliária resultante da ação do poder público.

§ 1.º O projeto específico de que trata o caput *deste artigo deverá ser instituído por lei municipal e atender às diretrizes do plano diretor, quando houver.*

§ 2.º Quando o plano diretor contemplar as exigências estabelecidas no caput*, o Município ficará dispensado da elaboração do projeto específico de que trata o* caput *deste artigo.*

§ 3.º A aprovação de projetos de parcelamento do solo no novo perímetro urbano ficará condicionada à existência do projeto específico e deverá obedecer às suas disposições.

Comentário

O *plano diretor*[1 e 2], conforme clara determinação constitucional (art. 182,

---

1   Conforme ensina Flávio Villaça, os conceitos de planejamento ou plano diretor não existiam no Brasil nem no século passado, nem no início do século XX. O Plano Agache, do Rio de Janeiro, datado de 1930, é, segundo informação do professor titular da Faculdade de Arquitetura e Urbanismo da Universidade de São Paulo – USP, o primeiro plano a apresentar a expressão *plano diretor*. Explica o mestre que "o plano Agache foi impresso em Paris. Não tivemos acesso ao original francês para saber qual a expressão nessa língua que teria sido traduzida por *plano diretor*.

Capítulo III – Do Plano Diretor 207

§ 1.º, da CF)[3], é o instrumento básico da política de desenvolvimento e expansão urbana[4] no âmbito do meio ambiente artificial[5].

Pode ter sido *plan d'aménagement*, ou *plan régulateur* e, pouco provavelmente, *plan directeur*. Pode também ter sido *master plan*, pois Agache usou algumas expressões do inglês (incompreensivelmente desnecessárias), que foram mantidas nessa língua na tradução para o português, como, por exemplo, *sewage* ou *zoning*". *Vide* a obra *O processo de urbanização no Brasil*, organizada por Csaba Deak e Sueli Ramos Schiffer, p. 169-245.

2   Conforme dados do Perfil dos Municípios Brasileiros (Munic) 2015, levantamento do Instituto Brasileiro de Geografia e Estatística (IBGE), divulgado em 15 de abril de 2016, dos 5.570 municípios brasileiros, metade das cidades não tem Plano Diretor, instrumento básico que traça diretrizes para o desenvolvimento e o ordenamento urbano, sendo certo que, no caso do Plano Diretor, o IBGE constatou que há dez anos somente 14,5% dos municípios tinham o documento.

3   "Mandado de segurança. Projeto de edificação. Plano Diretor do município. Área de preservação ambiental permanente. Boletim de Ocorrência. Administração Pública municipal. Acórdão com duplo fundamento. Matéria constitucional. Competência constitucional concorrente para legislar sobre meio ambiente. Falta de interposição do Recurso Extraordinário. Verbete sumular n. 126, do STJ" (AgRg no REsp 688.357-SC, Agravo Regimental no Recurso Especial 2004/0126994-8, rel. Min. Luiz Fux, 1.ª Turma, j. 6-9-2005, *DJ* 26-9-2005, p. 226).

4   "A palavra *urbanismo* veio da França. Gaston Bardet (1949, p. 36) afirma que "le mot urbanisme apparaît en 1910, urbanisme, vers 1911". Agache atribui a si a criação do nome: "Este vocábulo, *urbanismo*, do qual fui padrinho, em 1912, quando fundei a Sociedade Francesa dos urbanistas" (Alfred Agache, *Cidade do Rio de Janeiro*: extensão, remodelação, embelezamento. Paris: Foyer Brésilien, 1930, p. 6). Mais tarde, dos países anglo-saxões chegaram o *city planning* e o *comprehensive planning*. No Brasil, a palavra *planejamento* associada ao urbano é mais recente que *urbanismo*, e sempre teve uma conotação associada à ordem, à racionalidade e à eficiência, enquanto *urbanismo* ainda guardava resquícios do 'embelezamento' e sempre foi mais associado à arquitetura e à arte urbanas". *Vide O processo de urbanização...*, cit., org. Csaba Deak e Sueli R. Schiffer, p. 205.

5   *Vide* FIORILLO, Celso Antonio Pacheco; FERREIRA, Renata Marques. *Comentários ao "Código" Florestal*: Lei 12.651/2012. 2. ed. São Paulo: Saraiva, 2018.

208 Estatuto da Cidade Comentado

Daí a possibilidade estabelecida ao legislador local, agindo em conformidade com os mandamentos constitucionais ambientais referidos na presente obra e com condições concretas de avaliar com precisão as questões de interesse local, de poder adequar o conteúdo de diferentes normas jurídicas em face das especificidades de sua cidade, atuando em proveito não só do meio ambiente natural, mas também e principalmente do meio ambiente artificial, do meio ambiente cultural e do meio ambiente do trabalho.

É nesse sentido que, ao obedecer ao conteúdo do art. 182 da Carta Magna, o legislador local poderá estabelecer por meio do Plano Diretor regras de uso e ocupação do solo, não se olvidando dos demais conteúdos disciplinados pelo direito ambiental constitucional e principalmente dos superiores critérios constitucionais que distinguiram claramente o espaço territorial urbano (arts. 182 e 183 da CF) do espaço territorial rural (arts. 184 a 191 da CF), conforme tivemos oportunidade de comentar anteriormente.

Destarte, a propriedade urbana cumprirá sua função social quando atender às exigências fundamentais de ordenação da cidade expressas no plano diretor (art. 182, § 2.º, da CF)[6 e 7] – logo, o regime da propriedade

---

6 "Questão de Ordem. Medida cautelar. Liminar que conferiu efeito suspensivo a recurso extraordinário. Referendo da turma. Incisos IV e V do art. 21 do RI/STF. Plano Diretor: Instrumento de concretização da política de desenvolvimento e de expansão urbana das cidades com mais de vinte mil habitantes. Lei que permite a criação de projetos urbanísticos de forma desvinculada do Plano Diretor. Possível ofensa à Constituição Federal. A Carta Magna impôs a concretização da política de desenvolvimento e de expansão urbana das cidades com mais de vinte mil habitantes por meio de um instrumento específico: o plano diretor (§ 1.º do art. 182). Plausibilidade da alegação de que a Lei Complementar distrital 710/05, ao permitir a criação de projetos urbanísticos 'de forma isolada e desvinculada' do plano diretor, violou diretamente a Constituição Republicana. Perigo da demora na prestação jurisdicional que reside na irreversibilidade dos danos que decorrerão do registro de áreas, para fins de parcelamento, com base na mencionada lei. Questão de ordem que se resolve pelo referendo da decisão concessiva do efeito suspensivo ao apelo extremo" (AC 2.383 MC-QO-DF, rel. Min. Ayres Britto, j. 27-3-2012, 2.ª Turma, *DJe-126* divulg. 27-6-2012, public. 28-6-2012).

7 "Constitucional. Ordem urbanística. Competências legislativas. Poder normativo municipal. Art. 30, VIII, e art. 182, *caput*, da Constituição Fe-

CAPÍTULO III – DO PLANO DIRETOR 209

urbana passa a ter identidade jurídica com os preceitos estabelecidos em lei pelo denominado plano diretor[8].

Conforme já tivemos oportunidade de aduzir, em face do que estabeleceu a doutrina especializada[9], **o denominado princípio da função social**, vinculado que está historicamente ao direito social desenvolvido pela doutrina alemã, **tem sua gênese claramente associada à ordem econômica** e particularmente "às associações económicas e profissionais de empresários e dos trabalhadores e à sua influência sobre o mercado", conforme ensinamentos de Franz Wieacker. Devendo ser interpretado como tendência de evolução do direito privado, bem como compreendido "à luz destas mutações da constituição econômica alemã (e, em grande parte, também europeia e norte americana)", o referido princípio teria influenciado a doutrina brasileira particularmente em face da recepção do direito civil alemão. Destarte, ao recordar que o substantivo *functio* na língua matriz seria derivado do verbo depoente *fungor* (*functus sum, fungi*), "cujo significado primigênio é de

---

deral. Plano Diretor. Diretrizes básicas de ordenamento territorial. Compreensão" (RE 607.940-DF, rel. Min. Teori Zavascki, j. 29-10-2015, Tribunal Pleno, Repercussão Geral – Mérito, *DJe-036* divulg. 25-2-2016, public. 26-2-2016, provimento).

8 "Em 1930 foram divulgados planos para as duas maiores cidades do País. Por seu porte, pela importância dada às suas divulgações (ambos são publicados em grossos e pomposos volumes) e pela novidade de seus conteúdos, esses planos marcarão uma nova etapa na história do planejamento urbano no Brasil. A classe dominante, que estava silenciosa diante do urbano, manifesta-se. A principal novidade que os planos de São Paulo e Rio traziam era o destaque para a infraestrutura, principalmente saneamento e transportes. O apelo ao embelezamento ainda está presente, especialmente no sistema viário. Este, porém, já é pensado também em termos de transportes, como no caso da avenida circular (de irradiação) de Prestes Maia. Mantém-se, entretanto, o interesse pelas oportunidades imobiliárias que as remodelações urbanas oferecem, e, nesse sentido, o centro da cidade ainda é o grande foco de atenção dos planos. No discurso, entretanto, pretende-se abordar a cidade inteira". *Vide O processo de urbanização...*, cit., p. 207.

9 *Vide* FIORILLO, Celso Antonio Pacheco; FERREIRA, Renata Marques. Atividades econômicas sustentáveis e função social da empresa em face do direito ambiental constitucional brasileiro. *Revista Jurídica Luso-Brasileira*, Lisboa, ano 5, n. 2, 2019.

210 Estatuto da Cidade Comentado

cumprir algo, ou desempenhar-se de um dever ou uma tarefa", observa Fábio Comparato que, na "análise institucional do direito, que corresponde de certa forma ao funcionalismo sociológico de E. Durkheim, Bronislaw Malinovski e A. R. Radcliffe-Brown, usa-se do termo função para designar a finalidade legal de um instituto jurídico, ou seja, o bem ou o valor em razão do qual existe, segundo a lei, esse conjunto estruturado de normas", podendo também a função jurídica "ser tomada, num sentido mais abstrato, como atividade dirigida a um fim e comportando, de parte do sujeito agente, um poder ou competência". Ao aduzir referido autor que, "se analisarmos mais de perto esse conceito abstrato de função, em suas múltiplas espécies, veremos que o escopo perseguido pelo agente é sempre o interesse alheio, e não o próprio do titular do poder", conclui que "há funções exercidas no interesse de uma pessoa ou de pessoas determinadas – como o pátrio poder, a tutela e a curatela – e funções que devem ser desempenhadas em benefício da coletividade. Na última hipótese, e somente nela, parece-me mais apropriado falar em função social".

Daí, dentro de sua finalidade legal constitucional, estar a função social associada não só de forma direta ao instituto jurídico da propriedade (arts. 5.º, XXIII, 170, III, 182, § 2.º, e 186) "como instrumento normativo fundamental destinado a organizar desde o século XIX a ordem econômica que sempre imperou em nosso País e se estabeleceu no plano jurídico através de nossas Constituições (de 1824, 1891, 1934, 1937, 1946, 1967, 1969 e 1988)", como já tivemos oportunidade de sublinhar[10], mas também de forma infinitamente mais ampla e via de regra vinculada à ordem econômica, no plano da política urbana quando então está vinculada às cidades do Brasil (art. 182, *caput*) e aos imóveis rurais (arts. 183 a 191).

Referido instrumento constitucional, apontado no Estatuto da Cidade como instrumento de planejamento municipal (art. 4.º, III, *a*), tem diretrizes, conteúdo e forma descritos em lei (arts. 2.º, 39 a 42 do Estatuto da Cidade) e faz parte do denominado processo de planejamento municipal, devendo o plano plurianual[11], as diretrizes orçamentárias[12] e o orçamento anual[13] – leis

---

10 FIORILLO, Celso Antonio Pacheco. *Curso de direito ambiental brasileiro.* São Paulo: Saraiva, 2019.

11 Conforme preleciona Regis Fernandes de Oliveira, "o plano plurianual define o planejamento das atividades governamentais. Limita o disposi-

CAPÍTULO III – DO PLANO DIRETOR 211

de iniciativa do Poder Executivo previstas no art. 165 da CF – incorporar as diretrizes e prioridades nele contidas (art. 40, § 1.º, do Estatuto da Cidade).

Obedece o presente instrumento ambiental a dois pressupostos constitucionais: 1) tem de ser aprovado pela Câmara Municipal e 2) é obrigatório para cidades com mais de 20.000 habitantes. Destarte, devemos reconhecer desde logo que, diante da imposição estabelecida pela Carta Magna de obrigar somente as cidades com mais de 20.000 habitantes a ter plano diretor (art. 182, § 1.º), não pode a Lei 10.257/2001 obrigar a utilização do instrumento ora comentado por parte das cidades em decorrência de outras hipóteses, como aquelas apontadas nos incisos II, III, IV e V do art. 41. O tema já foi inclusive apreciado pelo Egrégio Supremo Tribunal Federal, onde restou clara a posição de salvaguardar a autonomia dos municípios[14].

---

tivo às despesas de capital e delas decorrentes e para as relativas aos programas de duração continuada". *Vide* a obra *Manual de direito financeiro*, p. 82.

12   Como esclarece o autor antes citado, "cuida-se de lei anual (...) que deve traçar regras gerais para aplicação ao plano plurianual, orientando a elaboração da lei orçamentária anual" (op. cit., p. 84).

13   Esclarece o docente já aludido que "o dispositivo consagra o princípio da universalidade. Doravante, a peça única (princípio da unidade) conterá o orçamento de todas as entidades que detenham ou recebam dinheiro" (op. cit., p. 85).

14   Trata-se da ADIn 826, em que foi relator o Min. Sydney Sanches, publicada em 12-3-1999, com a seguinte ementa: "Direito constitucional e administrativo. Municípios com mais de cinco mil habitantes: plano diretor. Art. 195, *caput*, do Estado do Amapá. Arts. 25, 29, 30, I e VIII, 182, § 1.º, da CF e 11 do ADCT. 1. O *caput* do art. 195 da Constituição do Estado do Amapá estabelece que 'o plano diretor, instrumento básico da política de desenvolvimento econômico e social e de expansão urbana, aprovado pela Câmara Municipal, é obrigatório para os municípios com mais de cinco mil habitantes' [após a Emenda Constitucional 35, de 21-3-2006, o artigo citado passou a ter a seguinte redação: "O plano diretor, aprovado pela Câmara Municipal, obrigatório para cidades com mais de vinte mil habitantes, é o instrumento básico da política de desenvolvimento e de expansão urbana]. Essa norma constitucional estadual estendeu, aos municípios com número de habitantes superior a cinco mil, a imposição que a Constituição Federal só fez àqueles com mais de vinte mil (art. 182, § 1.º). 3. Desse modo, violou o princípio da autonomia dos municípios com mais de cinco mil e até vinte mil habitantes, em face do que dispõem os arts. 25, 29, 30, I e VIII, da CF e 11 do ADCT. 4. Ação

212 Estatuto da Cidade Comentado

Todavia, para as cidades com mais de 20.000 habitantes, poderão fazer parte do plano diretor as matérias indicadas nos incisos II, III, IV e V do art. 41, na medida em que o conteúdo do instrumento ambiental observado no art. 42 é mínimo, e não máximo. Ressalta-se que, por força do Estatuto da Cidade, o plano diretor obrigatório aprovado pela Câmara Municipal para cidades com mais de 20.000 habitantes (art. 182, § 1.º, da CF) deverá conter, no mínimo (art. 42, I a III, do Estatuto): 1) a delimitação das áreas urbanas onde poderá ser aplicado o parcelamento, edificação ou utilização compulsórios, considerando a existência de infraestrutura e de demanda para utilização, na forma do art. 5.º da Lei. A obrigação de parcelar, edificar ou utilizar a propriedade, aliás imposta pelo próprio legislador constitucional (art. 182, § 4.º, I a III, da CF), necessita o regramento do plano diretor, instrumento que "poderá determinar o parcelamento, a edificação ou a utilização compulsórios do solo urbano não edificado, subutilizado ou não utilizado" (art. 5.º do Estatuto da Cidade); 2) disposições requeridas pelos arts. 25, 28, 29, 32 e 35 do Estatuto, ou seja, os conteúdos desenvolvidos no âmbito do direito de preempção, outorga onerosa do direito de construir, alteração do uso do solo, operações urbanas consorciadas e transferência do direito de construir (*vide* nossos comentários); e 3) sistema de acompanhamento e controle, que será feito dentro das diretrizes fixadas pelo Estatuto da Cidade (art. 2.º), no qual a função social da cidade, obviamente vinculada à defesa dos direitos fundamentais de índole difusa, se revela com enraizamento ambiental e, portanto, por meio da participação da população e de associações representativas dos vários segmentos da comunidade, bem como dos demais órgãos com competência constitucional para a defesa e tutela dos bens ambientais.

Devemos destacar, ainda, a inovação criada pelo legislador em face do denominado plano de transporte urbano integrado (§ 2.º do art. 41 do Estatuto da Cidade) para as cidades com mais de 500.000 habitantes, que deverá ser compatível com o plano diretor ou nele inserido. Em síntese, para que efetivamente cumpra sua função constitucional, o plano diretor deverá harmonizar as diferentes regras jurídicas de meio ambiente cultural, meio ambiente artificial, meio ambiente do trabalho e meio ambiente natural, adaptadas concretamente ao Município dentro do critério básico, já comentado,

---

direta de inconstitucionalidade julgada procedente, nos termos do voto do relator. 5. Plenário: decisão unânime".

CAPÍTULO III – DO PLANO DIRETOR 213

de assegurar a brasileiros e estrangeiros que aqui residam o trinômio vida-
-trabalho-consumo.

Por outro lado, "os recorrentes desastres naturais dos últimos anos"
que "afetaram de forma drástica vários municípios brasileiros, demonstrando a necessidade urgente de se incorporar nas políticas urbanas municipais
as componentes de planejamento e gestão voltadas para a prevenção e mitigação de impactos desses eventos, em especial dos associados a escorrega-
mentos de encostas e processos correlatos, responsáveis pelo maior número
de vítimas e de mortes" motivou a MP 547/2011, convertida na Lei
12.608/2012.

Destarte, "a prevenção e mitigação de impactos" de referido tipo de
desastre natural urbano implica a adoção de uma abordagem integrada da
gestão de riscos, que pressupõe ações no campo da prevenção da formação
de novas áreas de risco, da redução dos níveis de risco nas ocupações urbanas já instaladas e da implantação de planos de contingência voltados para
a proteção da população no caso da ocorrência de eventos pluviométricos
extremos.

"A efetivação dessa abordagem integrada da gestão de riscos exige a
atuação articulada dos três níveis de governo, na esfera de suas competências
e a definição de medidas claras para o enfrentamento do problema, que re-
lacionem o planejamento e a gestão do espaço urbano com as condicionantes
do meio físico."[15]

Outro importante aspecto a ser sublinhado em face do conteúdo do
plano diretor é a necessidade de se observar a inclusão de todas as medidas
instituídas pela Política Nacional de Proteção e Defesa Civil indicadas pela
Lei 12.608/2012, com base no princípio constitucional ambiental da prevenção.

---

15   *Vide* Exposição de Motivos, E M I M J/MMA/MI/MC i d a d e s 3, d e 2011,
11-10-2011. Disponível em: http://www.planalto.gov.br/ccivil_03/_
Ato2011-2014/2011/Exm/EMI-3-MJ-MMA-MI-MCIDaDES-Mpv-%20
547. doc]. Acesso em 7-3-2012.

Capítulo IV
Da Gestão Democrática da Cidade

Art. 43. *Para garantir a gestão democrática da cidade, deverão ser utilizados, entre outros, os seguintes instrumentos:*

I – órgãos colegiados de política urbana, nos níveis nacional, estadual e municipal;

II – debates, audiências e consultas públicas;

III – conferências sobre assuntos de interesse urbano, nos níveis nacional, estadual e municipal;

IV – iniciativa popular de projeto de lei e de planos, programas e projetos de desenvolvimento urbano;

V – (Vetado.)

Art. 44. *No âmbito municipal, a gestão orçamentária participativa de que trata a alínea f do inciso III do art. 4.º desta Lei incluirá a realização de debates, audiências e consultas públicas sobre as propostas do plano plurianual, da lei de diretrizes orçamentárias e do orçamento anual, como condição obrigatória para sua aprovação pela Câmara Municipal.*

Art. 45. *Os organismos gestores das regiões metropolitanas e aglomerações urbanas incluirão obrigatória e significativa participação da população e de associações representativas dos vários segmentos da comunidade, de modo a garantir o controle direto de suas atividades e o pleno exercício da cidadania.*

Comentário

O Capítulo IV rompe com a superada visão administrativista de *disciplinar* as cidades a partir de regramentos impostos tão somente pelo Poder Público. Baseada nos fundamentos constitucionais da dignidade da pessoa humana (art. 1.º, III, da CF), bem como da cidadania (art. 1.º, II, da CF), e fixada por meio de diretriz contida na Lei 10.257/2001 (art. 2.º, II), a gestão

216 Estatuto da Cidade Comentado

democrática da cidade (arts. 43 a 45) permite dar efetividade à tutela do meio ambiente artificial por meio da participação direta de brasileiros e estrangeiros residentes em nosso País, o que será feito não só no âmbito institucional (art. 43, I), como através de iniciativa popular de projeto de lei (art. 43, IV)[1].

O art. 43 não impede a utilização de outros instrumentos de controle ambiental, a exemplo das ações coletivas visando a tutela jurisdicional em defesa do meio ambiente artificial ecologicamente equilibrado, que poderão ser manejadas pela população (*vide* nossos comentários aos arts. 53 e 54 do Estatuto da Cidade). Os debates, audiências e consultas públicas (art. 43, II), inclusive como condição obrigatória para sua aprovação pela Câmara Municipal (art. 44), atestam, sob o ponto de vista jurídico, a vontade do legislador de submeter ao próprio povo – livre de *intermediários* institucionais – a gestão democrática da cidade.

---

1 "Administrativo e processual civil. Recurso especial. Estatuto da Cidade. Projeto de Lei do Plano Diretor de Florianópolis. Ação civil pública movida pelo Ministério Público Federal contra o município e contra a União. Alegação autoral da falta de asseguramento da efetiva participação popular no processo legislativo do Plano Diretor da capital catarinense. Matéria de interesse local. Atribuição típica do Ministério Público Estadual. Exegese do art. 27 da Lei n. 8.625/93 (Lei Orgânica do Ministério Público dos Estados)" (REsp 1.687.821-SC, Recurso Especial 2015/0308903-7, rel. Min. Sérgio Kukina, 1.ª Turma, j. 7-11-2017, *DJe* 21-11-2017).

Capítulo V
Disposições Gerais

Art. 46. *O poder público municipal poderá facultar ao proprietário da área atingida pela obrigação de que trata o* caput *do art. 5.º desta Lei, ou objeto de regularização fundiária urbana para fins de regularização fundiária, o estabelecimento de consórcio imobiliário como forma de viabilização financeira do aproveitamento do imóvel.*

    * *Redação dada pela Lei 13.465/2017.*

    § 1.º Considera-se consórcio imobiliário a forma de viabilização de planos de urbanização, de regularização fundiária ou de reforma, conservação ou construção de edificação por meio da qual o proprietário transfere ao poder público municipal seu imóvel e, após a realização das obras, recebe, como pagamento, unidades imobiliárias devidamente urbanizadas ou edificadas, ficando as demais unidades incorporadas ao patrimônio público.

    * *Redação dada pela Lei 13.465/2017.*

    § 2.º O valor das unidades imobiliárias a serem entregues ao proprietário será correspondente ao valor do imóvel antes da execução das obras.

    * *Redação dada pela Lei 13.465/2017.*

    § 3.º A instauração do consórcio imobiliário por proprietários que tenham dado causa à formação de núcleos urbanos informais, ou por seus sucessores, não os eximirá das responsabilidades administrativa, civil ou criminal.

    * *Incluído pela Lei 13.465/2017.*

Comentário

O Estatuto da Cidade criou, também como instrumento da política urbana, o instituto do consórcio imobiliário (art. 46), como mais uma forma de viabilizar financeiramente o aproveitamento do imóvel em decorrência de área atingida pela obrigação de que trata o *caput* do art. 5.º, a saber, o

218   Estatuto da Cidade Comentado

parcelamento, a edificação ou a utilização compulsórios do solo urbano não edificado, subutilizado ou não utilizado. Trata-se de forma de viabilização de planos de urbanização ou edificação (art. 46, § 1.°) por meio da qual o proprietário transfere ao Poder Público seu imóvel e, após a realização das obras, recebe, como pagamento, unidades imobiliárias (cujo valor será, por força do que informa o art. 46, § 2.°, correspondente ao valor do imóvel antes da execução das obras devidamente urbanizadas ou edificadas, observado o valor real de indenização descrito no § 2.° do art. 8.°).

Art. 47. *Os tributos sobre imóveis urbanos, assim como as tarifas relativas a serviços públicos urbanos, serão diferenciados em função do interesse social.*

Comentário

Os tributos[1] sobre os imóveis urbanos, conforme determina a Constituição Federal, são o imposto sobre propriedade predial e territorial urbana (art. 156, I); o imposto sobre transmissão *inter vivos*, a qualquer título, por ato oneroso, de bens imóveis, por natureza ou acessão física, e de direitos reais sobre imóveis, exceto os de garantia, bem como cessão de direitos à sua aquisição (art. 156, II); e o imposto sobre transmissão *causa mortis* e doação de quaisquer bens e direitos. Nota-se, no âmbito das diretrizes da Lei do Meio Ambiente Artificial (art. 2.°), que o *tributo*, como "prestação pecuniária compulsória, em moeda ou cujo valor nela se possa exprimir, que não constitua sanção de ato ilícito, instituída em lei e cobrada mediante atividade administrativa plenamente vinculada" (art. 3.° do CTN), deverá se constituir, em linhas gerais, em *instrumento da política urbana* (art. 4.° do Estatuto da Cidade), com diferenciação articulada em proveito do ordenamento do pleno desenvolvimento das funções sociais da cidade e da propriedade urbana. Como já comentado (*vide* comentários ao art. 7.°), estabeleceu a Lei do Meio Ambiente Artificial os denominados *tributos ambientais*, a saber, obrigações jurídicas pecuniárias decorrentes da presente lei, com amparo na

---

1   Importante manifestação do Min. Fernando Gonçalves, do Superior Tribunal de Justiça, informa que "tributos são exações do art. 5.° do CTN", ou seja, arrecadação ou cobrança dos impostos, taxas e contribuições de melhoria. *Vide* RHC 8842-SC (1999/0066026-9), 6.ª Turma, j. 16-11-1999, *DJ* 13-12-1999.

CAPÍTULO V – DISPOSIÇÕES GERAIS **219**

Constituição Federal. A prestação pecuniária compulsória se destinará a dar efetividade à Política de Desenvolvimento urbano prevista no art. 182 da Carta Magna, por meio não só do Imposto sobre a Propriedade Predial e Territorial Urbana – IPTU, explicitamente previsto nos arts. 4.º, IV, *a*, e 7.º do Estatuto da Cidade, como dos impostos sobre transmissão *inter vivos* e *causa mortis* previstos no *caput* do art. 4.º (outros instrumentos). Com isso, reiteramos raciocínio antes expendido de que os tributos ambientais deixam de ser considerados única e exclusivamente instrumentos jurídicos de abastecimento dos denominados "cofres públicos", passando a assumir caráter bem mais relevante, no sentido de estabelecer regra de conduta ao Estado fornecedor para que ele, atuando em conformidade com as diretrizes da Constituição Federal, se utilize dos princípios gerais do sistema tributário nacional para atender ao império do Estado Democrático de Direito (art. 1.º da CF). As tarifas relativas a serviços públicos urbanos se constituem juridicamente como serviços definidos no art. 3.º, § 2.º, da Lei 8.078/1990. Cuida-se efetivamente de observar a atuação do Estado fornecedor (*vide* conceito em nossos comentários ao art. 7.º do Estatuto da Cidade) em função do interesse social determinado pelo art. 47 da Lei do Meio Ambiente Artificial.

Art. 48. *Nos casos de programas e projetos habitacionais de interesse social, desenvolvidos por órgãos ou entidades da Administração Pública com atuação específica nessa área, os contratos de concessão de direito real de uso de imóveis públicos:*

I – terão, para todos os fins de direito, caráter de escritura pública, não se aplicando o disposto no inciso II do art. 134 do Código Civil;

II – constituirão título de aceitação obrigatória em garantia de contratos de financiamentos habitacionais.

Comentário

A concessão de direito real de uso, como instrumento jurídico-político destinado ao cumprimento das diretrizes fixadas pela Lei do Meio Ambiente Artificial (art. 4.º, V, *g*), tem previsão expressa nos casos de programas e projetos habitacionais de interesse social, desenvolvidos por órgãos ou entidades da Administração Pública com atuação específica nessa área.

Explica o art. 48 do Estatuto da Cidade que os contratos de concessão de direito real de uso de imóveis públicos observarão a seguinte estrutura jurídica, a saber: 1) terão, para todos os fins de direito, caráter de escritura

220 ESTATUTO DA CIDADE COMENTADO

pública, não se aplicando o disposto no inciso II do art. 108 do Código Civil[2]; 2) constituirão título de aceitação obrigatória em garantia de contratos de financiamento habitacionais.

Art. 49. *Os estados e Municípios terão o prazo de 90 (noventa) dias, a partir da entrada em vigor desta Lei, para fixar prazos, por lei, para a expedição de diretrizes de empreendimentos urbanísticos, aprovação de projetos de parcelamento e de edificação, realização de vistorias e expedição de termo de verificação e conclusão de obras.*

Parágrafo único. *Não sendo cumprida a determinação do* caput, *fica estabelecido o prazo de 60 (sessenta) dias para a realização de cada um dos referidos atos administrativos, que valerá até que os estados e Municípios disponham em lei de forma diversa.*

Art. 50. *Os Municípios que estejam enquadrados na obrigação prevista nos incisos I e II do* caput *do art. 41 desta Lei e que não tenham plano diretor aprovado na data de entrada em vigor desta Lei deverão aprová-lo até 30 de junho de 2008.*

   * *Artigo com redação determinada pela Lei 11.673/2008.*

Comentário

A Lei do Meio Ambiente Artificial fixa nos arts. 49 e 50 algumas obrigações estabelecidas aos Municípios e aos Estados em decorrência de prazos fixados previamente. Os prazos antes aludidos tanto se direcionam para algumas obrigações positivas em matéria urbanística (art. 49) como em decorrência de eventual descumprimento (parágrafo único do art. 49) de determinação legal. Ao se referir ao plano diretor, o art. 50 deverá necessariamente ser interpretado à luz da Carta Magna, situação já comentada em nossa obra, que se aplicará aos casos concretos.

---

2   O art. 108 do CC/2002 assim preleciona: "não dispondo a lei em contrário, a escritura pública é essencial à validade dos negócios jurídicos que visem à constituição, transferência, modificação ou renúncia de direitos reais sobre imóveis de valor superior a 30 (trinta) vezes o maior salário mínimo vigente no País". O art. 134 do CC/1916 determinava: "É, outrossim, da substância do ato a escritura pública: (...) II – nos contratos constitutivos ou translativos de direitos reais sobre imóveis de valor superior a cinquenta mil cruzeiros, excetuado o penhor agrícola".

Merece destaque mencionar que o art. 50 da Lei 10.257/2001 passou a vigorar com nova redação em face do que estabeleceu a Lei 11.673/2008, produzindo efeitos desde 10 de outubro de 2006. O texto original indicava que "os Municípios que estejam enquadrados na obrigação prevista nos incisos I e II do art. 41 desta Lei e que não tenham plano diretor aprovado na data de entrada em vigor desta Lei, deverão aprová-lo no prazo de 5 (cinco) anos", ou seja, o comando legislativo apontava prazo final em 10 de outubro de 2006.

Todavia, a "manobra" legislativa destinada a ampliar o prazo indicado jamais inviabilizou o comando constitucional destinado a obrigar os Municípios a garantir o bem-estar de seus habitantes atuando de maneira a ordenar o pleno desenvolvimento das funções sociais da cidade, vez que o dever do Poder Público municipal fixado no art. 182 da Carta Magna em momento algum poderia estar atrelado a "prazos" fixados por norma infraconstitucional.

Cuida-se, na hipótese, de efetiva garantia constitucional destinada a assegurar política de desenvolvimento compatível com os fundamentos constitucionais estabelecidos no art. 1.º da Constituição Federal. De qualquer forma, o novo prazo fixado pelo conteúdo do art. 50 passa a orientar os profissionais de direito para as finalidades pertinentes no âmbito do Estatuto da Cidade.

Art. 51. *Para os efeitos desta Lei, aplicam-se ao Distrito Federal e ao governador do Distrito Federal as disposições relativas, respectivamente, a Município e a Prefeito.*

Comentário

A República Federativa do Brasil, ao ser formada pela união indissolúvel dos Estados e Municípios e do Distrito Federal (art. 1.º da CF), aponta desde logo, em sua organização político-administrativa, a autonomia do Distrito Federal, nos termos da Carta Magna (art. 18). Destarte, são atribuídas ao ente antes mencionado as mesmas competências reservadas aos Estados e Municípios, por força do que determina o art. 32, § 1.º, da Lei Maior. Quando a Lei do Meio Ambiente Artificial estabelece, no presente artigo (art. 51), que se aplicam ao Distrito Federal as mesmas disposições aplicáveis aos Municípios, informa de maneira clara que todos os instrumentos de política urbana indicados no art. 4.º e desenvolvidos no Estatuto da Cidade aplicam-

222 Estatuto da Cidade Comentado

-se ao Distrito Federal, observadas, evidentemente, as diretrizes gerais determinadas pelo art. 2.º da Lei 10.257/2001.

Além disso, devemos destacar que Brasília, como Capital Federal (art. 18, § 1.º, da CF), faz parte dos bens inscritos na lista do denominado Patrimônio Cultural e Natural Mundial, gozando de proteção e representatividade ambiental no plano internacional[3]. Sua condição de modelo internacional em matéria de urbanismo ratifica, para o Distrito Federal, a utilização do Estatuto da Cidade vinculada à tutela dos direitos materiais constitucionais metaindividuais.

Art. 52. *Sem prejuízo da punição de outros agentes públicos envolvidos e da aplicação de outras sanções cabíveis, o Prefeito incorre em improbidade administrativa[4], nos termos da Lei 8.429, de 2 de junho de 1992, quando:*

---

3   Existem 15 Patrimônios Históricos e Culturais da Humanidade brasileiros que foram tombados pela Organização das Nações Unidas para a Educação, a Ciência e a Cultura (Unesco), a saber: 1) 1980 – A Cidade Histórica de Ouro Preto, Minas Gerais; 2) 1982 – O Centro Histórico de Olinda, Pernambuco; 3) 1983 – As Missões Jesuíticas Guarani, Ruínas de São Miguel das Missões, Rio Grande de Sul e Argentina; 4) 1985 – O Centro Histórico de Salvador, Bahia; 5) 1985 – O Santuário do Senhor Bom Jesus de Matosinhos, em Congonhas do Campo, Minas Gerais; 6) 1987 – O Plano Piloto de Brasília, Distrito Federal; 7) 1991 – O Parque Nacional Serra da Capivara, em São Raimundo Nonato, Piauí; 8) 1997 – O Centro Histórico de São Luís do Maranhão; 9) 1999 – Centro Histórico da Cidade de Diamantina, Minas Gerais; 10) 2001 – Centro Histórico da Cidade de Goiás; 11) 2010 – Praça de São Francisco, na cidade de São Cristóvão, Sergipe; 12) 2012 – Rio de Janeiro, paisagens cariocas entre a montanha e o mar; 13) 2016 – Conjunto Moderno da Pampulha; 14) 2017 – Sítio Arqueológico Cais do Valongo; e 15) 2019 – Paraty e Ilha Grande – Cultura e Diversidade.

4   A Coordenadoria de Editoria e Imprensa do STJ noticiou em outubro de 2011 aspectos importantes relativos ao tema, a saber:

Improbidade administrativa: desonestidade na gestão dos recursos públicos

A Lei 8.429, de 1992, conhecida com Lei de Improbidade Administrativa (LIA), está prestes a completar 20 anos de vigência, mas ainda gera muitas discussões na justiça. É enorme a quantidade de processos que contestam questões básicas, como a classificação de um ato como improbidade e quem responde por esse tipo de conduta. O Superior Tribunal de

Justiça (STJ) começou a julgar processos discutindo dispositivos da LIA em 1996 e, desde então, foram proferidas mais de 8.700 decisões, entre monocráticas e colegiadas.

Os arts. 9.º, 10 e 11 da Lei trazem extenso rol de atos ímprobos. O art. 9.º trata da improbidade administrativa que gera enriquecimento ilícito e o art. 10 aborda a modalidade que causa dano ao erário, por ação ou omissão, dolosa ou culposa. Por fim, o art. 11 traz os atos que violam os princípios da administração pública, como legalidade, moralidade e imparcialidade.

A jurisprudência do STJ consolidou a tese de que é indispensável a existência de dolo nas condutas descritas nos arts. 9.º e 11 e ao menos de culpa nas hipóteses do art. 10, nas quais o dano ao erário precisa ser comprovado. De acordo com o ministro Castro Meira, a conduta culposa ocorre quando o agente não pretende atingir o resultado danoso, mas atua com negligência, imprudência ou imperícia (REsp 1.127.143). Nos casos do art. 11, a Primeira Seção unificou a tese de que o elemento subjetivo necessário para caracterizar a improbidade é o dolo genérico, ou seja, a vontade de realizar ato que atente contra os princípios da administração pública. Assim, não é necessária a presença de dolo específico, com a comprovação da intenção do agente (REsp 951.389).

Improbidade x irregularidade

No julgamento do REsp 980.706, o ministro Luiz Fux (atualmente no Supremo Tribunal Federal) lembrou que, de acordo com a jurisprudência do STJ, o elemento subjetivo é essencial para a caracterização da improbidade administrativa, que está associada à noção de desonestidade, de má-fé do agente público. "Somente em hipóteses excepcionais, por força de inequívoca disposição legal, é que se admite a sua configuração por ato culposo (art. 10 da Lei 8.429)", ressalvou o Ministro.

São autores do recurso três pessoas condenadas em ação civil pública que apurou irregularidades na concessão de duas diárias de viagem, no valor total de R$ 750,00. Seguindo o voto de Fux, a Primeira Turma absolveu as pessoas responsáveis pela distribuição das diárias por considerar que não houve prova de má-fé ou acréscimo patrimonial, ocorrendo apenas mera irregularidade administrativa. Somente o beneficiário direto que recebeu as diárias para participar de evento ao qual não compareceu é que foi obrigado a ressarcir o dano aos cofres públicos e a pagar multa.

Um ato que isoladamente não configura improbidade administrativa, quando combinado com outros, pode caracterizar a conduta ilícita, conforme entendimento da Segunda Turma. A hipótese ocorreu com um prefeito que realizou licitação em modalidade inadequada, afinal vencida por empresa que tinha sua filha como sócia.

Segundo o ministro Mauro Campbell, relator do REsp 1.245.765, a participação da filha do prefeito em quadro societário de empresa vencedora

224 Estatuto da Cidade Comentado

de licitação, isoladamente, não constituiu ato de improbidade administrativa. A jurisprudência também não enquadra na LIA uma inadequação em licitação, por si só. "O que se observa são vários elementos que, soltos, *de per si*, não configurariam, em tese, improbidade administrativa, mas que, somados, formam um panorama configurador de desconsideração do princípio da legalidade e da moralidade administrativa, atraindo a incidência do art. 11 da Lei 8.429", afirmou Campbell.

Concurso público

A contratação de servidor sem concurso público pode ou não ser enquadrada como improbidade administrativa. Depende do elemento subjetivo. Em uma ação civil pública, o Ministério Público de São Paulo pediu a condenação, com base na LIA, de diversos vereadores que aprovaram lei municipal permitindo a contratação de guardas municipais sem concurso. Negado em primeiro grau, o pedido foi acatado pelo tribunal local. Os vereadores recorreram ao STJ (REsp 1.165.505).

A relatora do recurso, ministra Eliana Calmon, entendeu que não houve dolo genérico dos vereadores, que tiveram inclusive a cautela de buscar parecer de jurista para fundamentar o ato legislativo. Por falta do necessário elemento subjetivo, a Segunda Turma afastou as penalidades de improbidade. A decisão do STJ restabeleceu a sentença, que anulou o convênio para contratação de pessoal depois que a lei municipal foi declarada inconstitucional.

Em outro processo sobre contratação irregular de pessoal sem concurso público, o STJ entendeu que era caso de improbidade administrativa. No REsp 1.005.801, um prefeito contestou sua condenação com base na LIA por ter permitido livremente a contratação sem concurso, e sem respaldo em qualquer lei. Segundo o acórdão, a conduta do prefeito contrariou os princípios da moralidade, da impessoalidade e da legalidade.

O relator, Ministro Castro Meira, ressaltou trecho do acórdão recorrido apontando que a contratação não teve o objetivo de atender situação excepcional ou temporária para sanar necessidade emergencial. Foi admissão irregular para desempenho de cargo permanente. Todos os ministros da Segunda Turma entenderam que, ao permitir essa situação, o prefeito violou o art. 11 da LIA.

Quem responde

O art. 1.º da Lei 8.429 afirma que a improbidade administrativa pode ser praticada por qualquer agente público, servidor ou não, contra a administração direta, indireta ou fundacional de qualquer dos Poderes da União, dos Estados, do Distrito Federal, dos Municípios e de empresa incorporada ao patrimônio público, entre outras.

O art. 2.º define que agente público é "todo aquele que exerce, ainda que transitoriamente ou sem remuneração, por eleição, nomeação, designação,

Capítulo V – Disposições Gerais **225**

contratação ou qualquer outra forma de investidura ou vínculo, manda-to, cargo, emprego ou função" nas entidades mencionadas no art. 1.º.

O art. 3.º estabelece que as disposições da lei são aplicáveis também a quem, mesmo não sendo agente público, induza ou concorra para a prática do ato de improbidade ou dele se beneficie sob qualquer forma direta ou indireta. A dúvida restou quanto à aplicação da lei aos agentes políticos, que são o presidente da República, ministros de Estado, gover-nadores, secretários, prefeitos, parlamentares e outros. O marco da juris-prudência do STJ é o julgamento da Reclamação 2.790, ocorrido em de-zembro de 2009. Seguindo o voto do ministro Teori Zavascki, relator da reclamação, a Corte Especial decidiu que, "excetuada a hipótese de atos de improbidade praticados pelo presidente da República, cujo julga-mento se dá em regime especial pelo Senado Federal, não há norma constitucional alguma que imunize os agentes políticos, sujeitos a crime de responsabilidade, de qualquer das sanções por ato de improbidade".

Na mesma decisão e no julgamento da reclamação 2.115, também de relatoria de Zavascki, a Corte estabeleceu que a prerrogativa de foro assegurada pela Constituição Federal em ações penais se aplica às ações de improbidade administrativa. Por essa razão, no julgamento do agra-vo regimental no agravo de instrumento 1.404.254, a Primeira Turma remeteu ao Supremo Tribunal Federal os autos de ação de improbidade contra um ex-governador que foi diplomado Deputado Federal.

Ainda com base nessa jurisprudência, a Segunda Turma deu provimen-to ao REsp 1.133.522 para determinar a continuidade de uma ação civil pública de improbidade administrativa contra juiz acusado de partici-par de esquema secreto de interceptações telefônicas.

Quanto à propositura da ação, o STJ entende que o Ministério Público tem legitimidade para ajuizar demanda com o intuito de combater a prática de improbidade administrativa (REsp 1.219.706).

Independência entre as esferas

De acordo com a jurisprudência do STJ, a LIA não deve ser aplicada para punir meras irregularidades administrativas ou transgressões dis-ciplinares. Ela tem o objetivo de resguardar os princípios da administra-ção pública sob o prisma do combate à corrupção, à imoralidade quali-ficada e à grave desonestidade funcional.

No julgamento de agravo no REsp 1.245.622, o ministro Humberto Mar-tins afirmou que a aplicação da LIA "deve ser feita com cautela, evitan-do-se a imposição de sanções em face de erros toleráveis e meras irregu-laridades". Seguindo esse entendimento, a Primeira Turma não considerou improbidade a cumulação de cargos públicos com a efetiva prestação do serviço, por valor irrisório pago a profissional de boa-fé.

Mesmo nos casos de má-fé, nem sempre a LIA deve ser aplicada. Foi o que decidiu a Primeira Turma no julgamento do REsp 1.115.195. O Mi-

226 Estatuto da Cidade Comentado

I – (Vetado.)

II – deixar de proceder, no prazo de 5 (cinco) anos, o adequado aproveitamento do imóvel incorporado ao patrimônio público, conforme o disposto no § 4.º do art. 8.º desta Lei;

nistério Público queria que o transporte e ocultação de armas de fogo de uso restrito e sem registro por policiais civis fossem enquadrados como improbidade. O relator, ministro Arnaldo Esteves Lima, explicou que, apesar da evidente violação ao princípio da legalidade, a conduta não é ato de improbidade. "Assim fosse, todo tipo penal praticado contra a administração pública, invariavelmente, acarretaria ofensa à probidade administrativa", firmou o ministro.

Aplicação de penas

As penas por improbidade administrativa estão definidas no art. 12 da LIA: ressarcimento aos cofres públicos (se houver), perda da função pública, suspensão dos direitos políticos, pagamento de multa civil e proibição de contratar com o poder público ou receber benefícios e incentivos fiscais ou creditícios. De acordo com a jurisprudência do STJ, essas penas não são necessariamente aplicadas de forma cumulativa. Cabe ao magistrado dosar as sanções de acordo com a natureza, gravidade e consequências do ato ímprobo. É indispensável, sob pena de nulidade, a indicação das razões para a aplicação de cada uma delas, levando em consideração os princípios da proporcionalidade e da razoabilidade (REsp 658.389). As duas Turmas especializadas em direito público já consolidaram a tese de que, uma vez caracterizado o prejuízo ao erário, o ressarcimento é obrigatório e não pode ser considerado propriamente uma sanção, mas consequência imediata e necessária do ato combatido.

Desta forma, o agente condenado por improbidade administrativa com base no artigo 10 (dano ao erário) deve, obrigatoriamente, ressarcir os cofres públicos exatamente na extensão do prejuízo causado e, concomitantemente, deve sofrer alguma das sanções previstas no art. 12.

No julgamento do REsp 622.234, o ministro Mauro Campbell Marques explicou que, nos casos de improbidade administrativa, existem duas consequências de cunho pecuniário, que são a multa civil e o ressarcimento. "A primeira vai cumprir o papel de verdadeiramente sancionar o agente ímprobo, enquanto o segundo vai cumprir a missão de caucionar o rombo consumado em desfavor do erário", esclareceu Marques (REsp 1.127.143, REsp 951.389, REsp 980.706, REsp 1.245.765, REsp 1.165.505, REsp 1.005.801, Rcl 2.790, Rcl 2.115, Ag 1.404.254, REsp 1.133.522, REsp 1.219.706, REsp 1.245.622, REsp 1.115.195, REsp 658.389, REsp 622.234).

CAPÍTULO V – DISPOSIÇÕES GERAIS **227**

III – utilizar áreas obtidas por meio do direito de preempção em desacordo com o disposto no art. 26 desta Lei;

IV – aplicar os recursos auferidos com a outorga onerosa do direito de construir e de alteração de uso em desacordo com o previsto no art. 31 desta Lei;

V – aplicar os recursos auferidos com operações consorciadas em desacordo com o previsto no § 1.º do art. 33 desta Lei;

VI – impedir ou deixar de garantir os requisitos contidos nos incisos I a III do § 4.º do art. 40 desta Lei;

VII – deixar de tomar as providências necessárias para garantir a observância do disposto no § 3.º do art. 40 e no art. 50 desta Lei;

VIII – adquirir imóvel objeto de direito de preempção, nos termos dos arts. 25 a 27 desta Lei, pelo valor da proposta apresentada, se este for, comprovadamente, superior ao de mercado.

Comentário

A Lei do Meio Ambiente Artificial se utiliza dos critérios estruturais adotados pela Lei 8.429/1992 (que dispõe sobre as sanções aplicáveis aos agentes públicos nos casos de enriquecimento ilícito no exercício do mandato, cargo, emprego ou função na administração pública direta, indireta ou fundacional) para centrar atenção específica nos prefeitos das cidades (ou governador do Distrito Federal, conforme determina o art. 51 do Estatuto da Cidade), apontando uma série de hipóteses, no plano da Lei 10.257/2001, que, se devidamente apuradas na forma do devido processo legal, passam a integrar novo rol de atos de improbidade administrativa.

Passam os prefeitos, por consequência, a arcar com novas responsabilidades diretas, além daquelas já definidas na mencionada lei e demais regras pertinentes, destacando o Estatuto da Cidade, conforme direciona o art. 52, II a VIII, os *atos de improbidade administrativa que lesam o meio ambiente artificial.* Destarte, passa o prefeito a incorrer em improbidade administrativa quando: 1) deixar de proceder, no prazo de cinco anos, ao adequado aproveitamento do imóvel incorporado ao patrimônio público, em face da utilização da desapropriação, sanção descrita no § 4.º do art. 8.º do Estatuto da Cidade; 2) utilizar áreas obtidas por meio do direito de preempção (direito conferido ao Poder Público municipal, que assegura preferência para aquisição do imóvel urbano) em desacordo com o previsto no art. 26 do Estatuto da Ci-

228 ESTATUTO DA CIDADE COMENTADO

dade; 3) aplicar os recursos auferidos com a outorga onerosa do direito de construir (hipótese em que o direito de construir pode ser exercido acima do coeficiente de aproveitamento básico adotado, mediante contrapartida a ser prestada ao beneficiário) e de alteração do uso (alteração do uso do solo mediante contrapartida a ser prestada pelo beneficiário) em desacordo com o previsto no art. 31 do Estatuto da Cidade (que se reporta ao art. 26, I a IX); 4) aplicar os recursos auferidos com operações consorciadas (conjunto de intervenções e medidas coordenadas pelo Poder Público municipal na forma do § 1.º do art. 32 do Estatuto da Cidade) em desacordo com o § 1.º do art. 33 (que determina que os recursos obtidos pelo Poder Público municipal na forma do art. 33, VI, serão aplicados exclusivamente na própria operação urbana consorciada); 5) impedir ou deixar de garantir os requisitos contidos nos incisos I a III do § 4.º do art. 40 do Estatuto da Cidade (que estabelece garantia legal de participação popular na elaboração do plano diretor); 6) deixar de tomar as providências necessárias para garantir a observância do disposto no § 3.º do art. 40 e no art. 50 do Estatuto da Cidade (revisão do plano diretor e prazo para aprovação); e 7) adquirir imóvel objeto de direito de preempção (preferência do Poder Público municipal), nos termos dos arts. 25 a 27 do Estatuto da Cidade, pelo valor da proposta apresentada, se este for, comprovadamente, superior ao de mercado.

Destarte, mais do que simplesmente lesar o denominado "patrimônio público" ou mesmo o erário, os atos de improbidade administrativa que lesam o meio ambiente artificial são atentatórios aos objetivos constitucionais da política urbana em decorrência do comando legal estabelecido pelo Estatuto da Cidade, que é o de ordenar o pleno desenvolvimento das funções sociais da cidade e da propriedade urbana mediante as diretrizes fixadas pelo art. 2.º da Lei 10.257/2001.

As sanções penais aplicáveis aos prefeitos das cidades que cometem atos de improbidade administrativa que lesam o meio ambiente artificial são aquelas previstas na Lei 9.605/1998, por força do que direciona o Estatuto da Cidade, tendo em vista estarmos tratando também de instrumento de tutela de política urbana, com a consequente aplicação do comando do § 1.º do art. 4.º da Lei do Meio Ambiente Artificial. Sendo a Lei 9.605/1998 a lei própria em matéria de sanções penais e administrativas derivadas de condutas e atividades lesivas ao meio ambiente e na medida em que os atos de improbidade administrativa ora comentados lesam o meio ambiente artificial tornando áreas urbanas impróprias para a ocupação humana, cabe destacar

CAPÍTULO V – DISPOSIÇÕES GERAIS **229**

de forma clara que os atos de improbidade administrativa descritos no art. 52, II a VIII, do Estatuto da Cidade se configuram em atividade reputada juridicamente como poluidora (art. 3.º, III, da Lei 6.938/1981) e, portanto, descrita no art. 54, § 2.º, I, da Lei 9.605/1998 com pena de reclusão, de um a cinco anos. Tratou o Estatuto da Cidade de desenvolver outro crime ambiental no âmbito do meio ambiente artificial além daqueles descritos nos arts. 62 a 65 da lei criminal ambiental[5], os denominados *crimes contra o ordenamento urbano e patrimônio cultural*.

No que se refere às demais consequências da harmonização existente entre a Lei 10.257/2001 (Lei do Meio Ambiente Artificial) e a Lei 8.429/1992 (Lei da Improbidade Administrativa), aplicam-se o procedimento administrativo bem como o processo judicial direcionados pela Lei 8.429/1992 (arts. 14 a 18) ao Estatuto da Cidade, particularmente em decorrência da necessidade de se utilizar o erário em proveito específico dos territórios urbanizados por força das regras de meio ambiente artificial criadas pelo legislador.

Art. 53. *O art. 1.º da Lei 7.347, de 24 de julho de 1985, passa a vigorar acrescido de novo inciso III, renumerando o atual inciso III e os subsequentes:*

"Art. 1.º [...]

III – à ordem urbanística; [...]"

*   *Artigo com eficácia suspensa por força da MP 2.180-35/2001.*

A MP 2.180-35/2001 revogou o art. 53 do Estatuto da Cidade, mas ainda não foi convertida em lei, lembrando-se que a hipótese de conversão e consequente confirmação da revogação do artigo em nada modifica a integral aplicação do Estatuto como instrumento em defesa dos interesses metaindividuais (coletivos/difusos), vinculado que está à sua gênese constitucional.

Art. 54. *O art. 4.º da Lei 7.347, de 1985, passa a vigorar com a seguinte redação:*

---

5   Para um estudo completo do direito criminal ambiental, *vide* nossa obra *Curso de direito ambiental brasileiro*, cit., p. 293-308.

230 ESTATUTO DA CIDADE COMENTADO

"Art. 4.º Poderá ser ajuizada ação cautelar para os fins desta Lei, objetivando, inclusive, evitar o dano ao meio ambiente, ao consumidor, à ordem urbanística ou aos bens e direitos de valor artístico, estético, histórico, turístico e paisagístico (vetado.)."

Comentário

Os arts. 53 e 54 do Estatuto da Cidade são os mais importantes dispositivos da lei que organiza o meio ambiente artificial em nosso País, na medida em que demonstram a natureza jurídica dos bens tutelados pela Lei 10.257/2001 como preponderantemente de direito material constitucional coletivo e, no plano dos subsistemas jurídicos que se harmonizam com o comando constitucional, de direitos materiais metaindividuais. Destarte, a tutela material e processual dos direitos apontados no Estatuto da Cidade não se esgota em face dos direitos materiais individuais; ao contrário, é na verificação dos direitos difusos, coletivos e individuais homogêneos que se estabelece a importante contribuição de um estatuto normativo do século XXI.

A inclusão do meio ambiente artificial como novo inciso vinculado ao *caput* do art. 1.º da Lei 7.347/1985, através de nova estrutura jurídica denominada "ordem urbanística", revela a clara opção do legislador de situar o Estatuto da Cidade como diploma vinculado aos denominados "direitos difusos e coletivos", expressão criada pela Constituição Federal de 1988 no art. 129, III. Adotando idêntica visão daquela estabelecida pela Lei 8.078/1990 (Código de Defesa do Consumidor), o Estatuto da Cidade, por força da aplicação da Lei 7.347/1985 (Lei dos Direitos Difusos), garante, em face do que estabelece a lei em vigor, a defesa dos direitos individuais e metaindividuais, que poderá ser exercida em juízo individualmente ou a título coletivo. Sempre que houver lesão ou ameaça à ordem urbanística caberá a utilização de ações coletivas[6] em face de danos patrimoniais, morais ou à imagem que possam ocorrer. Por se tratar o meio ambiente artificial de bem essencial à sadia qualidade de vida (*vide* comentários anteriores), posicionou-se o Estatuto da Cidade claramente pela prevenção: a possibilidade de ser ajuizada ação cautelar objetivando inclusive evitar o dano ao meio ambiente artificial figura como destaque em decorrência do que informa o art. 54 da Lei

---

6   Para estudo completo sobre as ações coletivas, *vide* nosso *Curso de direito ambiental brasileiro*, cit., p. 217-228.

CAPÍTULO V – DISPOSIÇÕES GERAIS **231**

10.257/2001. Aplicam-se, portanto, ao Estatuto da Cidade não só as normas descritas na Lei 7.347/1985, como os dispositivos previstos na esfera material e instrumental da Lei 8.078/1990, especificamente em face dos arts. 81 a 90[7].

Art. 55. *O art. 167, inciso I, item 28, da Lei 6.015, de 31 de dezembro de 1973, alterado pela Lei 6.216, de 30 de junho de 1975, passa a vigorar com a seguinte redação:*

"Art. 167. [...]

I – [...]

[...]

28) das sentenças declaratórias de usucapião, independente da regularidade do parcelamento do solo ou da edificação;

[...]"

Art. 56. *O art. 167, inciso I, da Lei 6.015, de 1973, passa a vigorar acrescido dos seguintes itens 37, 38 e 39:*

"Art. 167. [...]

I – [...]

[...]

37) dos termos administrativos ou das sentenças declaratórias da concessão de uso especial para fins de moradia, independente da regularidade do parcelamento do solo ou da edificação;

38) (Vetado.)

39) da constituição do direito de superfície de imóvel urbano;"

Art. 57. *O art. 167, inciso II, da Lei 6.015, de 1973, passa a vigorar acrescido dos seguintes itens 18, 19 e 20:*

"Art. 167. [...]

[...]

---

7   A respeito do tema, *vide*, de forma detalhada, FIORILLO, Celso Antonio Pacheco. *Direito processual ambiental brasileiro*: a defesa judicial do patrimônio genético, do meio ambiente cultural, do meio ambiente digital, do meio ambiente artificial, do meio ambiente do trabalho e do meio ambiente natural no Brasil. 7. ed. São Paulo: Saraiva, 2018.

232 Estatuto da Cidade Comentado

II – [...]

[...]

18) da notificação para parcelamento, edificação ou utilização compulsórios de imóvel urbano;

19) da extinção da concessão de uso especial para fins de moradia;

20) da extinção do direito de superfície do imóvel urbano."

Comentário

Os arts. 55, 56 e 57 do Estatuto da Cidade procuram harmonizar os diferentes instrumentos de meio ambiente artificial criados pela Lei 10.257/2001 em face da Lei 6.015/1973, que dispõe sobre os registros públicos. Assim, determinou o Estatuto da Cidade fosse incluída no registro de imóveis (art. 167, I) o registro das sentenças declaratórias de usucapião, independentemente da regularidade do parcelamento do solo ou da edificação, acrescentando, portanto, ao item 28 os termos "independente da regularidade do parcelamento do solo ou da edificação". Com isso, tanto as sentenças declaratórias da usucapião ambiental individual como as da usucapião ambiental metaindividual serão registradas no cartório de registro de imóveis. Além disso, introduziu os itens 37 (dos termos administrativos ou das sentenças declaratórias da concessão de uso especial para fins de moradia, independente da regularidade do parcelamento do solo ou da edificação) e 39 (da constituição do direito de superfície de imóvel urbano) nas atribuições do registro de imóveis, seguindo orientação legislativa de dar continuidade aos itens preexistentes criados por força de legislações extravagantes[8]. Outrossim, acrescentou no art. 167, II, da Lei de Registros Públicos a possibilidade de averbação da notificação para parcelamento, edificação ou utilização compulsórios de imóvel urbano; da extinção da concessão de uso especial para fins de moradia e da extinção do direito de superfície do imóvel urbano (itens 18, 19 e 20).

---

8   Posteriormente, a MP 2.220/2001 alterou novamente a redação dos itens 28 e 37 do inciso I do art. 167 para excluir, de ambos, a circunstância "independente da regularidade do parcelamento do solo ou da edificação".

CAPÍTULO V – DISPOSIÇÕES GERAIS **233**

Como explica Diniz[9], "o objetivo precípuo do registro de imóveis é a obtenção pela aquisição da propriedade *inter vivos*, pois o contrato, a título oneroso ou gratuito, como pudemos apontar alhures, apenas produzirá efeitos pessoais ou obrigacionais. Assim sendo, somente a intervenção estatal, realizada pelo oficial do cartório imobiliário, conferirá direitos reais, a partir da data em que se fizer o assentamento do imóvel".

Art. 58. *Esta Lei entra em vigor após decorridos 90 (noventa) dias de sua publicação.*

Comentário

Publicada em 10 de julho de 2001, a Lei do Meio Ambiente Artificial, ou seja, o Estatuto da Cidade, entrou em vigor decorridos 90 dias de sua publicação. Conforme ensina Nery Jr.[10], "a regra específica revoga a regra geral, segundo a qual a lei entra em vigor 45 dias depois de oficialmente publicada (art. 1.º, *caput*, da Lei de Introdução ao Código Civil – Dec.-lei 4.657/1942)".

Seguindo o mesmo raciocínio do mestre, entendemos que esse período de *vacatio legis* é suficiente para que todos os interessados envolvidos na denominada ordem urbanística possam adaptar-se à nova realidade jurídica trazida pelo Estatuto da Cidade.

---

9 *Sistemas de registro de imóveis*, p. 22.

10 *Código Brasileiro de Defesa do Consumidor...*, cit., p. 814.

BIBLIOGRAFIA

AGRIFOGLIO, Sergio. Riflessioni critiche sulle azioni populari come strumenti di tutela degli interessi colletivi. *Le azioni di tutela di interessi colleti.* Maggioli, 1982.

AGUADO I CUDOLÀ, Vicenç; PARISIO, Vera; CASANOVAS I IBÀÑEZ, Óscar. *El derecho a la ciudad*: el reto de las smart cities. Barcelona: Atelier, 2018.

AINIS, Michele; FIORILLO, Mario. *L'ordinamento della cultura*. Milano: Giuffrè, 2008.

ALBAMONTE. Il diritto ad un ambiente salubre: tecniche di tutela. *Giust. Civ.*, 1980.

ALMEIDA, Carlos Ferreira. *Os direitos dos consumidores*. Coimbra: Almedina, 1982.

ALONSO IBÁÑEZ, María Rosario. *La sostenibilidad socioeconómica de las ciudades*: estudios jurídicos. Valencia: Tirant Lo Blanch, 2018.

ALPA, Guido. Danno biologico e diritto alla salute. una ipotesi di applicazione diretta dell'art. 32 della Costituzione. *Giur. It.*, 1967.

_____. Diritto alla salute e tutela del consumatore. *Riv. Trim. Dir. Pubbl.*, 1975.

_____; BESSONE, M. Tutela dell'ambiente, ruolo della giurisprudenza e direttiva di *common law. Riv. Trim. Dir. Proc. Civ.*, 1976.

ALVAREZ, Juan Ignacio Valdiviesco. Guia sindical de seguridad y salud laboral. Comissió Obrera Nacional de Catalunya (CONC), 3. ed., Barcelona, abr. 1989.

AMBROSINI, Le formazioni sociali nella Costituzione. *Raccolta di scritti sulla Costituzione.* Milano, 1958. vol. 2.

AMENDOLA, Gianfranco. Aspetti giuridici e legislativi della tutela dell'ambiente. *Nuovi strumenti ed indirizzi di tutela in materia ambientale.* Roma: Quaderni Fornez, 1980.

236 Estatuto da Cidade Comentado

ANTONELLI, Vincenzo. *La sicurezza delle città tra diritti ed amministrazione.* Padova: Cedam, 2018.

ÁVILA ORIVE, José Luis. *Ciudadanía urbana, desarrollo sostenible y derecho a la ciudad.* Valencia: Tirant Lo Blanch, 2018.

BASTOS, Celso. A tutela dos interesses difusos no direito constitucional brasileiro. *Vox Legis,* ano XIII, vol. 152, São Paulo, ago. 1981.

BENEVOLO, Leonardo. *História da cidade.* 3. ed. São Paulo: Perspectiva, 1997.

BERTONI, Raffaele. Gli interessi collettivi, una trincea nuova della giustizia. *Giust. e Cost.* n. 6, 1978.

BESSONE, Mario. La tutela costituzionale della salute e lo statuto del diritti della person-consumatore. *Pol. Dir.,* 1981.

_____. La tutela del consumatore nella recente evoluzione del diritto francese. *Foro It.,* 1974.

_____. Politica dell'ambiente, "judicial role" ed interessi diffusi. *Politica del Diritto,* 1978, p. 185.

BETTINI, Romano. Il cittadino supplente per la tutela degli interessi diffusi. *Rilevanza e tutela degli interessi diffusi.* Cons. Stato, 1977.

BIAGI, Celestino. L'azione populare e la tutela degli interessi diffusi. *Rilevanza e tutela degli interessi difussi,* 1977.

BILSKY, Edgardo; ROIG, Josep. *El acceso a los servicios básicos y el proceso de urbanización mundial.* Pamplona: Editorial Aranzadi, 2014.

BLANCO, Federico A.; CASTILLO, López; FATIMA E., Ramallo. *Claves para la sostenibilidad de ciudades y territórios.* Pamplona: Editorial Aranzadi, 2014.

BOBBIO, Norberto. Libertà fondamentali e formazioni sociali. Introduzione storica. *Politica del Diritto,* 1975.

_____; BESSONE, M. Tutela dell'ambiente, ruolo della giurisprudenza e direttiva di *common law. Riv. Trim. Dir. Proc. Civ.,* 1976.

BOLOGNINI, Silvio Dalla. *"Smart city" alla "Human smart City".* Milano: Giuffrè, 2017.

BORDIN, Alessandro. *La città sostenibile.* Editore Wolters Kluwer Italia, 2017.

BORSELLI, Edgardo. Interesse personale e interesse *diffuso* nella giurisprudennza del Consiglio di Stato. *Riv. Giur. Edil.,* 1973.

BRUTTINI, Paolo. *Città dei capi.* Editore: Ipsoa, 2014.

BIBLIOGRAFIA 237

BUFFONI, Salvatore. Tutela dell'ambiente e attività venatoria. *Interessi diffusi e tutela dell'ambiente*. Boccia, 1980.

BUSNELLI; BRECCIA. Note sulla tutela della salute come interesse colletivo. *Tutela della salute e diritto privato*. Milano: Giuffrè, 1978.

CACCIAVILLANI. legittimazione alla costituzione di parte civile di ordine professionale per abusivo esercizio di professione. *Giur. Merito*, 1980.

CALAYS AULOY. *La loy et les consommateurs*. Paris: Dalloz, 1974.

CANTÓ LÓPEZ, M.ª Teresa; IVARS BAIDAL, Josep A.; MARTÍNEZ GUTIÉRREZ, Rubén. *Gestión inteligente y sostenible de las ciudades gobernanza, smart cities y turismo*. Valencia: Tirant Lo Blanch, 2018.

CAPPELLETTI, Mauro. Appunti sulla tutela giurisdizionale di interessi collettivi o diffusi. *Le azioni a tutela di interessi collettivi*. Padova: Cedam, 1975.

_____. Formazioni sociali e interessi di gruppo davanti alla giustizia civile. *Revista Dir. Proc.*, n. 3, 1975.

_____. *La giurisdizione costítuzionale delle libertà*. Milano: Giuffrè, 1974.

_____. *Proceso, ideologias, sociedad*. Buenos Aires: EJEA, 1974.

CARAVITA, Beniamino. Interessi diffusi e collettivi. *Diritto e società*, 1982.

CARNEIRO, Paulo Cesar Pinheiro. Da tutela preventiva dos direitos difusos pelo Ministério Público. *Justitia*, vol. 131, 1985.

CARULLO, A. Appunti in tema di interessi diffusi nel processo amministrativo. *Critica giudiziaria*, 1978.

CAS, Gérard. *La défense du consommateur*. 2. ed. Paris: PuF, 1980.

CASADO, Honorio Carlos Bando. La publicidad y la protección jurídica de los consumidores y usuarios. 3. ed. Madrid: Instituto nacional del Consumo, 1991.

CASTELLS, M. Local y global. *La gestión de las ciudades en la era de la información*. Madrid: Taurus, 2004.

CERRI, Augusto. Interessi diffusi, interessi comuni. Azione a defesa. *Dir. Soc.*, 1979.

CHELI, Enzo. Libertà d'associazione e poteri di polizia. *Atti del convegno del'ISAP, la tutela dei citadino*. Vicenza, 1967.

CHIARELLI, Giusepe. Gli interessi collettivi e la Costituzione (1966). *Scritti di diritto pubblico*. Milano: Giuffrè, 1977.

238 Estatuto da Cidade Comentado

CHITI, Mario; MONETA, Paolo. Contributo allo studio degli strumenti giuridici per la tutela del paesaggio. *Foro Amm*, 1971.

CHRISTIEN, Robert. *Syndicalisme et participation dans la fonction publique.* Paris: Berger-Levrault, 1988.

CICALA, Mario. *La tutela dell'ambiente.* Torino: Utet, 1976.

_____. Tutela degli interessi collettivi, costituzione del comune come parte civile e demolizione delle costruzioni edilizie abusive. *Giur. It.*, 1976.

COCCO, Giovanni. Spunti problematici in ordine alla individuazione e alla tutela degli interessi diffusi. *Rilevanza e tutela degli interessi diffusi.* Milano: Giuffrè, 1979.

COGO, G. Interessi diffusi e participazione. *Riv. Trim. Studi Parlamentari e di Politica Costituzionale*, 1979.

COLACINO. Alcune notazioni ricostruttive in tema di interessi, legittimo, diffuso, collettivo. *Guir. Mer.*, 1981.

COMPORTI. Responsabilità civile per danni inquinamenti. *Tecniche giuridiche e sviluppo della persona.* Bari, 1974.

CONSOLI, G. La tutela degli interessi diffusi alla salute ed all'ambiente. *Giur. Agr. It.*, 1979.

_____; LUCCHESE, P. Rilevanza degli interessi diffusi quali interessi legittimi. *Interesse difussi e tutela dell'ambiente.* Boccia, 1980.

CONTENTI, A. Interessi diffusi. *Interessi diffusi e tutela dell'ambiente.* Boccia, 1980.

CORASANITI, A. Interessi diffussi – Diritto civile. *Dizionari del diritto privato, a cura di N. Irti.* Milano, 1980.

_____. Profili generali di tutela giurisdizionale contro il dano ecologico. *Riv. Imprensa Ambiente e Pubblica Amministrazioine*, 1977.

_____. La tutela degli interessi diffusi davanti al giudice ordinario. *Riv. Dir. Civ.*, 1978.

CORNELLI, Roberto. *Paura e ordine nella modernita.* Milano: Giuffrè, 2008.

CRESTI, Marco. *Contributo allo studio della tutela degli interessi diffusi.* Milano: Giuffrè, 1992.

CUBERES, David. *El auge y declive de las ciudades.* Editorial Fundación Rafael del Pino, 2006.

BIBLIOGRAFIA 239

CUSANI, D. Evoluzione giurdica dell'istituto. *Interessi diffusi e tutela dell'ambiente.* Boccia, 1980.

D'AMATO. Pubblicità commerciale e tutela degli interessi diffusi dei consumatori. *Giust. Civ.*, 1980.

DAVIS, Mike. *Planeta de ciudades miseria.* Madrid: Ediciones Akal, 2014.

DELFINO, F. ambiente, interessi diffusi e tutela giurisdizionale. *Dir. Soc.*, 1980. DELL'ACQUA. *La tutela degli interessi diffusi.* Milano, 1979.

DELGADO GIL, Andrés. *Delitos urbanísticos y contra el medio ambiente.* Madrid: Centro de Estudios Financieros, 2019.

DENTI, Vittorio. Aspetti processuali della tutela dell'ambiente. *La responsabilità dell'impresa per i danni all'ambiente ed ai consumatori.* Milano, 1978.

_____. Le azioni a tutela di interessi colletivi. *Revista di Diritto Processuale*, vol. 29, 1974.

D'EUFEMIA, Giuseppe. *Diritto sindacale.* Napoli: Morano, 1967.

DE VITTA. La tutela giurisdizionale degli interessi collettivi nella prospettiva del sistema francese. Aspetti principali del problema e specificazioni in tema di protezione degli interesssi dei consumatori. *La tutela degli interessi difussi.* Milano: Giuffrè, 1979.

ELIZAGARATE, Victoria de. *Marketing de ciudades.* Madrid: Pirámide, 2008.

EMBID IRUJO, Antonio. *Agua y ciudades.* Madrid: Civitas, 2012.

ESPOSITO, Vitalino. La tutela dell'ambiente nell diritto comparato. *Nuovi strumenti ed indirizzi di tutela in materia ambientale.* Roma: Quaderni Formez, 1980.

FARRO ANTIMO, Luigi; MADDANU, Simone. *La città inquieta.* Padova: Cedam, 2017.

FEDERICI, Renato. *Gli interessi diffussi*: il problema della loro tutela nel diritto amministrativo. Padova: Cedam, 1984.

FIORILLO, Celso Antonio Pacheco. *Crimes ambientais.* 2. ed. São Paulo: Saraiva, 2017.

_____. *Crimes no meio ambiente digital em face da sociedade da informação.* 2. ed. São Paulo: Saraiva, 2016.

_____. *Curso de direito ambiental brasileiro.* 19. ed. rev., ampl. e atual. São Paulo: Saraiva, 2019.

240 Estatuto da Cidade Comentado

_____. *Direito processual ambiental brasileiro*: a defesa judicial do patrimônio genético, do meio ambiente cultural, do meio ambiente digital, do meio ambiente artificial, do meio ambiente do trabalho e do meio ambiente natural no Brasil. 7. ed. São Paulo: Saraiva, 2018.

_____. *O direito de antena em face do direito ambiental no Brasil*. São Paulo: Saraiva, 2000.

_____. *O Marco Civil da Internet e o meio ambiente digital na sociedade da informação*. São Paulo: Saraiva, 2015.

_____. *Os sindicatos e a defesa dos interesses difusos no direito processual civil brasileiro*. São Paulo: Revista dos Tribunais, 1995.

_____. *Princípios constitucionais do direito da sociedade da informação*: a tutela jurídica do meio ambiente digital. São Paulo: Saraiva, 2014.

FIORILLO, Celso Antonio Pacheco; DIAFÉRIA, Adriana. *Biodiversidade, patrimônio genético e biotecnologia no direito ambiental*. São Paulo: Saraiva, 2012.

FIORILLO, Celso Antonio Pacheco; FERREIRA, Paulo; MORITA, Dione Mari. *Licenciamento ambiental*. 3. ed. São Paulo: Saraiva, 2019.

FIORILLO, Celso Antonio Pacheco; FERREIRA, Renata Marques. *Comentários ao "Código" Florestal*: Lei 12.651/2012. 2. ed. São Paulo: Saraiva, 2018.

_____; _____. *Comentários ao Estatuto da Cidade*: Lei 10.257/01 – Lei do Meio Ambiente Artificial. 6. ed. São Paulo: Saraiva, 2014.

_____; _____. *Curso de direito da energia*: tutela jurídica da água, do petróleo, do biocombustível, dos combustíveis nucleares, do vento e do sol. 3. ed. São Paulo: Saraiva, 2015.

_____; _____. *Direito ambiental contemporâneo*. São Paulo: Saraiva, 2015.

_____; _____. *Direito ambiental tributário*. 4. ed. São Paulo: Saraiva, 2018.

_____; _____. *Liberdade de expressão e direito de resposta na sociedade da informação*. Rio de Janeiro: Lumen Juris, 2017.

_____; _____. *O agronegócio em face do direito ambiental constitucional brasileiro*: as empresas rurais sustentáveis. Rio de Janeiro: Lumen Juris, 2018.

_____; _____. *Segurança alimentar e desenvolvimento sustentável*: a tutela jurídica da alimentação e das empresas alimentares em face do direito ambiental brasileiro. Rio de Janeiro: Lumen Juris, 2019.

_____; _____. *Tutela jurídica da saúde em face do direito ambiental brasileiro*: saúde ambiental e meio ambiente do trabalho. Rio de Janeiro: Lumen Juris, 2018.

_____; _____. *Tutela jurídica do patrimônio cultural brasileiro em face do direito ambiental constitucional*. Rio de Janeiro: Lumen Juris, 2018.

_____; _____. *Tutela jurídica do patrimônio genético em face da sociedade da informação*. Rio de Janeiro: Lumen Juris, 2016.

_____; _____. *Tutela jurídica dos animais de estimação em face do direito constitucional brasileiro*. Rio de Janeiro: Lumen Juris, 2019.

_____; _____. *Tutela jurídica do WhatsApp na sociedade da informação*. Rio de Janeiro: Lumen Juris, 2017.

FORGES, Jean Michel. *Le droit de la santé*. Paris: PuF, 1986.

FRAGALI, Michele. Osservazioni sulle situazioni soggettivamente colletive. *Studi in onore di Santoro Passarelli*. Napoli, 1972.

GALATI. La tutela degli interessi difusi davanti al giudici ordinario. *Studio per Bellavista, Il Tommaso Natale*, 1979.

GALGANO, Francesco. Delle associazioni non riconosciute e dei comitati. *Commentario Scialoja-Branca*, 1976.

GAROFALO, M. G. *Interessi collettivi e comportamento antisindacale dell'imprenditore*. Napoli, 1979.

GERMANO. Sulla tutela degli interessi collettivi in agricoltura. *Riv. Dir. Agr.*, 1974.

GIAMPIETRO, F. *Diritto alla salubrità dell'ambiente*. Milano, 1980.

GIFREU I FONT, Judith; BASSOLS COMA, Martín; MENÉNDEZ REXACH, Ángel. *El derecho de la ciudad y el território*. Editorial: Instituto Nacional de Administración Pública (INAP), 2017.

GODÀS I PÉREZ, Xavier; PASCUAL ESTEVE, Josep M. *El buen gobierno 2.0*: la gobernanza democrática territorial – ciudades y regiones por la cohesión social y una democracia de calidad. Valencia: Tirant Lo Blanch, 2010.

GRINOVER, Ada Pellegrini. *A tutela dos interesses difusos*. São Paulo: Max Limonad, 1984.

_____. A tutela jurisdicional dos interesses difusos. *Revista de Processo*, ano IV, 1979.

242 ESTATUTO DA CIDADE COMENTADO

GUERCIO; MARIANI; MAZZACANE; VIRGILIO. La giurisprudenza sugli interessi diffusi. *Giust. Civ.* 1981.

HOBSBAWM. Studi di storia del movimento operai. In: BOBBIO, Norberto. *Dicionário de política*. Brasília: Hamburg, 1986.

_____. *Os trabalhadores*: estudo sobre a história do operariado. São Paulo: Paz e Terra, 1981.

HUECK, Alfred; NIPPERDEY, H. C. *Compendio de derecho del trabajo*. Madrid: Revista de Derecho Privado, 1963.

IACOBONI A. Costituzione di parte civile degli enti collettivi e postille in tema di lesione di interessi superindividuali alia luce di un decennio di giurisprudenza. *Foro It.*, 1982.

ICHINO, Giovanna. Costituzione di parte civile di associazioni e sindacato nel processo penale. *Riv. Giur. Lav.*, 1977.

JAEGER, Pier Giusto. *L'interesse sociale*. Milano: Giuffrè, 1964.

KANTOR, Paul; SAVITCH, H. V. *Las ciudades en el marcado internacional*: la economía política del desarrollo urbano en norteamérica y europa occidental. Barcelona: Bayer Hnos. S.A., 2010.

LARICCIA, Sérgio. *La reppresentanza degli interessi religiosi*. Milano: Giuffrè, 1967.

LEFEBVRE, Henri. *El derecho a la ciudad*. Madrid: Capitán Swing Libros, 2017.

LENER, Angelo. Violazione di norme di condotta e tutela civile dell'interesse all'ambiente. *Foro It.*, 1980.

LEVI, Franco. *La tutela del paesagio*. Torino: Utet, 1979.

LIEBMAN, Enrico Tullio. *Manuale di diritto processuale civile*. 4. ed. Milano: Giuffrè, 1980. vol. 1.

LLORIA GARCÍA, Paz. *Convivencia ciudadana*: mediación, conciliación y técnicas de prevención y resolución del conflicto ciudadano. Portal derecho, S.A. (IUSTEL), 2018.

LONGO, L. Quale tutela per gli interessi collettivi e difussi? *Queste Istituzioni*, 1981.

LÓPEZ SABATER, Verónica; VIZCAÍNO, Diego; ONTIVEROS, Emilio. *Las ciudades del futuro*: inteligentes, digitales y sostenibles. Barcelona: Lectura Plus, 2017.

BIBLIOGRAFIA 243

LOSANO Y CORBI, Enrique. *La legitimacion popular e el proceso romano clásico.* Barcelona: Bosch, 1982.

LUISO, Francesco Paolo. In tema di intervento delle associazioni sindacali nel processo del lavoro. *Riv. Dir. Proc.*, 1975.

MADDALENA, Paolo. Risarcibilità dei danni all'ambiente. *Interessi diffusi e tutela dell'ambiente.* Boccia, 1980.

MAGGIORA, Enrico. *Le ordinanze negli enti locali.* Milano: Giuffrè, 2008.

MAROTTA, Giovanna; PASTENA, Ernesto. *Le città metropolitane.* Padova: Cedam, 2013.

MASTNY, Lisa. *Ciudades sostenibles.* Barcelona: Icaria Editorial, 2016.

MARTINELLI, Paolo. Interesse collettivo, interesse individuale, interesse sindacale nello statuto dei lavoratori. *Quale Giustizia*, 1972.

MATTEUCCI, Nicola; BOBBIO, Norberto; PASQUINO, Gianfranco. *Dicionário de política.* Brasília: Universidade de Brasília, 1986.

MELGAR, Alfredo Montoya; MORENO, Jesús M.ª Galiana; NAVARRO, Antonio V. Sempre. *Instituciones de derecho social europeu.* Madrid: Tecnos, 1988.

MELLO FILHO, José Celso. *Constituição Federal anotada.* São Paulo: Saraiva, 1986.

MESSINEO, Franceso. *Manuale di diritto civile e commerciale.* 9. ed. Milão: Giuffrè, 1957.

MONACO, Vito A. *Libertà di antenna – Aspetti tecnici e giuridici della emittenza radiotelevisiva.* Magioli, 1986.

MONTESANO, Luigi. Sulla tutela degli interessi diffusi e sul difetto di giurisdizione per improponibilità della domanda. *Giur. It.*, 1979.

MORA ALISEDA, Julián; ALEXANDRE CASTANHO, Rui; NEVES LOUSADA, Sérgio. *Ordenación del espacio*: ciudades inteligentes, turismo y logística. Pamplona: Editorial Aranzadi, 2018.

MORAND-DEVILEER, Jacqueline. *Le droit de l'environnement.* Paris: PuF, 1987.

MORELLO, Augusto M. La defensa de los intereses difusos. *Jurisprudencia Argentina*, vol. 4, 1982.

_____. Imagen del moderno derecho procesal. *Jurisprudencia Argentina*, vol. 4, 1981.

244 Estatuto da Cidade Comentado

_____. *La justicia entre dos épocas*. La Plata: Platense, 1983.

_____; STIGLITZ, Gabriel. *Tutela procesal de derechos personalisimos y intereses colectivos*. La Plata: Platense, 1986.

MORTATI, C. La tutela della salute. *Problemi di diritto púbblico nel attuale esperienza costituzionale republicana*. Milano: Giuffrè, 1972.

_____. *L'ombudsman*. Torino, 1974.

MUMFORD, Lewis. *La cultura de las ciudades*. La Rioja: Pepitas de Calabaza, 2018.

MUÑOZ, Jaime Rodríguez-Arana. *El ciudadano y el poder público*: el principio y el derecho al buen gobierno y a la buena administración. Madrid: Reus, 2012.

NIPPERDEY, Hans Carl; ENNECERUS, L. Derecho civil general. In: ENNECERUS; KIPP; WOLFF. *Tratado de derecho civil*. 2. ed. Barcelona: Bosch, 1953.

O'DONNELL, Gabriela Ippolito. *Mecanismos de participación ciudadana*: una experiencia global. Valencia: Tirant Lo Blanch, 2017.

ODUM, Eugene P. *Fundamentos de ecologia*. 4. ed. Lisboa: Fundação Calouste Gulbenkian, 1988.

ORDUÑA PRADA, Enrique. *Ordenanzas municipales de convivencia ciudadana, sanciones y democracia local*. Madrid: Centro de Estudios Políticos y Constitucionales, 2016.

ORIVE, José Luis Ávila. *Ciudadanía urbana, desarrollo sostenible y derecho a la ciudad*. Valencia: Tirant Lo Blanch, 2018.

PALOMBI, G. Profili di responsabilità materia di inquinamento delle acque: il ruolo della Corte dei Conti nella tutela degli interessi diffusi della collettività. *Cons. Stato*, 1978.

PASCUAL ESTEVE, Josep M. *El papel de la ciudadanía en el auge y decadencia de las ciudades el fin del gerencialismo o la recuperación de lo público y sus autores*. Valencia: Tirant Lo Blanch, 2011.

PATTI, S. *La tutela civile dell'ambiente*. Padova: Cedam, 1979.

_____. L'esperienza delle *class actions* in due libri recenti. *Rev. Trim. Dir. Proc. Civ.*, 1979.

PEREIRA, Álvaro Santos. *Reabilitação urbana e a sustentabilidade das cidades*. Porto: Vida Económica, 2018.

BIBLIOGRAFIA 245

PERSIANI, Mattia. Condotta antisindacale, interesse del sindacato, interesse collettivo e interesse individuale dei lavoratori. *Pol. Dir.*, 1971.

PIGA, Franco. Diritti soggettivi, interessi legittimi, interessi diffusi e tutela giurisdizionale. *Giust Civ.*, 1980.

PINEDO HAY, Jorge. *El ruido en las ciudades*: análisis jurídico-práctico. Barcelona: Bosch, 2009.

PIRAINO, Salvator. L'interesse difusso nella tematica degli interessi giuridicamente protetti. *Riv. Dir. Proc.*, 1979.

PIZZETTI, Francesco. *La riforma degli enti territoriali*. Milano: Giuffrè, 2015.

PIZZORUSSO, Alessandro. Nozioni generali sugli interessi diffusi. Interessi diffusi e tutela dell'ambiente. Boccia, 1980.

POSTIGLIONI, Amedeo. L'iniziativa dei cittadini per la difesa degli interessi collettivi. *Cons. Stato*, 1978.

_____. Localizzazione di centrali nucleari e tutela della salute e dell'ambiente. *Giust. Civ.*, 1979.

_____. Sulla tutela degli interessi collettivi. *Giur. Merito*, 1978.

POUND, R. Rassegna degli interessi sociali. Giustizia, diritto, interessi. Bologna, 1962.

PROTO PISANI, A. Appunti sui rapporti tra i limiti soggetivi. *Riv. Trim. di Dir. Proc. Civ.*, 1971.

RHEINSTEIN, M. The family and the law. Chapter 1 – Introdution. *International Encyclopedia of Comparative Law*, vol. 4, Persons and Family, A. Chloros Ed., 1974.

ROSENBERG, Leo. *Tratado de derecho procesal civil*. Buenos Aires: EJEA, 1955.

ROWAT. *The ombudsman plan*. Toronto: The Charleton Library, 1973.

SALIDU. La legittimazione delle associazioni sindacali ad esecitare l'azione civile. *Mass. Giur. Lav.*, 1978.

SANCHEZ CERVERA, De los Santos Luis. *Ciudadanía participativa y administración municipal*. Pamplona: Editorial Aranzadi, 2011.

SANDRONI, Paulo. *Dicionário de Economia do Século XXI*, Rio de Janeiro: Record, 2005.

SARMIENTO ACOSTA, Manuel J. *El régimen jurídico del suelo no urbanizable en el estado autonómico*: características y tendéncias. Santiago de Compostela: Andavira Editora, 2018.

246 Estatuto da Cidade Comentado

SCHONKE, Adolfo. *Derecho procesal civil*. 5. ed. Trad. L. Pietro Castro. Barcelona: Bosch, 1950.

SCIALOJA, Vittorio. *Procedimento civil romano*. Trad. Santiago Sentis Melendo e Marino Ayerra Redin. Buenos Aires: EJEA, 1954.

SFORZA, Widar Cesarini. *Preliminari sul diritto collettivo (1935). Il corporativismo come esperienza giuridica*. Milano: Giuffrè, 1942.

SILVA, José Afonso da. *Curso de direito constitucional positivo*. 5. ed. São Paulo: Revista dos Tribunais, 1989.

SUDJIC, Deyan. *El lenguaje de las ciudades*. Barcelona: Ariel, 2017.

TROCKER, Nicolo. *Processo civile e costituzione*. Milano: Giuffrè, 1974.

_____. *Tutela giurisdizionale degli interessi diffusi, con particolare riguardo alla protezione dei consumatori contro atti di concorrenza sleale*: analisi comparativa dell'esperienza tedesca. La tutela degli interessi difusi nel diritto comparato. Milano: Giuffrè, 1976.

VAZQUEZ, J. Ramon Parada. *Sindicatos y asociaciones de funcionarios publicos*. Madrid: Tecnos, 1968.

VIGORITI, Vincenzo. Metodi e prospettive di una recente giurisprudenza in tema di interessi diffusi e collettivi. *Giur. It.*, 1980.

_____. *Interesse collettivi e processo*: la legitimazione ad agire. Milano: Giuffrè, 1979.

_____. Participazione, sindacato, processo. *Riv. Trim. Dir. Proc. Civ.*, 1974.

VILLONE, Massimo. La collocazione istituzionale dell'interesse diffuso (considerazioni sul sistema statunitense). *La tutela dei interessi diffusi nel diritto comparato*. Milano: Giuffrè, 1976.

VILLORIA MENDIETA, Manuel; IGLESIAS ALONSO, Ángel; DELGADO GODOY, Leticia; ARENILLA SÁEZ, Manuel. *Los modelos, proyectos y políticas de participación en grandes y medianas ciudades*. Madrid: Dykinson, 2007.

VON POTOBSKY, Geraldo W. *La Organización Internacional del Trabajo*. Buenos Aires: Astrea, 1990.

ZANGARI, Guido. *Diritto sindacale comparato dei paesi ibero-americani (Argentina, Brasile, Cile, Spagna)*. Milano: Giuffrè, 1990.

ZANUTTIGH, Loriana. Legittimazione e dano nella costituzione di parte civile di enti esponenzali. *Studi in onore di E. T. Liebman.* Milano, 1981. vol. 4.

_____. Profili processuali della tutela dell'ambiente. Paiva, 1981.